El exilio español (1936-1978)

Planeta Historia y Sociedad

Julio Martín Casas
Pedro Carvajal Urquijo

El exilio español (1936-1978)

Prólogo de Alfonso Guerra

 Planeta

Este libro no podrá ser reproducido, ni total ni parcialmente,
sin el previo permiso escrito del editor. Todos los derechos
reservados

© Aliabit España, S. L., 2002
© Julio Martín Casas y Pedro Carvajal Urquijo, 2002
© por el prólogo, Alfonso Guerra, 2002
© Editorial Planeta, S. A., 2002
   Diagonal, 662-664, 08034 Barcelona (España)

Diseño de la colección: Compañía
Realización de la cubierta: Departamento de Diseño de Editorial
   Planeta
Ilustración de la cubierta: foto © Robert Capa/Magnum
Ilustración del interior: Fundación Pablo Iglesias
Primera edición: setiembre de 2002
Segunda edición: octubre de 2002
Depósito Legal: B. 40.717-2002
ISBN 84-08-04468-0
Composición: Ormograf, S. A.
Impresión: A&M Gràfic, S. L.
Encuadernación: Encuadernaciones Roma, S. L.
Printed in Spain - Impreso en España

Índice

Prólogo, *por Alfonso Guerra*		7
I.	La República española: de la esperanza a la tragedia	23
II.	Las primeras víctimas: los «niños de la guerra»	33
III.	Oleadas de refugiados	53
IV.	Los campos de concentración en Francia	69
V.	La emigración a América	81
VI.	El exilio político	97
VII.	La segunda guerra mundial	103
VIII.	La Francia ocupada	111
IX.	La represión franquista	127
X.	Los españoles en la Resistencia francesa	135
XI.	Los españoles en los campos de exterminio alemanes	149
XII.	El «lobby» republicano en Inglaterra	161
XIII.	La Rusia de Stalin	169
XIV.	La liberación de Francia	185
XV.	La esperanza del regreso	197
XVI.	La canción se fue a América	205
XVII.	México, la patria del exilio	225
XVIII.	¿Qué fue de los niños de la guerra?	239
Epílogo		267
Agradecimientos		269

Prólogo

La forja de un libro

En la noche del 20 de diciembre de 2000 nos reunimos a cenar Salvador Clotas, Pedro Carvajal, Larry Levene, Julio Martín Casas y yo para celebrar la acogida que había tenido la emisión televisiva del documental «Pablo Iglesias, pasión por la libertad». Cuando iniciamos el proyecto unos meses antes fueron muchos los que nos advirtieron que un documental acerca de la lucha de Pablo Iglesias y los primeros combatientes del movimiento obrero en España no era un asunto que pudiera interesar a los espectadores de hoy, y aún menos a las generaciones jóvenes. Seguimos adelante porque creíamos en la necesidad de ofrecer otra versión de los hechos de la época. Acababan los fastos de la celebración del Centenario de Cánovas del Castillo, a quien pretendieron mostrar como el constructor de la España moderna, el hombre de la democracia. La derecha política y mediática creyó encontrar en Cánovas el eslabón histórico sobre el que apoyar una legitimidad que no creían presentable ligarla con la derecha de la dictadura franquista.

El documental «Pablo Iglesias, pasión por la libertad» se proyectó en la cadena segunda de la televisión pública, con unos índices de audiencia bien por encima de los habituales.

Se preparó un plan de proyecciones del documental en los institutos y colegios, con una presentación previa y un coloquio posterior. Los jóvenes se entusiasmaban al conocer una historia «jamás contada».

La satisfacción de comprobar que no habíamos errado en la decisión de suministrar a los españoles del siglo XXI el conocimiento objetivo de la historia del país fue lo que nos convocó aquella noche.

Al llegar a los postres les anuncié al equipo responsable de aquella aventura que les daría una sorpresa:

—Vamos a hacer otra película. La apetencia de conocimiento del pasado nos obliga a reparar un olvido injusto y malsano: el exilio.

Desde aquel día nuestra preocupación fue la de conocer lo mejor que pudiéramos el exilio para poder dar una visión real, afectiva, coherente sobre uno de los más trágicos fenómenos migratorios del siglo XX.

Lecturas, consultas y sobre todo conversaciones con más de 140 exiliados en Francia, México, Bélgica, Cuba, Reino Unido, etc. fueron el nutriente que permitió realizar la película «Exilio» a la Fundación Pablo Iglesias, en coproducción con TVE, Media Park, DeA Planeta y Es-docu.

Terminados los documentales en los que aparecen fragmentos de las conversaciones de los exiliados, comprendimos la conveniencia de no dejar perder tantos testimonios de un valor magnífico. Fue así como creció este libro. Julio Martín Casas y Pedro Carvajal han escrito un apasionante y apasionado libro que no es un libro de historia. Es una *historia oral* del exilio. Es el testimonio que brindan muchos años después los hombres, las mujeres que salieron de España hacia un incierto futuro y que ahora nos suministran información sobre lo que vivieron, lo que pensaron y sobre lo que piensan de aquella sufrida experiencia.

El valor intrínseco de sus testimonios se agranda con la triste circunstancia de la edad avanzada de todos ellos. Hemos tenido la impresión, al hablar con ellos, de que ésta era quizás la última ocasión de recoger su narración, su análisis y su crítica acerca del exilio.

La distancia que separa este libro de la técnica del historiador no lo hace menos útil también para éste, pues la inagotable información subjetiva que proporcionan los exiliados permite obtener un panorama general de lo que fue y de lo que representó el exilio republicano español de 1939. Parece seguro que los lectores más jóvenes se sorprenderán al saber que hubo una generación, la del 31, la de la Segunda República que ha estado secuestrada durante medio siglo al conocimiento de la sociedad española.

El olvido

El libro se inscribe en el combate contra el olvido. España vivió en los años treinta una tragedia nacional sobre cuyas responsabilidades individuales no hay que volver pero cuyas raíces y evolución deben ser objeto de estudio para el conocimiento de todos.

Hace 25 años que España vive una democracia normalizada pero incompleta en cuanto no se ejerce con naturalidad la libertad de recordar, la libertad de expresar reconocimiento o sanción moral.

Como dice Carmen Parga, exiliada en México:

> Los pueblos que no conocen su historia están condenados a repetirla. Durante años se ha ocultado todo lo que representó nuestra lucha, nuestra resistencia, todo lo que resultó la proclamación de la República en España. Todo eso se ha ocultado. Y no podrán nunca comprender bien lo que España espera, necesita y desea si no estudian el pasado.

¿Por qué en España no se habla del exilio? ¿Por qué ni en la universidad se conoce la tragedia de centenares de miles de españoles repatriados por el mundo por haber sido expulsados de su país tras una guerra?

La razón principal debe buscarse en la forma en que se hizo la transición de la dictadura a la democracia. No es éste el lugar apropiado para desarrollar los aciertos de la transición española, que permitió un cambio fundamental para la convivencia pacífica de los españoles y para el progreso de la nación. Corresponde aquí señalar la carencia democrática que aquella transición tuvo: el olvido del pasado.

El poeta y novelista José Manuel Caballero Bonald dice en su libro *La costumbre de vivir. La novela de la memoria*:

> El final del franquismo supuso el despertar de una esperanza y la entrada en un futuro, incierto, pero distinto. Era, pensando en todo lo que había pasado, el final de una historia con culpables. Ese borrón y cuenta nueva de la transición a muchos nos parecía injusto. Nos parecía que, de alguna forma, el franquismo debería haber sido juzgado. Y no lo fue. Yo, personalmente, me sentía muy poco satisfecho con ese proceso hacia la libertad y pensaba que todos los culpables estaban actuando en plena transición.

Estas palabras me parecen acertadas, también estas otras:

> Opino que en la transición se omitió el pasado y se hizo que la historia de aquel tiempo fuera una historia sin culpables. Aunque quizá no había otra manera de hacerlo, yo no estoy de acuerdo. El franquismo exigía un juicio.

Si los vencidos tuvieron tanta generosidad, a la que la derecha responde hoy con la mentira sobre la historia y la militarización de la política, ¿cometimos un error con el consenso de la transición? No lo creo. Pienso que la presión psicológica que ejercía en nosotros la guerra civil primó sobre una visión a plazo corto. Pensábamos más en nuestros nietos que en nosotros mismos. Que ellos no vivan nunca aquellas experiencias fue el móvil en el que se apoyó la paciencia y la generosidad de las víctimas de la dictadura.

Pero aquella visión de futuro supuso olvidar a los exiliados, a los defensores de la democracia. Tan injusta laguna democrática la estamos pagando los españoles con una reescritura de la historia, de tal manera que si no hubiera personas que dedicaran sus esfuerzos a proclamar la verdad de lo que sucedió en los años de la guerra civil, y los eternos años de la dictadura, la historia volverían a escribirla —ahora en la democracia— los que ya escribieron —ayer en la dictadura— una burda falsificación de la historia.

Creo en la conveniencia de analizar la transición, porque hoy está en proceso una lectura interesada de la historia de España. Se intenta escribir una historia falsa, en la que los protagonistas de hoy juegan un papel que no tuvieron y en la que desaparecen algunos de los que contribuyeron al avance de España.

Hasta se llega a justificar el régimen de la dictadura como un régimen conservador y autoritario, pero no especialmente represivo. Algunos historiadores, políticos y periodistas intentan reciclar un régimen que como dice Paul Preston: «Fue uno de los más represivos del siglo XX.» Se quiere con tal intención retocar la historia de los comprometidos con aquel régimen de terror para que algunos de sus cómplices aparezcan hoy como demócratas impolutos.

Hace sólo unos meses en el Congreso de los Diputados se presentó una proposición no de Ley para que la Cámara condenara el golpe de Estado del general Franco. No fue aprobada porque el Partido Popular se negó a condenar el régimen de la dictadura de Franco.

Aún más, el diputado que se opuso a la condena del levantamiento del 18 de julio de 1936 quiso apropiarse de la actual democracia diciendo que su partido fue protagonista de la «refundación democrática» elaborando la Constitución de 1978. Ésta es una falsedad horrible, pues su grupo no apoyó la Constitución con su voto.

Reivindico la libertad, también la libertad para recordar, la memoria de los vencidos frente a la larga memoria de los vencedores.

Una de las primeras decisiones de las Cortes constituidas en 1977 fue la aprobación de una Ley de Amnistía que libera de la responsabilidad penal y política a personas de dos colectivos muy diferentes: los pertenecientes a la banda terrorista ETA (la ingenuidad de la nueva democracia hizo pensar que se acabaría con ello el terrorismo) y a todos los responsables de la persecución, encarcelamiento, tortura y muerte que desde la estructura de la dictadura franquista habían combatido a los demócratas (ingenuidad de los vencidos en la guerra, de los luchadores por la democracia creyendo que la derecha española no había de volver a los métodos de persecución de los adversarios políticos).

Esta reflexión tiene causa en un argumento falaz y pernicioso que oí en boca de un ministro del actual gobierno, en el Debate de los Presupuestos Generales del Estado, el 23 de octubre pasado. Decía el representante de la derecha dirigiéndose a los bancos socialistas del Congreso de los Diputados: «Son ustedes rehenes del pasado.»

Es una vergonzosa inversión de la historia. En 1977 la parte de la sociedad española que fue vencida en la guerra, perseguida durante la dictadura, discriminada, acuerda borrar el pasado tenebroso de la derecha española, corre un velo sobre las responsabilidades penales y políticas del pasado de la derecha, y al cabo de 25 años, esta misma derecha violentando la verdad, la dignidad y la decencia declara que aquellos que con extraordinaria generosidad perdonaron los desmanes a la derecha son «rehenes del pasado».

No existe un travestismo político más inmoral.

Si pudiera participar de nuevo en el proceso de transición cambiaría muchas de las decisiones de entonces, pero si se repitieran las mismas circunstancias creo que haríamos algo muy parecido.

Los españoles de mañana sabrán valorar mejor que nosotros lo que supuso la renuncia de parte de las ideas muy queridas en beneficio de la gran mayoría del pueblo español.

Pero ello no implica el olvido porque el olvido empobrece nuestra historia, hace incompleta nuestra democracia.

En la novela de Imre Kertész *Sin destino*, un niño judío vuelve del campo de concentración de Buchenwald. Todos le aconsejan: «Antes que nada tienes que olvidar los horrores.» El niño pregunta: «¿Por qué?» Le contestan: «Para poder vivir libremente.» La respuesta del niño es precisa: «Mi experiencia ha sido real y yo no puedo mandar sobre mis recuerdos.»

El exilio

Todo el que ha de abandonar su país forzosamente sabe que allí donde es acogido genera pronto, pasado el primer momento de compasión y solidaridad por su penosa situación, un sentimiento de rechazo o desconfianza. Como sabe que su presencia incomoda, habrá de actuar con humildad y servidumbre.

Su vida se llenará de nostalgias y recuerdos, deseando siempre regresar a su patria y naufragando en el puerto de su sueño con el desengaño de no poder realizarlo, sobreviviendo gracias al amargo pan del exilio.

En España, a la conclusión de la guerra civil, centenares de miles de españoles, hombres, mujeres, ancianos y niños fueron víctimas de la intolerancia, sufrieron la triste tragedia del exilio.

Un exilio que duraría años, largos años en tierras de Europa, África o América, pero con una constante presencia de España en su vida errante. Los exiliados sentían su país con una profundidad desconocida entre los que se quedaron. Los unos, los vencedores, la tomaron por su exclusivo patrimonio y acusaban de anti-España a los demás, incluyendo a los exiliados; y los otros, los que luchaban por la democracia y la libertad, consideraban el concepto de patria contaminado por la retórica del régimen autoritario.

En el exilio, entre la indigencia y el desarraigo, los desterrados creían en una España reconciliada, soñaban con un país en el que todos pudieran convivir en paz, la España que instaurara en 1978 la Constitución democrática.

De la recuperación de la democracia han pasado ya veinticinco años, un tiempo demasiado dilatado para seguir eludiendo el reconocimiento de los que hubieron de sufrir el destierro por profesar ideas de libertad y modernidad. Porque sobre el olvido no es posible construir una sociedad justa y pacífica.

Los españoles que salieron de su patria, que fueron humillados en algunos países de acogida, que a la vez que libraban la lucha por su supervivencia se comprometieron con la libertad en la segunda guerra mundial, que sufrieron los campos de exterminio nazis y aun la persecución en tierra extranjera de las autoridades franquistas merecen nuestra atención y nuestro reconocimiento.

Quiero citar un hecho aislado, sin importancia histórica, si se quiere, pero de una grandeza extraordinaria, que puede indicarnos la magnitud moral de la generación que España perdió en el exilio.

Las autoridades franquistas no satisfechas con la salida de España de los republicanos, los persiguieron en Francia. El ministro de Asuntos Exteriores del nuevo régimen acudió a Alemania para pedir el apoyo de Hitler en la persecución de los exiliados españoles en Francia. Efectivamente la Gestapo colaboró en la Francia ocupada para que algunos políticos ilustres fuesen detenidos y entregados a las autoridades españolas, con posterior fusilamiento (Juan Peiró, Julián Zugazagoitia, Cruz Salido, Luis Companys...). También intentaron secuestrar al presidente de la República, Manuel Azaña. Pero se les adelantó la muerte. Está en relación con este intento de secuestro el acontecimiento al que quiero hacer referencia.

El médico personal de Azaña, el doctor Gómez Pallete, escribió una carta al ministro de la Embajada de México en Francia (México fue la patria de los exiliados españoles) con un estremecedor contenido:

> Mi querido ministro: Pocas líneas para decirle adiós. Le había jurado a don Manuel inyectarlo de muerte cuando lo viera en peligro de caer en las garras franquistas. Ahora que lo siento de cerca me falta valor para hacerlo. No queriendo violar este compromiso, me la aplico yo mismo para adelantarme a su viaje. Dispense este nuevo conflicto que le ocasiona su agradecido, Pallete.

El receptor de la carta, Luis Ignacio Rodríguez, escribió en su diario:

> Mayor sacrificio en la vida de un hombre no es posible esperarlo. La inmolación de este pundonoroso soldado de la República, en aras de su jefe y amigo, no debe perderse en las modestas páginas de este diario. Su nombre reclama perpetuarse en bron-

ce cuando España sea libre, para ejemplo de las generaciones futuras y vergüenza de los sayones que acompañaron a Franco en su nefasta tarea de exterminio.

Y cuando España recobró la libertad, su nombre no fue recordado en bronce, ni en papel. Es un caso paradigmático de la injusticia que encierra el olvido.

El sacrificio personal de este hombre representa para mí la cima de la entereza moral y la belleza espiritual de los exiliados, que en la más cruel de las situaciones tenía la gallardía de la fidelidad a sus ideas y a sus amigos.

Hombres y mujeres que soportaron con dignidad y estoicismo la ruptura de sus vidas y de sus sueños merecen nuestro respeto y nuestro afecto.

El libro

Julio Martín Casas y Pedro Carvajal han escrito un libro que nos conmueve. El exilio es un desgarro de la convivencia que violenta la conciencia. El espíritu inquisitorial expulsa al «otro», al disidente, al diferente y le empuja al exilio. La historia de España es una historia de exilios, pero el exilio republicano de 1939 es una epopeya singular. La historia de aquellos exiliados españoles compendia la historia del siglo XX.

El exilio español es la consecuencia de una guerra civil (cuántas en el siglo que acaba de concluir). La resistencia de los republicanos es el preludio de la lucha contra el fascismo en toda Europa. La guerra española es el prolegómeno de la segunda guerra mundial, en la que de nuevo los exiliados españoles serán protagonistas del combate contra la invasión nazi de Europa. Resultan estremecedoras las palabras del combatiente español que es encontrado exhausto en los montes Pirineos por el secretario de la Alcaldía de Perpignan:

Vi a medio camino, después de Le Perthus, a un hombre que bajaba de la montaña, y que llevaba a la espalda, mejor dicho al hombro, una ametralladora pesada. Y se había sentado, estaba extenuado. Yo iba con el alcalde de Perpignan. Le pedí que abandonara su ametralladora y se viniera con nosotros, que le ayudaríamos durante una parte del camino, y nos dijo que no. Y entonces gritó una verdad: «¡Más vale salvarla porque mañana os hará falta a vosotros!» No era un presagio, no era una adivinación. Era una verdad, que llegó algunos meses más tarde. ¡La guerra con Alemania!

Los españoles protagonizan simultáneamente y de forma paradójica la lucha contra los dos totalitarismos europeos. Los exiliados recluidos en los campos de concentración en Francia se alistaron voluntarios en el ejército francés para combatir a Hitler; desde el bando de la dictadura se organizaron batallones de voluntarios para ir a pelear contra el ejército soviético, contra Stalin. Son dos grupos de españoles que combaten a los dos totalitarismos de Europa: los republicanos, los demócratas, lucharon contra el fascismo y los autoritarios lo harán contra el comunismo. La evolución de las relaciones internacionales con la aparición de la guerra fría le dará al régimen de Franco la posibilidad de extraer beneficios de su oposición al comunismo.

El libro recoge testimonios extraordinarios. Exiliados españoles que están contra el fascismo se refugian en la Unión Soviética y nos hablan en términos duramente críticos de aquel régimen. Su concepto de libertad y democracia no fue anestesiado por las terribles circunstancias que hubieron de vivir, hasta el punto de que la generosa acogida del régimen comunista de la URSS no les amortiguó el ansia de libertad ni les debilitó el respeto a la dignidad humana.

La lectura del libro es un viaje por el mundo de la dignidad. Sabemos que el exilio arrastró lejos de su país a la gran mayoría de intelectuales, artistas, escritores, científicos, profesores, a la elite cultural de la sociedad española, pero es necesario una inmersión en el conjunto de exiliados que hablan en el libro para descubrir que la calidad de aquella generación no estaba sólo en los grandes nombres del exilio. Personas sencillas, muchas anónimas, sin gestas conocidas, dan una lección de humanidad y concordia.

Espero y deseo que se multipliquen libros como éste, que recuperen la memoria vívida de una generación excepcional castigada por la historia y aún no restituida a su lugar en nuestra historia. Serán libros que completarán el ya considerable compendio de obras de estudiosos e historiadores que hoy nos permiten conocer la verdad de aquel pavoroso final de la guerra civil.

Con el fundamental estudio dirigido por José Luis Abellán *El exilio español de 1936* (6 volúmenes, Taurus, 1976-1978) y las vigorosas aportaciones de Genevieve Dreyfuss-Armand, Dora Schwarzstein, Alicia Alted, Roger González, Giuliana di Febo, Adrian Bell y otros muchos, tenemos ante nosotros un cuerpo de estudio que nos facilita la difusión de lo que verdaderamente fue el exilio republicano español.

El libro de Martín Casas y Carvajal es un honesto, laborioso y brillante ejemplo que pretende la difusión de un trágico acontecer de nuestra historia para ampliar su conocimiento a amplios sectores de nuestra sociedad y esperemos, sobre todo, a un gran número de jóvenes españoles.

Los autores inician el tema del exilio en el contexto de la proclamación de la Segunda República como la gran esperanza de modernización y aspiración de justicia para los españoles para explicar la traición que las democracias occidentales hicieron a los republicanos durante la guerra, llegando al acuerdo de no intervención y aceptando que Alemania e Italia participaran activamente en la guerra en apoyo del bando sublevado.

No habría de ser ésta la única decepción que sufrirían los republicanos españoles. Cuando finalizó la guerra española, los civiles y militares que huyeron por la frontera de Francia no fueron tratados como refugiados, sino como prisioneros, encerrados en campos de concentración inhumanos y vigilados por el ejército colonial francés, «en un país que creíamos amigo», como dice Antonio Alonso («comandante Robert»).

En los campos de refugiados se carecía de los mínimos elementos para sobrevivir. Muchos murieron de hambre, frío y enfermedades. Puede ser una sorpresa para el gran público comprobar que la Cruz Roja francesa no intervino jamás en los campos. La ayuda humanitaria llegó de los cuáqueros británicos y norteamericanos.

Cuando poco más tarde se hace realidad la declaración de guerra de los aliados contra Alemania y ésta invade Francia, los exiliados ayudaron en la resistencia, teniendo un papel importante en la liberación de París. Luchaban contra el nazismo alemán, pero también lo hacían esperanzados de que los aliados liberarían España del régimen del general Franco. No fue así. Aunque al finalizar la guerra mundial la organización de Naciones Unidas condenará repetidamente la dictadura de Franco, pronto cambiarían por razones estratégicas —la guerra fría—. Y con los auspicios del Vaticano, apoyaron el régimen que seguía reprimiendo a los españoles. Ésa sería la definitiva decepción que habrían de soportar los exiliados, que perdieron las esperanzas de que las democracias ayudaran a restituir la libertad en España.

La rabia y la entereza, la perseverancia y el estoicismo de los que habían sido despojados de todo les volvió hacia los países de acogida, sobre todo en América.

La ilusión se hizo espejismo, la evidencia de los hechos confirmaba que alimentarse de esperanzas dejaba de tener un sentido. Fue cuando muchos deshicieron la maleta que guardaban preparada detrás de la puerta.

Desde casi el comienzo de la guerra civil comenzó la diáspora de españoles. Los primeros, los niños, para evitarles el sufrimiento y el riesgo. «Salvad a los niños de España» era el lema de la campaña de propaganda. Aunque la manipulación franquista intentó convencer al país —y parece que lo consiguió— de que los niños de la guerra fueron todos a la Unión Soviética (para Franco todos sus oponentes eran comunistas), en este libro el lector se encontrará como una novedad (excluidos naturalmente los estudiosos): que los «niños de la guerra» llegarían a Francia, Bélgica, Reino Unido, Unión Soviética y México, por este orden en cuanto a número de acogidos.

A la salida de los niños seguirían los mayores en sucesivas oleadas, a tenor del avance de las tropas de Franco. Pero sería en 1939, con el derrumbe de Cataluña, cuando llegan medio millón de refugiados a Francia, donde se improvisan campos sobre la arena de las playas del Mediterráneo.

Conmueve saber lo que fue la existencia de miles y miles de exiliados contado, después de tantos años, con sencillez, con naturalidad, sin rencor, estremeciendo al lector.

De Francia, muchos habrían de desplazarse a América. Un gobernante, el presidente de México Lázaro Cárdenas, marcará una huella imperecedera en la historia de las tragedias colectivas. Ofreció asilo a todos los exiliados y lo hizo con el apoyo de su pueblo, que sintió la pesadumbre como si de sus hijos se tratara. México había de ser la patria de los exiliados, hasta el punto de cambiar el concepto de *desterrado* por el de *trasterrado*, pues no se sentían despojados de su tierra, sino sólo desplazados dentro de la tierra española.

El final

El momento de la recuperación democrática en España emplaza a los exiliados a una angustiosa decisión. ¿Volver a la patria de origen o continuar la vida hasta su agotamiento en la patria de destino? Enrevesado dilema. Si quedarse, el anhelo de la vuelta reproduce al cabo de tantos años la angustiosa nostalgia de la tierra; si marchar, se abandonan hijos, nietos, amigos, una vida tejida durante medio siglo.

Cuando María Zambrano explica sus pensamientos a la hora de la vuelta deviene boca de verdades:

> Hay ciertos viajes de los que sólo a la vuelta se comienza a saber. Para mí, desde esa mirada del regreso, el exilio que me ha tocado vivir es esencial. Yo no concibo mi vida sin el exilio que he vivido. El exilio ha sido como mi patria, o como una dimensión de una patria desconocida, pero que una vez que se conoce, es irrenunciable.

Cuando el desterrado se convierte en un exiliado, su vida se escinde en dos, a ninguna de las cuales quiere renunciar.

El filósofo Adolfo Sánchez Vázquez expresa su sorpresa llegado el final de la razón de su destierro:

> Y entonces el exiliado descubre con estupor primero, con dolor después, con cierta ironía más tarde, en el momento mismo en que objetivamente ha terminado su exilio, que el tiempo no ha pasado impunemente, y que tanto si vuelve como si no vuelve, jamás dejará de ser un exiliado.

El dilema queda resuelto con la aceptación de dos tierras, de dos raíces:

> Lo decisivo es ser fiel —aquí o allí— a aquello por lo que un día se fue arrojado al exilio. Lo decisivo no es estar —acá o allá— sino cómo se está.

Durante todo el período de la dictadura, los exiliados mantuvieron formalmente las instituciones republicanas como forma de preservar la legitimidad democrática que no reconocían en el régimen autoritario de España. La República, como «Numancia errante» (Luis Araquistain), acordó su autodisolución el 21 de junio de 1977, sólo unos días después de la celebración de las elecciones democráticas del 15 de junio.

En un acto de gallardía no exenta de desgarro, los representantes de la República, mantenida con denuedo y bravura, explican en el documento de anuncio de autodisolución:

> Las Instituciones de la República en el exilio ponen así término a la misión histórica que se habían impuesto. Y quienes la han mantenido hasta hoy se sienten satisfechos porque tienen la satisfacción de haber cumplido con su deber.

Se produciría después la entrevista entre doña Dolores Rivas Cherif, viuda del presidente Azaña, y S. M. el Rey Juan Carlos, en noviembre de 1978, sellando con este acto de reconocimiento la mutua actitud de respeto y concordia.

Pronto, en diciembre de 1978, la aprobación por el pueblo

español de la Constitución Española establecería las bases de la convivencia de todos los españoles. Veinticinco años después, y desde el poder ejecutivo, responsable del cumplimiento de los principios constitucionales, aparecen algunos brotes de exclusión (se califica como desleales a los discrepantes, se moteja de contrarios a los intereses de España a los que ejercen derechos constitucionales como una huelga, etc.). Hay que esperar —y actuar con decisión— que esbozos de intolerancia no prosperen en actitudes de división en bandos.

Una mujer exiliada lo expone con tal limpieza que nada sería posible añadir. Las palabras de María Zambrano deberían convertirse, ya para siempre, en un presagio cumplido:

> Mi exilio está plenamente aceptado, pero yo, al mismo tiempo, no le pido ni le deseo a ningún joven que lo entienda, porque para entenderlo tendrá que padecerlo, y yo no puedo desear a nadie que sea crucificado.

Una gran generación se perdió para España, pero fructificó en otros pueblos, especialmente en América. Los españoles vivieron su «segundo descubrimiento» de América, se integraron con los pueblos y éstos recibieron la llamarada de esperanza y de cultura que llevaron los exiliados republicanos españoles.

Pero no creamos que toda la fuerza de aquella generación se perdió. José Martínez Cobo, exiliado en Francia, nos da una explicación histórica de la misión de los españoles del destierro:

> La generación del 36 es una generación que año tras año ha sido preparada para una gran ilusión, para una gran esperanza, que se frustró, pero el exilio ha dado la oportunidad de que una parte de esa generación demuestre que en realidad eran capaces de transformar a España y para bien.

Alfonso Guerra

CAPÍTULO PRIMERO

La República española: de la esperanza a la tragedia

El 14 de abril de 1931, con gran entusiasmo popular, se proclamó la República en España. El día anterior, el rey Alfonso XIII había salido para el exilio, del que nunca volvería. Renacía la esperanza de crear una sociedad más justa, de modernizar y superar el atraso y la miseria, de transformar el sistema social impuesto por la Restauración, agotado y caduco.

La Constitución promulgada el 9 de diciembre de 1931 proclamaba que el Estado español no tenía religión oficial, anunciaba la extinción del presupuesto del clero y establecía la enseñanza laica. Reconocía los derechos de la mujer y legalizaba el divorcio.

Para superar el enorme atraso cultural (el 33 % de la población era analfabeta), la República abordó con gran empeño una profunda reforma de la enseñanza pública, construyendo escuelas, institutos y centros de formación, aumentó el sueldo de los maestros y dignificó su profesión.

Desde su nacimiento, la República tuvo que hacer frente a muchos enemigos irreconciliables: la vieja aristocracia y los terratenientes latifundistas ante los intentos de reforma de la propiedad agraria; la alta burguesía de la industria y las finanzas ante el control de las relaciones laborales por el Estado y los sindicatos y la redistribución de la renta; la jerarquía y el clero católico ante la pérdida del monopolio en la enseñanza y el culto; los mandos y jefes castrenses ante la reestructuración del Ejército y el reconocimiento de las nacionalidades y culturas peculiares dentro del Estado.

Las conspiraciones e intentos de insurrección fueron una constante, impulsadas por el monarquismo liberal y el auge del fascismo por un lado y, desde el polo opuesto, por el anarquismo y los grupos extremistas que no aceptaban el orden republicano. La huelga revolucionaria de octubre de 1934 triunfó en Asturias y fue durísimamente reprimida por el gobierno de la derecha del llamado «Bienio negro», que trató de desactivar las reformas del primer impulso republicano.

La situación se hizo insostenible y el gobierno se vio obligado a convocar elecciones. El triunfo en las urnas, en febrero de 1936, del llamado «Frente Popular», una coalición electoral de los partidos de izquierda, desencadenó la rebelión militar largamente anunciada.

El 18 de julio de 1936 se alzaron en armas contra la República, el general Franco en Marruecos y el general Mola, el «director» de la conjura, en el norte del país. Las tropas rebeldes, con los mercenarios marroquíes y la ayuda alemana e italiana, cruzaron el Estrecho y avanzaron hacia la capital de España prometiéndose un triunfo rápido y contundente que acabara con el gobierno elegido en las urnas. Los defensores de la República hicieron frente al ejército sublevado y la sangrienta guerra civil se prolongó durante tres devastadores años.

La guerra civil española dividió dramáticamente a las grandes potencias. Las noticias de España saltaron a las primeras páginas de los periódicos de todo el mundo. Era el primer aldabonazo de la profunda crisis en la que estaba inmersa Europa, entre la democracia y el totalitarismo, entre el fascismo y el antifascismo, y que conduciría a la segunda guerra mundial.

La propuesta de no intervención en la guerra española fue asumida por casi todas las naciones pero inmediatamente incumplida por Alemania e Italia con el envío de hombres y armas en apoyo de los insurgentes. A Hitler la contienda le serviría como ensayo táctico para su aviación y sus nuevas armas. Las democracias occidentales cedieron ante las reclamaciones territoriales de Hitler.

El gobierno británico del conservador Chamberlain, que temía el triunfo del comunismo en España, arrastró hacia una política de no intervención al gobierno de izquierdas de Léon Blum, en una Francia profundamente dividida por la amenaza de una nueva guerra mundial. Los republicanos se vieron abandonados por los franceses, a los que creyeron sus mejores valedores.

Stalin dudaba, deseaba evitar una confrontación con Hitler. Pero pronto cambió de actitud y comenzó a vender armamento a la República, que se cobraría con creces. Algunas fuentes estiman el llamado «oro de Moscú», sacado de los fondos del Banco de España, en 406,5 toneladas de oro puro, con un valor de 518 millones de dólares de la época. Los rusos devaluaron varias veces el rublo y cobraron más caras las armas.

Miles de voluntarios de izquierdas de más de cincuenta países vinieron a España para luchar contra el fascismo en las Brigadas Internacionales. Inicialmente, franceses y belgas; luego, polacos, norteamericanos, cubanos, checos, húngaros, yugoslavos, británicos, alemanes, italianos, austríacos, rusos y de otras naciones. La llegada de los combatientes dio grandes ánimos a los defensores de la República.

> *Venís de muy lejos... Mas esta lejanía,*
> *¿Qué es para vuestra sangre que canta sin fronteras?*
> *La necesaria muerte os nombra cada día,*
> *No importa en qué ciudades, campos o carreteras.*

Rafael Alberti, «A las Brigadas Internacionales»

No solamente vinieron combatientes extranjeros para ayudar a la República sino también organizaciones humanitarias que enviaron y repartieron comida y medicinas en los dos lados. Los comités de ayuda a la República, la mayoría dirigidos por mujeres, enviaron enfermeras y médicos ante la petición de ayuda sanitaria del gobierno republicano. En diciembre de 1936, cuáqueros de Estados Unidos, Gran Bretaña y Suiza formaron una Comisión Internacional para la Ayuda de los Refugiados Infantiles en España, con sede primero en Ginebra y luego en París.

México apoyó abiertamente a la República desde el primer momento. Su presidente, el socialista Lázaro Cárdenas, había dado un fuerte impulso a la reforma agraria e inició y pretendió la independencia económica de su país al nacionalizar el petróleo. Inmediatamente envió a España veinte mil fusiles y veinte millones de cartuchos de los arsenales del ejército mexicano, enfrentándose a los partidarios de la no intervención. «Obrar de otro modo equivaldría conceder implícita beligerancia a una insurrección militar», afirmó Lázaro Cárdenas.

En la España dividida por dos bandos irreconciliables se desató una violencia represiva, nunca antes conocida, que provocó las primeras avalanchas de refugiados.

JOSÉ DOBLA. Niño de la guerra. México. Su madre, analfabeta, los metió a él y a su hermano en una guardería de Valencia sin enterarse de que era para los niños destinados a viajar a México. Cuando regresó a visitarlos se encontró que ya habían sido evacuados. Al cabo de cuarenta y cinco años vuelven a encontrarse y José consigue traerse a su madre, de ochenta años, a Morelia, en el estado de Michoacán, México, donde reside.

> Fuimos refugiados que salimos de Málaga, del barrio del Palo. Salimos caminando, mi madre, mi padre, mis abuelos, mi hermano y yo... y un burro. Al llegar a Almería, mis abuelos ya no pudieron caminar y traíamos los aviones por arriba, los barcos por la costa, porque es mar ahí, y los alemanes atrás echándonos. Pasamos a Almería, pasamos otros pueblos y nos fuimos hasta Valencia.

En la zona republicana, el gobierno se vio desbordado por la actuación de los milicianos de distintos partidos y sindicatos que se hicieron con casi todas las parcelas del poder. Campaban libremente las bandas armadas a la «caza de fascistas». Se asaltaron cárceles, se quemaron iglesias y conventos, y se asesinó a mucha gente. Se hicieron tristemente célebres «el paseo» (hacia la muerte) y las siniestras «checas». La Iglesia encarnaba, para los grupos extremistas, lo más reaccionario y retrógrado, y se daba por segura su participación en el Alzamiento. La persecución que sufrió en los tres años de guerra civil fue la más sangrienta de su historia. Mientras, las instituciones se derrumbaban y los políticos, impotentes, hacían sus llamadas a la cordura. El líder socialista, Julián Zugazagoitia, exigía desde las páginas de *El Socialista*:

> Para juzgar a cuantos hayan delinquido disponemos de la ley. Mientras dispongamos de ella necesitamos acatarla. Con ella todo es lícito; sin ella, nada.

También desde *El Socialista*, Indalecio Prieto, espantado por las matanzas de la cárcel Modelo de Madrid, clamaba:

> Ante la crueldad ajena, la piedad vuestra; ante la sevicia ajena, vuestra clemencia; ante los excesos del enemigo, vuestra benevolencia generosa... ¡No los imitéis! Superadlos en vuestra conducta moral; superadlos en vuestra generosidad.

Dolores Ibárruri, *la Pasionaria*, denunciaría:

> «La Columna de Hierro» era una feroz milicia compuesta por anarquistas, delincuentes de delito común y señoritos degenerados. Durante varios meses fue el terror de las regiones levantina y aragonesa. Después de asaltar el Banco de Valencia, llevándose varios millones de pesetas, se dedicaron al saqueo y asesinato de los campesinos y de todo el que se oponía a sus desmanes.

En la llamada «zona nacional», la autoridad militar sustituyó a la civil. Sin juicio previo se asesinaba en las calles, en las cunetas, contra las tapias de los cementerios. Los fusilamientos en masa de campesinos se hacían para no dejar «rojos» en la retaguardia. Grupos armados de la derecha, falangistas y requetés, iniciaron su implacable labor de limpieza.

Federico García Lorca, asustado ante los acontecimientos, buscó refugio en el ámbito familiar de Granada y en una madrugada de agosto de 1936 fue vilmente asesinado en el barranco de Víznar.

Si muero,
dejad el balcón abierto.

El niño come naranjas.
(Desde mi balcón lo veo.)

El segador siega el trigo.
(Desde mi balcón lo siento.)

¡Si muero,
dejad el balcón abierto!

Federico García Lorca, «Despedida»

El cerebro de la rebelión, el general Mola, ordenó:

Se tendrá en cuenta que la acción ha de ser en extremo violenta para reducir lo antes posible al enemigo. Desde luego serán encarcelados todos los directivos de los partidos políticos, sociedades o sindicatos no afectos al Movimiento, aplicándoles castigos ejemplares a dichos individuos para estrangular los movimientos de rebeldía o huelgas. Las vacilaciones no conducen más que al fracaso. Es necesario propagar una atmósfera de terror. Cualquiera que sea abierta o secretamente defensor del Frente Popular debe ser fusilado.

Los mandos militares de Franco emplearon a sus tropas en una brutal represión de la población civil para evitar cualquier reacción. En Andalucía y Extremadura, la entrada de los nacionales en los pueblos y ciudades desencadenaba una matanza. El teniente coronel Yagüe, que mandaba las tropas coloniales, la Legión y los Regulares moros, se justificaba diciendo que no podía dejar en Badajoz, a sus espaldas, a 4 000 prisioneros rojos con el riesgo de volver a perder la plaza, pues tenía orden de ir hacia Madrid a marchas forzadas.

Desde su «taifa» sevillana, todas las noches a las diez, por la radio, el general Queipo de Llano, antiguo valedor de la República, amenazaba ¡y cumplía sus amenazas!

> Nuestros valientes legionarios y regulares han enseñado a los rojos lo que es ser hombres. De paso también a las mujeres de los rojos que ahora, por fin, han conocido a hombres de verdad y no castrados milicianos. Dar patadas y berrear no las salvará.

Francisca González Díaz. Pedagoga. Sobrina de José Díaz, secretario general del PCE. Logra salir con su familia de la España franquista gracias a un canje con la hermana de Queipo de Llano. Reside en México D. F.

> En Sevilla nos metieron a mi madre y a mí, porque todavía me daba el pecho, en la cárcel junto con mi tía Carmen. Mi madre me contaba que todos los días veían sacar gente para afeitar las cabezas a las muchachas jóvenes, para fusilar gente, había una lista para fusilar. Entonces parece que llegó la hora de fusilar a las hermanas de José Díaz, por ser sus hermanas, y entonces mi madre y mi tía se peleaban por ver a quién iban a fusilar porque tenían problemas allí de qué iban a hacer conmigo. Entonces mi madre le decía: «Tú tienes cinco hijos.» Mi tía era ya viuda y sus hijos eran ya un poco mayores. Mi tía le decía: «Pero tú tienes dos niños muy chicos y tú te quedas con ellos, y si tú te entregas, a esta niña la dejas sola.» Entonces parece que mi tía salió corriendo y se entregó ella y dijo: «A mí, yo me voy para allá.» Y la fusilaron. Imagínate cómo quedaría mi madre.

María Luisa Elío. Escritora. Su padre, aristócrata navarro de izquierdas, ha de pasar los tres años de la guerra civil oculto. Mientras, ella, de ocho años, junto con su madre y dos hermanas, sufren cárceles y persecuciones hasta que logran escapar a Francia, de donde parten para México. En 1959, respondiendo a la llamada de Alfredo Guevara que dirige el Instituto Cubano de Arte e Industria Cinematográfica (ICAIC), viaja a Cuba con su marido, Jomí García Ascot, también hijo del exilio, quien participa como realizador en una serie llamada «Historias de la revolución». En La Habana surge la idea de lo que se convertirá en la película de culto para el exilio mexicano, *En el balcón vacío*, inspirado en los recuerdos de María Luisa de la guerra de España. A ella le están dedicados *Cien años de soledad*, de García Márquez.

> Mi padre, de una familia muy carlista, supongo que por *revoltée*, fue un hombre de izquierdas en una ciudad de provincias como Pamplona, entonces eso no era posible... El primer día de la guerra van a buscarlos seis falangistas y tres carlistas, van a por él con fusiles como si fuera realmente un asesino y se lo llevan a los Jurados; él era juez municipal de los Jurados Mixtos, o sea, que se lo llevan a un sitio muy conocido, tan conocido que era casi imposible huir de allí, pero se encuentra con una persona de derechas —buenos y malos había en los dos bandos— que le dice: «Elío, salga rápido, lo van a fusilar.» Y en efecto, pudo escaparse. Y allí es el principio de un drama que es el de mi padre pero que repercutió en todos nosotros... Mi padre llega a París, pero mi padre ya no es mi padre, mi padre es un andrajo, se ha convertido en un trapo de hombre. Estuvo tres años escondido en una lavandería que no tenía ni ventana.

A consecuencia de la ofensiva de las tropas franquistas sobre Guipúzcoa, a un mes del comienzo de la guerra, unas quince mil personas, la mayoría mujeres, niños y ancianos, huyeron a Francia por la frontera de Hendaya.

El 26 de abril de 1937, la opinión mundial se estremeció al conocer las noticias de la destrucción de Guernica, llevada a cabo por oleadas de bombarderos de la Legión Cóndor de la aviación alemana. Deliberada y sistemáticamente se arrasaba a una población civil abierta e indefensa.

La dura resistencia de los defensores de Madrid dejó parados a los ejércitos de Franco a las mismas puertas de la capital. Eran diarios los bombardeos de la aviación rebelde y parte de la población civil, en una interminable riada, abandonó la ciudad buscando un refugio seguro.

El gobierno de la República creó un Comité de Refugiados que, con la colaboración de las diputaciones y ayuntamientos, asociaciones humanitarias, grupos políticos y sindicales (la Cruz Roja suiza, el Socorro Rojo Internacional, comunista, y la Solidaridad Internacional Antifascista, anarquista), ayudaron a evacuar e instalar a miles de niños en zonas más seguras del Mediterráneo, principalmente en Valencia y Cataluña. A finales de 1937 había 564 colonias que acogían a cerca de cincuenta mil niños. También las Brigadas Internacionales sostuvieron algunos centros médicos y comedores para atender a los niños.

Entre otras asociaciones y grupos que se ocuparon de atender a estos «niños de la guerra» hay que destacar la labor de los cuáqueros.

Farah Meldleshon. Historiadora cuáquera. Londres.

Los cuáqueros alimentaron a los niños porque obtuvieron fondos para ello. Los cuáqueros no hacen diferencias entre los adultos y los niños porque eso supondría que los adultos son culpables de algo y los cuáqueros creen que todos somos hijos de Dios y no podemos ser tratados como culpables o pecadores. Optaron por alimentar a los niños porque sabían que era más viable y era también la única forma de mantener una cierta neutralidad.

Manteniendo puntos de apoyo en Murcia, Almería y Valencia, un reducido grupo de cuáqueros, no más de quince, atendieron y alimentaron —leche, azúcar y chocolate principalmente— durante dos años a unos treinta mil niños en Barcelona y alrededores, en especial a los refugiados. Para ello contaron con una amplia red de colaboradores españoles.

Farah Meldleshon. Historiadora cuáquera. Londres.

Por lo que costaba traer a una persona desde Inglaterra se podía pagar a tres españoles y ayudarlos en su economía.

En el momento de la derrota, los cuáqueros acompañaron a los republicanos al exilio. En la medida de sus limitadas posibilidades intentaron aliviar su retirada montando cantinas en los pasos de frontera.

No nos dejéis cerradas las puertas de la noche,
del viento, del relámpago,
de lo nunca visto.

PEDRO SALINAS

CAPÍTULO II
Las primeras víctimas: los «niños de la guerra»

Ya desde noviembre de 1936, por iniciativa de la Confédération Général du Travail francesa, se había creado un Comité d'Accueil aux Enfants d'Espagne, que actuaba en coordinación con el gobierno de la República y atendía a los niños desde el punto de partida hasta el lugar de destino. Los niños, de edades comprendidas entre los cinco y los doce años, iban acompañados por maestras y auxiliares; primero en un campo de selección, desde el que se les distribuía en colonias o familias de acogida.

Los bombardeos de Durango, el 31 de marzo de 1937, y de Guernica, el 26 de abril de ese mismo año, por la Legión Cóndor alemana, dispararon la alarma general en el ámbito internacional. El gobierno vasco hizo un llamamiento al mundo para que acudieran en auxilio de «su país y de los niños». El lema que se generalizó rezaba: «Salvad a los niños de España.» Desde ese momento empezaron los traslados masivos a otros países. En total salieron más de treinta mil niños de los que unos veinte mil regresaron al acabar la guerra civil. Como en toda contienda, los niños fueron las primeras víctimas; casi ciento veinte mil niños murieron durante la guerra.

Los principales países de acogida fueron Francia, Bélgica, la Unión Soviética, el Reino Unido y México. Algunos fueron a Suiza (807), Dinamarca (120) y Holanda. En cambio, Suecia y Noruega sostuvieron varias colonias infantiles en suelo francés.

Francia

A este país fue a parar el mayor contingente de niños, 17 489, de los que volvieron repatriados 12 831. La primera expedición de 450 niños vascos se produjo en marzo de 1937, siendo alojados en la colonia «Casa Dichosa» en la isla de Olerón. Las siguientes expediciones fueron repartidas en familias de acogida o en colonias instaladas en hoteles, palacetes, casas de campo y, en el ámbito católico, en instituciones y conventos. Cuando se disolvieron estas colonias, la mayoría de los niños regresó a España y otros se reunieron con sus padres, que se habían visto obligados a pasar al exilio.

Bélgica

Después de Francia, Bélgica recibió el segundo grupo mayoritario de niños, 5 130 de los que 3 798 fueron repatriados. El voluntariado de la época, compuesto por instituciones, organismos, partidos de izquierda, socialistas y comunistas, sindicatos, asociaciones y particulares, se movilizaron para crear un comité de ayuda a los niños. Les Femmes Prévoyantes Socialistes, en colaboración con la Cruz Roja, el Comité Internacional de Ayuda a los Niños Españoles y otras organizaciones se encargaron de su acogida. Hay que destacar la labor de Isabelle Blume. Por su parte, el gobierno belga concedió cinco mil visados para que pudieran entrar.

También los católicos, encabezados por el cardenal Van Roey, se movieron en su socorro a través de la Obra del Cardenal. Por medio de las parroquias, 1 250 niños vascos fueron acogidos por familias católicas. Por expreso deseo de Pío XII, que apoyaba la política de Franco de recuperar a los niños, casi todos fueron repatriados.

EMILIA LABAJOS. Niña de la guerra. Bélgica. Presidenta de la Asociación de los Niños de la Guerra. Su padre había muerto en la batalla de Guadalajara a principios del 37. Sale al exilio por Cataluña, con su madre y sus dos hermanas en febrero del 39, cuando tiene ocho años.

> Durante toda la guerra civil vienen niños a Bélgica. Empiezan en pequeños grupos de heridos que vienen por mediación de la Cruz Roja, cinco, diez, pero nunca más de veinte. A partir de abril del 37, por los bombardeos de Guernica y de Durango, empiezan a llegar grupos más importantes y en 1937 Bélgica acoge a 3 200 niños que estaban en el País Vasco, entre ellos había también asturianos y catalanes, pero la mayoría eran vascos. Algunos vienen acompañados de sacerdotes, algunas monjas, acogidos por el sector católico. Los demás, la mayoría, por los partidos de izquierda, los comunistas y los socialistas, y los sindicatos. A partir del 39, Bélgica acoge a otros dos mil, algunos conocieron los campos de concentración en Francia, como el de Argèles, acogidos por el sector de izquierda, ya que éramos los niños de los rojos. Cuando se acercaba la segunda guerra mundial, Bélgica ya no podía guardar a todos los niños y los que no habían sido acogidos en familias fueron los primeros en ser repatriados.

TINA SANGRONES. Niña de la guerra. Bélgica. Santanderina. Presidenta de la Asociación de los Niños de la Guerra de Lieja y alrededores. Vive en Soumagne, junto a Lieja, Bélgica.

> Estando en Francia vinieron unos belgas, del sindicato socialista de Lieja, vinieron a acogernos y nos trajeron aquí, a Bélgica. Cuando llegamos a la frontera belga fue ya algo increíble cómo nos recibió la gente que estaba en la estación, con un cariño terrible. Nos daban comida, dulces, juguetes, de todo. Creíamos que llegábamos al paraíso.

> La mayoría de los niños venían en condiciones lamentables: hambrientos, traumatizados por la guerra y los bombardeos, cubiertos de piojos, con sarna... Antes de que fueran repartidos entre sus familias de adopción pasaban dos o tres semanas en las colonias socialistas de la costa para que pudieran ser vacunados, curados, alimentados y vestidos.

EMILIA LABAJOS. Niña de la guerra. Bélgica.

Cuando llegamos estábamos en muy malas condiciones de salud, teníamos sarna, teníamos piojos y tuvimos que quedarnos hasta curarnos en las colonias del mar donde, por cierto, hacía un frío terrible.

ARGENTINA ÁLVAREZ. Niña de la guerra. Bélgica. Nacida en Cangas de Narcea, Asturias, su padre es fusilado por los franquistas y ella, su madre y siete hermanos se embarcan para Burdeos, de donde son devueltos a Cataluña. Sale al exilio, camino de Bélgica, cuando tiene trece años con cinco de sus hermanos.

Cuando llegué a Bélgica era el mes de febrero y nos mandaron a una colonia junto al mar. Hacía mucho frío, llovía, era un clima al que no estábamos acostumbrados, ni a la naturaleza...

En la Casa del Pueblo de cada localidad les esperaban sus nuevas familias de adopción. Hay que remarcar que hubo muy pocos intentos de adoptar a los niños, separándolos de sus familias españolas, sino por el contrario, los «padres adoptivos», con algunas excepciones, supieron guardar con una extraordinaria sensibilidad su papel de «padrinos».

FRANCISCO SANTÍN. Niño de la guerra. Bélgica. Bilbaíno, sale a los pocos días del bombardeo de Guernica en el barco *Habana* cuando tiene cinco años. Regresa a España con sus padres en 1947 y se vuelve a vivir a Bélgica en 1954.

Fuimos recogidos en la Casa del Pueblo de Lieja por las familias que habían respondido al llamamiento del gobierno de la República y asociaciones y sindicatos y partidos de izquierda aquí en nuestra provincia... No hay palabras para expresar el sentido de la solidaridad, de la emotividad, del cariño de las familias obreras, fue algo extraordinario, nos querían y nos querían hasta como hijos.

Rosario del Valle. Niña de la guerra. Bélgica. Asturiana. Sale al exilio a los nueve años desde Avilés con sus dos hermanos, su madre y sus abuelos. Casada con un belga.

> Las familias escogían niños y niñas, casi todos querían niñas pequeñas o niños, por eso me quitaron dos años, me pusieron siete pero tenía nueve. Llegamos a la Casa del Pueblo y teníamos un papelito con un número, y había a los costados del edificio la gente que esperaba a los niños, y yo miré a una señora que estaba muy bien vestida, con un sombrero, y que me hacía señas. Entonces yo le dije a mi hermana Margarita: «Mira a esa señora cómo está mirando.» Y ella me dijo: «Tápate las manos», porque tenía sarna y llevaba unas bandas para tapar las manos y las metí dentro de la capa para que esa señora no viese que tenía esa enfermedad, la sarna. Efectivamente marché con esa señora, era una familia que no tenía hijos, un matrimonio joven, tenían veintiocho años los dos, vivían con los padres, el abuelo y un tío. Estuve muy bien porque era gente que vivía bien y entonces estuve allí durante toda la guerra hasta que me casé.

Araceli Sánchez. Niña de la guerra. Bélgica. Casada con un belga, farmacéutico, del que enviudó hace pocos años. Reside en Namur, Bélgica.

> Aquí fue el paraíso para nosotros. Llegamos a Bélgica en febrero del 39 y a mí me recogieron para ir a una casa particular. El 18 de marzo fui con mis nuevos padrinos, porque siempre mi madrina me dijo que mamá no había más que una y siempre la llamé madrina.

Argentina Álvarez. Niña de la guerra. Bélgica.

> Yo caí en casa de un anarcosindicalista, de izquierdas naturalmente, y allí pasé mi juventud hasta que me casé.

JOSÉ MARÍA ASTORGA. Bilbaíno, sale a Bélgica en el barco *Habana* en la primavera del 37 con dos hermanos. Tenía ocho años. Está casado con Araceli Llano, niña de la guerra.

> Tuve la suerte de ser acogido por una familia burguesa, mi padrino era ingeniero civil en el ministerio pero no me dio estudios y, sin embargo, he conocido a otros niños que han sido acogidos por familias obreras y han tenido la oportunidad de hacer estudios, yo no tuve esa suerte.

Ya desde 1937, el régimen franquista había establecido un organismo de repatriación de menores que presionaba a los gobiernos y las instituciones para que los niños de la guerra volvieran a España.

FRANCISCO SANTÍN. Niño de la guerra. Bélgica.

> Cuando termina la guerra civil, a través de la Cruz Roja y el gobierno de Franco, hacían las tramitaciones para que volviéramos a España, pero nuestras familias adoptivas recibieron una carta de nuestro padre diciendo que no podíamos volver a España hasta que él no hiciese de manera expresa y escrita la reclamación... hasta finales del 47 no volvimos a Euskadi.

Rusia

Los 3 291 niños que salieron de España en cuatro expediciones, cuando tenían entre dos y catorce años, fueron muy bien acogidos en la Unión Soviética. La primera expedición de veintiún niños partió del puerto de Cartagena el 17 de marzo de 1937, en el buque *Gran Canaria*, rumbo a Odessa. Iban hijos de pilotos republicanos y de oficiales del PC. Entre ellos Amaya, la hija de Dolores Ibárruri, *la Pasionaria*.

En la madrugada del 13 de junio de ese mismo año, seis días antes de la caída de Bilbao a manos franquistas, salió del puerto de Santurce, Bilbao, una segunda expedición en el buque

Habana que llevaba a bordo a 4 500 niños. En Burdeos, 1 495 de éstos, en su mayoría vascos, fueron reembarcados en el barco francés *Sontay* rumbo a Leningrado. Iban con ellos 72 profesores, educadores y auxiliares, y dos médicos.

La tercera expedición fue el 24 de septiembre, pocas semanas antes de la caída de Gijón, en un carguero desde el puerto de El Musel, con 1 100 niños. A finales de octubre de 1938 fue la última expedición, con 300 niños procedentes de Aragón y de las costas mediterráneas. Fueron trasladados a Francia en autobuses y salieron por el puerto de Le Havre.

Isabel Argentina Álvarez. Niña de la guerra en Rusia. Huérfana de madre e interna en Gijón, ante la caída de esta ciudad y el miedo a los bombardeos, insiste a su padre para marcharse a Rusia. Sale con su hermana menor en la tercera expedición. Años después se traslada a Cuba como traductora por la cooperación soviético-cubana. Actualmente reside en La Habana.

> A las tres de la mañana zarpamos para Burdeos, pero se recibió una noticia de que en alta mar había toda una flota de barcos fascistas y tuvimos que desviarnos hacia el puerto de Saint-Nazaire. Esto nos llevó tres días en un oleaje terrible por el Cantábrico, sin nada que comer ni beber.

Antonio Martínez. Niño de la guerra en Rusia. Huérfano de padre, asesinado en el levantamiento de Asturias de 1934. Hasta su salida a Rusia vive en un orfelinato regido por la diputada socialista Veneranda Manzano.

Su madre está en el frente como sastra. Antonio tiene que quitarse un año para entrar en el cupo de los que van a Rusia y sale con sus dos hermanas menores en la tercera expedición. Casado con una santanderina, también niña de la guerra, se traslada a Cuba con la cooperación soviético-cubana como técnico medio. Reside actualmente en La Habana.

Veníamos bastante sucios. Habíamos botado por la borda toda la ropa que llevábamos; alguien corrió la voz de que en Rusia nos iban a dar ropa nueva. Cuando llegamos nos recibieron con música, los pioneros alineados a lo largo del puerto...

Isabel Argentina Álvarez. Niña de la guerra. Rusia.

A principios de octubre llegamos a Leningrado. Allí nos esperaba mucha gente con banderas rojas, republicanas, con pancartas de «¡Viva la República!», «¡Viva el heroico pueblo español!», muchos pioneros, una alegría tremenda. Nos llevaron a un punto sanitario donde nos bañaron, nos cambiaron de ropa.

Antonio Martínez. Niño de la guerra. Rusia.

Ocurrieron cosas entre cómicas y feas... Para los rusos era normal que hasta esas edades entrasen al baño niños y niñas juntos, porque son baños comunes, y ahí se montó la bronca. Las muchachas de doce, trece años no querían... Como yo salí de España con la orden de mi mamá: «Tú eres el responsable de tus hermanas, tú no te separas de ellas, yo confío en ti», yo cogí a mis hermanas, me desnudé, las desnudé a ellas y nos metimos al baño, no me importaban los prejuicios, pero allí hubo llantos...

Nos hospedaron en el mejor hotel que había en Leningrado en aquellos años, en octubre; pisos con alfombras, lujo por todas partes. La inmensa mayoría de nosotros no estábamos acostumbrados a aquellos lujos e hicimos allí grandes destrozos. Tanto la comida como la cena la amenizaban orquestas, pero tocaban música clásica que era de total desconocimiento para la totalidad de nosotros, y protestábamos con la forma más sencilla de protestar, pataleando, y entonces nos tocaban *La cucaracha*, *Cielito lindo*, todas esas cosas que ya eran famosas en la época, en el año 37, sobre todo mexicanas, y entonces nos conformábamos... Hicimos verdaderas barbaridades. Yo creo que el hotel ese quedó hecho trizas para bastante tiempo.

Los niños fueron distribuidos en diferentes localidades del país en antiguas casas y palacios de la nobleza o en instituciones, casi todas en el campo, donde estaban especialmente bien atendidos, con todos los medios pedagógicos, vacaciones en el mar, etc. Entre rusos y españoles, 1555 personas atendían a 2189 niños. Sin embargo, al principio no había personal suficiente que dominara el español. Con la llegada de españoles al término de la guerra civil, este problema quedó mejor resuelto.

ISABEL ARGENTINA ÁLVAREZ. Niña de la guerra. Rusia.

Nos distribuyeron por distintos lugares, yo me quedé en Leningrado, otros los llevaron para otros lugares, para Moscú, las afueras de Moscú, para Kíev, Odessa y otros lugares distintos.

ANTONIO MARTÍNEZ. Niño de la guerra. Rusia.

Nos fueron enviando a las distintas casas de niños. Yo caí en las cercanías de Moscú, en Krasnovido, que se podría traducir como «buena vista», un lugar muy pintoresco, al lado de un río, con bosques y colinas.

ISABEL ARGENTINA ÁLVAREZ. Niña de la guerra. Rusia.

En Leningrado, después de un mes de descanso, empezamos a estudiar, en la casa número 9. Era un internado muy bien organizado. Después de un examen nos distribuyeron en el grado correspondiente según los conocimientos que tenía cada uno... En el internado estábamos muy bien, aquello era muy cómodo, la gente muy cariñosa, trataban de tenernos entretenidos porque muchos lloraban, querían regresar, no se sabía si la guerra (civil) iba a terminar con la victoria, si se iba a perder. Cuando ya se perdió la guerra, todo el mundo perdió la esperanza, supimos que no íbamos a retornar pronto, pero nos atendieron tan bien que en aquella casa de niños fuimos muy felices, nos alimentaban muy bien, pese a que el pueblo soviético tenía muchas dificultades, lo mismo que los educadores y los maestros, y todo su amor, toda su dedicación, lo emplearon en nosotros.

Antonio Martínez. Niño de la guerra. Rusia.

Nos estaban educando y capacitando, tratando de conservar nuestra idiosincrasia, nuestra nacionalidad como españoles, porque además seríamos en el futuro los libertadores de España. Mucho se ha hablado de aquella época, de que si nos cuidaban bien, nos alimentaban y vestían y demás era debido al oro español que estaba en las arcas de Moscú. Yo no tengo argumentos para rebatir esa teoría, pero sí que puedo decir que eso en todo caso sería la posición oficial de las instituciones estatales, pero no hay oro en el mundo que compre la amistad, la generosidad, la amabilidad, el esmero con que nos trataban... el pueblo, el pueblo común y corriente, los niños, las mujeres, los ancianos, los combatientes del Ejército, todo el mundo nos animaba, nos cuidaba... era un sentimiento de solidaridad. Claro, hay que recordar que en la Unión Soviética de aquel entonces se hizo mucha propaganda sobre la guerra civil, como es lógico a favor de la causa de la República.

El mando del Ejército de la República, Manuel Tagüeña, destinado en Moscú a estudiar en la academia militar Frunze, tuvo contacto con estos niños a través de su mujer, Carmen Parga, que daba clases en una de las escuelas y muestra en sus memorias, *Testimonio de dos guerras*, la preocupación que le causaban:

En las escuelas de niños españoles repercutían también las dificultades generales que empeoraban el abastecimiento, pero el problema principal seguía siendo el psicológico. Arrancados de sus hogares a causa de la guerra, la mayoría de los niños y de los jóvenes se resistían más o menos conscientemente a ser educados por extraños, y levantaban una barrera mental que a menudo ni siquiera los maestros españoles podían atravesar. Yo iba con mucha frecuencia a la escuela de Piragoskaya, donde trabajaba

Carmen, y trataba de ayudarlos en lo que podía, incluso preparando sus exámenes, pero era muy difícil ganar su confianza.

SANTIAGO CARRILLO. Ex secretario general del PCE.

Ese primer año o año y pico antes de la invasión los niños viven, dentro de que muchos de ellos no tienen a sus padres, felizmente en condiciones de privilegio allí. Pero al comenzar la guerra, los alemanes avanzan rápidamente y ocupan también lugares donde había colegios, colonias de niños españoles, y a partir de allí se produce un cambio en las condiciones de vida de estos muchachos terrible.

Inglaterra

A finales de 1936 se creó el National Joint Committee for Spanish Relief para ayudar a las mujeres y los niños de la zona republicana. Su presidenta, la conservadora duquesa de Atholl, viajó a Madrid en abril del 37. Por su parte, el gobierno británico se negaba a dejar entrar en el Reino Unido a refugiados españoles no combatientes. Fue a raíz del bombardeo de Guernica cuando consintió la entrada de los niños, a condición de que su cuidado y mantenimiento dependiera directamente del National Joint Committee, sin que pudieran recibir subvención pública alguna. Para tal efecto, esta organización de voluntarios creó el Basque Children's Committee y uno de sus miembros, la diputada laborista Leah Manning, estuvo en Bilbao varias semanas para ultimar trámites y detalles con el gobierno vasco mientras dos médicos ingleses, Ellis y Rusell, que siguieron manteniendo estrecho contacto con ellos, examinaban a los niños que iban a ser llevados a Gran Bretaña.

ESPERANZA ORTIZ DE ZÁRATE. Niña de la guerra. Inglaterra. Su padre, maestro en Zaldíbar, Vizcaya, ha de refugiarse en Bilbao con su mujer y sus hijos ante el avance de las tropas franquistas. Tiene diez años cuando embarca en el *Haba-*

na con su hermana de trece. Casada con un niño de la guerra. Vive en Londres.

> El gobierno inglés no nos quiso recibir aquí en realidad, no sé si es una cosa que se sabe, pero Baldwin, que era el primer ministro, no estaba de acuerdo con que los niños vinieran a Inglaterra y solamente fue por el trabajo que hicieron los laboristas, las cooperativas e incluso algunos católicos, porque aunque muchos católicos estaban con Franco, había otros que no lo estaban, y ellos presionaron al gobierno para que nos dejaran entrar en Inglaterra, pero el gobierno solamente dio el consentimiento de que entráramos en Inglaterra a condición de que estas organizaciones se hicieran cargo de nuestro mantenimiento.

El 21 de mayo de 1937, 3 826 niños y niñas entre siete y quince años, acompañados de 95 maestras, 122 auxiliares y 15 sacerdotes (entre ellos Policarpo Larrañaga, uno de los fundadores del sindicato ELA-STV, y Francisco Larracoechea, que más tarde, en Buenos Aires, traduciría al euskera obras de Shakespeare), salieron del puerto de Santurce, Bilbao, en el buque *Habana*, escoltado por la Marina británica. Llegaron al puerto de Southampton la tarde del día siguiente.

LUIS SANTAMARÍA. Niño de la guerra. Inglaterra. Sale en el *Habana* con tres de sus hermanos. Casado con una niña de la guerra. Vive en Londres.

> Nada más salir el *Habana* del rompeolas, el barco empezó a bambolearse y yo diría que el noventa por ciento de los niños comenzó a marearse. Aquello fue horroroso, el golfo de Vizcaya estaba en tempestad y los niños no éramos marineros. Todos se marearon. Un chiquillo tenía toda la espetera llena de vómitos y decía: «Yo no me he mareado nada.» Salió a detenernos el acorazado *Cervera*, pero los dos *destroyers* ingleses que nos acompañaban le dijeron que se retirase y seguimos adelante. El olor a vómito no nos lo quitamos en todo el camino.

Esperanza Ortiz de Zárate. Niña de la guerra. Inglaterra.

Mi hermana se mareó muchísimo, se sentía tan triste... Yo no, nos daban un pastel de Madeira... comí pastel hasta que se me salía por la cabeza.

Luis Santamaría. Niño de la guerra. Inglaterra.

Llegamos a Southampton y allí nos esperaban una serie de dignatarios, amigos de la República, prensa... Estuvimos quizá un día, mientras nos iban haciendo a todos una inspección médica; nos miraban las manos a ver si teníamos sarna, a ver si teníamos piojos, a ver si habíamos sido vacunados, y si te encontraban algo, te ponían una cinta roja en la muñeca o bien una blanca y entonces te mandaban al hospital o al campamento.

Helvecia García Aldesoro. Niña de la guerra. Inglaterra. Vasca. Su madre viuda los envía a Inglaterra. Tiene catorce años cuando sale, con su hermano de nueve y su hermana de ocho. Son adoptados por la familia Cadbury, cuáqueros. Vive en Londres.

Cuando bajamos del barco vi a muchas mujeres y hombres con los uniformes del Salvation Army, que en aquellos tiempos no sabíamos lo que eran, y nos estaban tirando caramelos, que la mayoría caían al agua, y nos decíamos: «Fíjate aquí cómo se viste la gente y las mujeres qué sombreros que llevan tan raros.»

Tras la inspección médica, los niños fueron trasladados a un cercano campamento, que había tenido uso militar, llamado North Stoneham. La idea que se tenía entonces era la de que la estancia allí de los niños sería pasajera, que pronto volverían a España, que serían unas vacaciones que a lo más podían durar tres meses.

Luis Santamaría. Niño de la guerra. Inglaterra.

Nos metieron en autobuses y nos llevaron a un campamento cerca de Southampton que se llamaba Stoneham. Con los cuatro mil niños habían viajado alrededor de unas doscientas, quizá no tantas, maestras y auxiliares. El sexo varonil estaba representado por quince sacerdotes. Estos señores se ocupaban del campo nacionalista, porque en cuanto llegamos al campamento nos dimos cuenta de que estábamos segregados. Según se entraba en el campamento, a la derecha, el campo nacionalista; luego, el republicano, el socialista, el comunista y el anarquista, y entre el sector nacionalista y los demás sectores había una franja de unos cincuenta metros.

Helvecia García Aldesoro. Niña de la guerra. Inglaterra.

Nos llevaron al campamento y yo no encontraba a mi hermana Delia, y tardé dos o tres días hasta encontrarla, no sabéis lo que pasé... Le habían cortado el pelo, y me contó que como estaba tan sucia de los vómitos la habían llevado a un sitio especial para bañarlos y lavarlos.

Esperanza Ortiz de Zárate. Niña de la guerra. Inglaterra.

Yo estaba muy contenta, echaba de menos a mis padres pero yo no me daba cuenta, para mí era como una vacación, bueno, es que nos había dicho mi padre que veníamos de vacaciones y que volveríamos en tres meses, y yo me lo tragué todo.

Cuando Bilbao cae en manos franquistas, el 19 de junio de 1937 se desvanece toda esperanza de vuelta. La reacción de los niños es tremenda, desesperada.

Luis Santamaría. Niño de la guerra. Inglaterra.

En agosto hubo una pequeña revolución en el campamento. Cuando tomaron Bilbao, los fascistas nos lo dijeron por los altavoces, así, tan de repente: «Noticias de España —así lo decían—, las fuerzas nacionales de Franco han tomado Bilbao», y se armó un revuelo increíble; los chiquillos destrozamos mucho del campamento, destrozamos al tipo que lo había radiado, le destrozamos la caravana, todos los niños chillándoles: «¡Fascistas!» Ahí sí que no hubo segregación.

Esperanza Ortiz de Zárate. Niña de la guerra. Inglaterra.

Cuando nos dijeron que había caído Bilbao fue horrible. Yo me eché al suelo chillando y llorando y, de repente, pasó un avión y los niños gritaban: «¿Por qué no mandan esos aviones a España?» No nos lo podíamos creer... Algunos chicos se escaparon, se fueron al pueblo.

Helvecia García Aldesoro. Niña de la guerra. Inglaterra.

Me acuerdo que empezaron los chicos, sobre todo los mayores, a coger las maletas y a correr al aeropuerto porque querían volver, querían volver inmediatamente.

Al convertirse lo provisorio en permanente, el Committee tuvo que buscar otros emplazamientos para los niños. La Iglesia católica acogió a 1 200 en sus conventos y orfelinatos. La Salvation Army se ocupó de 450 en su albergue del East London. El resto fue a parar a más de setenta colonias en todo el país, sostenidas por comités locales de voluntarios.

Luis Santamaría. Niño de la guerra. Inglaterra.

Después de este revuelo que hubo, se esforzaron mucho porque veían que allí no podían tener a tantos niños, y se esforzaron mucho en ir sacando a los niños, en razón de entre cincuenta y cien niños, para diferentes colonias.

Poco antes de que estallara la segunda guerra mundial, 2 822 niños habían sido repatriados gracias a las gestiones del duque de Wellington, que apoyaba a Franco y que creó el Spanish Children Repatriation Committee, opuesto a los criterios del Basque Children's Committee.

México

Los 442 niños y niñas, entre cinco y catorce años, conocidos como «los de Morelia», fueron los primeros exiliados españoles que llegaron a México a petición del presidente Cárdenas. Su mujer, Amalia Solórzano, presidió el Comité de Ayuda a los Niños del Pueblo Español, que se ocupó de su traslado e instalación en Morelia, en el Estado de Michoacán, en régimen de internado-escuela. Los niños partieron del puerto de Burdeos en el buque *Mexique* el 17 de mayo de 1937. La travesía, que duró dieciocho días, hizo escala en La Habana, pero no se les permitió que bajaran a tierra.

EMETERIO PAYA. Niño de la guerra. México. Valenciano, sale a los ocho años de edad con sus tres hermanos a México donde se forma en la Escuela España-México de Morelia. Su padre muere en el campo de exterminio de Mauthausen. Casado con una mexicana, reside en Morelia, donde vive de un pequeño restaurante de paellas.

> Entonces estaba en la presidencia, en su primera etapa, Fulgencio Batista, lo cierto es que no nos dejaron bajar a La Habana, donde el Centro Gallego nos preparaba un recibimiento apoteósico, pero recibimos el cariño del pueblo cubano y de los españoles que siempre han residido en Cuba, que se acercaron al barco en lanchones gritando vivas a la República, con banderas republicanas... Supongo que muchas de esas personas durmieron esa noche en la cárcel porque Fulgencio Batista era simpatizante del levantamiento franquista.

Llegaron al puerto de Veracruz el 7 de junio. Ese mismo día, Lázaro Cárdenas comunicaba al presidente de la República española, Manuel Azaña:

Tengo el gusto de participarle haber arribado hoy sin novedad a Veracruz los niños españoles, que el pueblo recibió con honda simpatía. La actitud que el pueblo español ha tenido para el de México, al confiarle estos niños, correspondiendo así a la iniciativa de las damas mexicanas que ofrecieron a España su modesta colaboración, la interpretamos, señor presidente Azaña, como fiel manifestación de la fraternidad que une a los dos pueblos.

El Estado mexicano toma bajo su cuidado a estos niños, rodeándolos de cariño y de instrucción, para que sean dignos defensores del ideal de su patria.

EMETERIO PAYA. Niño de la guerra. México.

Llegamos a Veracruz, donde se nos hace objeto de un recibimiento verdaderamente extraordinario, conmovedor. La gente llorando de emoción, los niños que veníamos asustados de una guerra, mareados por un viaje muy largo, manifestaciones de todo tipo, de organizaciones obreras, campesinas, dándonos la bienvenida... Recuerdo que ni siquiera pisamos tierra mexicana, nos metieron directamente en el tren por una pasarela de madera, y por las ventanillas del tren el pueblo se volcaba en amor y en ternura por los niños. Sacábamos las manos y las retirábamos llenas de cosas: flores, juguetes, dinero, frutas que no conocíamos como el mango o la piña... En estaciones intermedias, la gente nos recibía con música, con grandes manifestaciones de cariño, pero casi todos los niños íbamos dormidos. Fueron unas extraordinarias manifestaciones de solidaridad hacia el pueblo español y hacia sus embajadores, los niños refugiados.

JOSÉ DOBLA. Niño de la guerra. México.

Nos metieron en un tren y del tren salimos rumbo a México D. F. Llegamos el día 8 de junio de 1937, y ahí nos metieron en un internado, en una escuela, Hijos del Ejército número dos.

EMETERIO PAYA. Niño de la guerra. México.

Era una de las escuelas que fundó el general Cárdenas para hijos de militares, para que cuando cambiaban de plaza no perdieran sus estudios, y de ese sistema formó también parte nuestro internado. Allí dormimos ese día y nos vino a visitar el presidente Cárdenas y su esposa, doña Amalia, y presenciaron una escena verdaderamente dramática. Un avioncito que sobrevolaba el área lanzando una publicidad comercial, recuerdo que un ungüento, Ungüento 666, que me parece que todavía existe, con un caramelo pegado, y muchos niños hicieron pecho a tierra... La cultura de la guerra, ¿no? Estábamos acostumbrados a que los aviones sólo tiraban bombas. Este suceso conmovió mucho a doña Amelia.

A la mañana siguiente los niños fueron trasladados por tren a Morelia, donde los esperaban unas veinte mil personas para recibirlos.

JOSÉ DOBLA. Niño de la guerra. México.

Llegamos a Morelia el día 10 de junio de 1937 a las once de la mañana y nos trajeron por toda la calle, que antes se llamaba Real, al internado, a la Escuela España-México.

La Escuela España-México se componía de dos viejos caserones, expropiados al clero, que fueron antiguos seminarios. El Salesiano y el San Juan estaban separados entre sí por varios cientos de metros. En el de San Juan estaba la residencia de las niñas, las aulas y el comedor mixtos. En el Salesiano, los dormitorios y talleres para los chicos. Aunque la impedimenta fuera nueva, las ratas y las pulgas campaban por sus respetos, así como los piojos y la sarna, que nunca fueron erradicados eficazmente. Al pertenecer al sistema escolar Hijos del Ejército tenían un régimen militar a cargo de un asesor, oficial del ejército mexicano.

José Dobla. Niño de la guerra. México.

Para que nos pudieran controlar las travesuras nos premilitarizaron. Teníamos banda de guerra y dos escoltas, la de la bandera mexicana y la de la bandera española, y un batallón que se componía de tres secciones de grandes y tres de chicos. Aquí era a base de puros toques; para dormir era un toque de ordenanza, para despertarnos un toque de diana, después se tocaba para lavar los cuartos, hacer las camas...

En esta Escuela, no sólo estaban los niños españoles sino que también había mexicanos.

Emeterio Paya. Niño de la guerra. México.

Desde el primer momento, nosotros convivimos con niños mexicanos que ya vinieron con nosotros de la Escuela Hijos del Ejército número dos. Creo que fue idea del general Cárdenas para que asimilásemos las costumbres del país. Todavía conservamos grandes amistades con compañeros mexicanos, en términos de hermanos. Aquí en Morelia hay varios cuyos hijos nos llaman tíos.

¡Oh luna! ¡Cuánto abril!
¡Qué vasto y dulce el aire!
Todo lo que perdí
volverá con las aves.

Jorge Guillén

CAPÍTULO III
Oleadas de refugiados

Con la caída de Bilbao y Santander en manos de los insurgentes se produjo una huida a Francia de más de 160 000 personas en toda clase de embarcaciones, ya que la frontera con Francia estaba copada por los franquistas. Quienes no consiguieron huir sufrieron las más duras represalias.

RICARDO DOMINGO. Prisionero de guerra por los franquistas, recorre muchos campos de concentración, salvando su vida milagrosamente. Es condenado a trabajos forzados en la construcción del aeropuerto civil y militar de Málaga hasta que, en junio de 1941, es puesto en libertad. Reclamado por unos familiares emigra a La Habana, donde trabajó como jardinero del cementerio Colón hasta su jubilación. Reside en Cuba.

Cuando terminó la guerra en Asturias tuve que irme para el monte. Veía cómo los falangistas llevaban a la gente en cuadrillas de diez, veinte, treinta personas de los pueblecitos esos, amarrados con alambres de dos en dos, entre ellos iban primos míos. Yo les aconsejé que no se presentasen porque ahora están ciegos matando gente... Entonces me tocó verlos desde el bosque donde estaba escondido. Los llevaban hasta el Ayuntamiento de Ponga y desde allí hasta una montaña que separa Asturias de León. Allí hay un hueco que tiras una piedra que ni se sabe adónde llega y no gastaban ni un tiro para matarlos. Amarrados de dos en dos, los empujaban hacia el hueco... ¡La huesera que hay allí!

De los combatientes que consiguieron marcharse, muchos decidieron volver para seguir luchando, algunos civiles fueron acogidos en colonias y por familias francesas o de origen español, pero la mayoría fueron devueltos a la zona republicana.

Carmen Rodríguez. Su madre era una conocida líder socialista de Asturias, militante desde 1900. Al caer el frente del Norte en manos franquistas se ven obligadas a huir en barco a Francia, desde donde son devueltas a Cataluña. En enero del 39 se ven obligadas a refugiarse nuevamente en Francia y son trasladadas a distintos refugios del interior, hasta que la ocupación alemana las envía a la Francia de Vichy, al campo de concentración de Gurs. Actualmente vive en Oloron-Sainte-Marie, Francia.

> Desde Avilés (mi madre y yo) salimos en un barco inglés. En alta mar nos cogió prisioneros el *Almirante Cervera*, que era un barco de guerra de los franquistas, y pidió al capitán de nuestro barco volver a España y entregar a los españoles, pero el capitán se portó como un verdadero defensor de los derechos del hombre y dijo: «Yo no llevo españoles en la tripulación, son todos ingleses.» Y después de dos horas de parlamentar con ellos nos dejaron libres. ¡Qué alegría, pues teníamos un miedo terrible! El barco iba a Burdeos. Allí otra vez hablando con las autoridades del puerto. Dos horas después (el capitán) nos dice: «Ya tienen que bajar», pero como no estábamos autorizados a quedarnos en Francia en esa época, del barco nos pusieron una pasarela al tren y del tren a Barcelona. En Barcelona nos distribuyeron en pueblecitos, en casas particulares.

Araceli Sánchez. Niña de la guerra. Bélgica.

Salí de Avilés en el mes de septiembre de 1937 en un barco carbonero que nos trajo hasta Burdeos, siendo seguidos por otro barco de guerra que lo llamaban el *Cervera*, que nos tiraba y que nos siguió hasta aguas francesas. Nos tuvo que abandonar y llegamos hasta Burdeos. De Burdeos fuimos a Barcelona en tren.

De allí a Badalona, donde estuvimos unos ocho días, y luego nos llevaron por grupos a pueblos de la provincia de Lérida. Yo me quedé en Juncosa de las Garrigas, donde estuvimos siete meses. Mi madre tuvo que luchar mucho, trabajar, ir a recoger leña en los montes, porque no tenía nada para dar de comer a sus hijos. Luego volvimos a Barcelona y de allí a Mataró, donde vivía en un cuartel militar con mi madre, mi hermana y mis dos hermanos. Allí estuvimos unos meses, hasta que llegaron los bombardeos y alguien vino a decirle a mi madre que lo mejor sería separarse de sus hijos, porque como había tantos bombardeos nos llevarían a un sitio donde estaríamos mejor. Mi mamá lo pensó y lo pensó, pero tuvo que separarse de nosotros. Guardó con ella a la menor de edad, mi hermana Lucinda. A mis hermanos Manolín, Abilio y a mí nos llevaron a la colonia de Blanes. Mamá venía todos los domingos a vernos. Con gran gusto le guardábamos el postre que nos daban y que ella nunca tenía.

Tina Sangrones. Niña de la guerra. Bélgica. Santanderina. Presidenta de la Asociación de los Niños de la Guerra de Lieja y alrededores.

En Gijón nos embarcamos en un barco carbonero mi madre con sus cinco hijos y una tía y dos primas. Fue una cosa muy triste cuando tuvimos que dejar a mi padre allí solo, porque sabíamos que las tropas fascistas estaban cerca de Santander y no sabíamos qué iba a pasar... Fuimos a Francia y tuvimos que regresar a España y nos fuimos por Barcelona. Allí mi madre no tenía noticias de mi padre, pasamos mucha hambre y mucha miseria; una mujer sola con cinco hijos y además la pobre no sabía ni escribir ni leer... Hicieron esas colonias de niños en la Costa Brava, nos llevó allí y, a los dos meses, ella murió en un bombardeo y nunca volvimos a verla.

En la primavera de 1938 se quebró definitivamente, a favor del ejército franquista, el equilibrio entre los dos contendientes. El derrumbe del frente republicano del Alto Aragón arrojó a las fronteras francesas a otras 25 000 personas. Juan Negrín, presionado por el Comité de No Intervención, el 21 de septiembre de 1938 declaró que procedía a la retirada «unilateral» de los combatientes extranjeros, aunque muchos brigadistas se negaron a abandonar el frente y se encuadraron en el Ejército Republicano. El 20 de octubre, en un desfile apoteósico por la Diagonal de Barcelona, presidido por Azaña, Negrín, Companys y el general Rojo, se despidió como vencedores a los supervivientes de las Brigadas Internacionales, que tuvieron muchos problemas para regresar a sus países y después fueron carne de cañón o víctimas del terror nazi.

Pero la gran oleada de exiliados se produjo a raíz de la caída de Barcelona, en enero de 1939. El presidente de la República, Manuel Azaña, el presidente del gobierno, Juan Negrín, y el presidente de las Cortes, Diego Martínez Barrio, se refugiaron en Francia.

En su carta a Ángel Osorio desde Collonges-sous-Salève, Alta Saboya, el 28 de junio de 1939, Manuel Azaña recuerda así su paso por la frontera desde la pequeña aldea de La Vajol:

> El domingo 5 (de febrero), a las seis de la mañana, emprendimos el camino del destierro... Éramos una veintena de personas. Martínez Barrio no se había olvidado de Companys, pero como el séquito del presidente de la Generalitat le pareció a Martínez Barrio demasiado numeroso y abigarrado, creyó mejor que no saliese en nuestra compañía. Citó a Companys en La Vajol, pero con una hora de retraso; así, cuando llegase, ya habríamos salido nosotros y él seguiría el mismo camino... Nos acomodamos en los coches de la policía, capaces de trepar por aquel derrumbadero. Dos días antes, mi mujer se había torcido un pie y estaba en malas condiciones para andar. A Martínez Barrio, con unas personas de su familia a quien no vi, se le ocurrió meterse en un cochecillo que, antes de remontar la pendiente, se rompió, obstruyéndome el paso. ¡Allí vería usted al presidente del Consejo empujar con todas sus fuerzas el coche para sacarlo del atolladero! Inútil. Hicimos lo restante a pie. Ya en lo alto apenas clareaba, los bultos de los carabineros, cuadrados con mucho respeto, nos vieron pasar. El descenso, por una barranca cubier-

ta de hielo, fue difícil, Martínez Barrio se cayó y se lastimó. También se cayeron Giral, Riaño y otros. No me pasó nada. De algo habría de servirme la práctica de andarín. En Illas, Negrín se despidió de todos y no he vuelto a verle más.

Negrín volvió a España, por Alicante, con la esperanza de resistir. La segunda guerra mundial estaba en ciernes y, por unos escasos meses, la situación internacional podía volverse a favor de la República. Sin embargo, las diezmadas fuerzas republicanas se replegaban, sin dejar de combatir, hacia la frontera francesa. Cerca de medio millón de civiles y soldados del ejército regular pasaron a pie y en condiciones extremas los nevados puertos pirenaicos de Puigcerdá, La Jonquera y Port Bou.

ANSELMO TRUJILLO. Oriundo de Santa Cruz de Tenerife, se rebela junto con 31 compañeros, muchos de ellos de la Guardia de Asalto, contra la sublevación de Franco en Canarias. Son condenados a trabajos forzados y deportados a Villa Cisneros, donde logran reducir a la guarnición y apoderarse del vapor *Viera y Clavijo*, en el que huyen a Dakar. Hace la guerra civil como comisario socialista en el Ejército Republicano. Sale al exilio por Cataluña, es encerrado en los campos de concentración del Midi y se enrola en el ejército francés, en los Batallones de Marcha Extranjeros. Al ser apresado por los alemanes es enviado al campo de extermino de Mauthausen, del que fue uno de sus pocos supervivientes. Vive en Oloron-Sainte-Marie, Francia.

> Yo pasé la frontera combatiendo, porque hemos combatido hasta dos kilómetros antes de llegar a Francia y como sabíamos que ya no había solución, que no estábamos en condiciones de resistir, porque hubiera sido una masacre inútil y no hubiera servido para nada, entonces nos decidimos y pasamos a Francia... Ellos tenían una potencia armada muy superior a la nuestra.

FRANCISCO SIXTO ÚBEDA. Teniente del 31 Batallón de Ametralladoras de la 31 División del Décimo Cuerpo del

Ejército del Este. Internado en el campo de concentración de Saint-Cyprien. Posteriormente se enrola en la Legión Extranjera francesa. Vive en Londres.

> Salimos a través de la montaña, fue toda una noche interminable, íbamos con guías, porque el batallón mío se dividió en dos grupos... y llegamos a un pueblo, en Francia, y allí no vimos a nadie, sólo unos españoles que se estaban calentando en unos fuegos y les pregunté si todavía estábamos en España y me dijeron que no, que ya estábamos en Francia y yo: «¿Y aquí, quién nos recibe a nosotros?» Y ellos: «Pues nadie que sepamos.» A unos cuantos kilómetros más se me acercó un gendarme con su fusil y me habló en francés. Yo entendía un poquitín pero había un intérprete... Vino una camioneta y nos metió a la sección mía dentro y nos llevaron a un pueblo que estaba muy cerca de Andorra, nos instalaron en un colegio y al día siguiente nos preguntaron uno a uno si queríamos ir con Franco o con Negrín. Yo les contesté que claro, con Negrín, pero algunos de mi batallón se fueron con Franco porque eran soldados de quintas, no eran como nosotros, que éramos voluntarios todos.

Antonio Alonso, «Comandante Robert». Jefe de Estado Mayor de la Tercera Brigada de Guerrilleros Españoles. Va a parar al campo de concentración de Septfonds, donde le obligan a enrolarse en las Compañías de Trabajo y le envían a trabajar en la frontera belga. Bajo la ocupación alemana entra en la resistencia, en la organización autónoma del PCE, la Agrupación de Guerrilleros Españoles. Es el libertador de Foix y de gran parte de la región del Ariège. Vive en Toulouse, Francia.

> Después de la derrota del Ejército Republicano, ametrallados por las carreteras, la población civil huye y no nos dejan tranquilos, a pesar de la derrota. Nos masacra la aviación italiana y alemana, y todo el mundo huyendo. Medio millón de personas, quinientos mil seres humanos, niños, mujeres y ancianos... militares, llenos de piojos, civiles... todos en el mismo merengue, y buscando refugio en un país que creíamos amigo, que era Francia.

MARÍA BATET. Colaboradora y secretaria de Federica Montseny, a la que sigue en su largo peregrinaje por pueblos y granjas de Francia, escondiéndose de los alemanes hasta que Federica y su marido, Germinal Esgleas, son apresados y juzgados. Tras su liberación se traslada a vivir a Toulouse, Francia, donde reside.

Nos avisan del Comité Nacional, sobre todo para Federica, que hay que marchar rápidamente dejándolo todo, todo significa dejar detrás una gran biblioteca... Pasamos la frontera y entonces la abuela (madre de Federica) me dice: «¿Y adónde vamos?» Y yo le digo: «Si lo supiera...» Había personas y policías que habían puesto antes para que no pasáramos, que decían: «Allez, allez!» y yo decía: «Ale, ale ¿adónde? Éstos nos llevan a un campo de concentración» y, en efecto, los llevaban a Argelès, a todos esos campos, y yo me quedé un poco retrasada y en eso oigo una voz que me llama: «¡María! ¡María!» Me vuelvo y era la maestra que estaba unida con Puig Elías, los dos trabajaban en la Escuela Laica de Barcelona, y me pregunta adónde voy y yo le digo: «Si yo lo supiera, pero me dicen de ir por aquí.» Entonces me dijo: «Yo estoy aquí con un autobús de niños. No puedo meteros dentro pero voy a ver; acaba de pasar un hombre que busca a su familia que no ha encontrado y tiene que volverse a Perpignan» y se va a él y le dice: «¿Usted cree en Dios y quiere hacer una buena obra?» Entonces él le contesta: «¿Por qué me lo dice usted, señora?» Y me señala. «Aquí está esta muchacha con ese niño de un mes en brazos, y se le va a morir y ella también se va a morir.» Yo le digo: «¿Y la abuela?» y me contesta: «Déjala de mi cuenta.» El hombre nos cuenta que toda la ruta a Perpignan está llena de gendarmes que piden papeles. «¿Qué papeles puede enseñar ella?» Mi amiga le dice: «Ninguno, ella no tiene ningún papel, tiene tan sólo el papel de española y el de refugiada ahora, pero si les detienen puede decir que es su hermana o su sobrina.» Entonces me pregunta si tengo alguna dirección en Perpignan. «Sí, le digo, tengo a la familia Ascaso.» Allí estaban la madre y la hermana de Francisco Ascaso, y el hombre me dejó a su puerta. No lo he visto más, pero en el pensamiento le he dado tantas gracias que no puedes imaginar, porque estaba totalmente perdida.

ARACELI SÁNCHEZ. Niña de la guerra, Bélgica

A la llegada a la frontera francesa había bombardeos y había muchos camiones de esos convoyes fascistas. Cayó una bomba y arrancó de las manos de mi mamá a mi hermana, tirándola al medio de la carretera. Al mismo tiempo llegó un camión que rodó sobre mi hermana. Será la bomba o será el camión, de cualquier forma mi hermana estaba muerta.

En la frontera francesa, los gendarmes ficharon a los cuadros políticos, desarmaron a los combatientes y separaron a las familias. Las mujeres y los niños fueron distribuidos en refugios del interior; los más viejos y enfermos, en hospitales, y los hombres fueron recluidos en campos de concentración en las playas del Mediterráneo.

JORGE DE BUEU LOZANO. Profesor de la Facultad de Ingenieros de la UNAM. Vive en México D. F. Su abuelo, oceanógrafo muy reconocido en Francia y condecorado con la Legión de Honor, al término de la guerra civil consigue que le presten una casa cerca de la frontera, en Banyuls-sur-Mer, muy cerca de Collioure, a donde él, su madre y sus hermanos van a refugiarse, mientras su padre regresa a España para seguir luchando.

Vimos salir a las Brigadas Internacionales en tren, vimos salir a los ejércitos españoles republicanos en hileras interminables por los acantilados del Mediterráneo, con sus calitas pequeñas, adonde tiraban las bombas de mano y sus pistolas, grandes pistolas como las alemanas Lüger, que se las dábamos a los gendarmes franceses y se quedaban felices.

Las autoridades francesas, que al comienzo de la contienda trataron de aplicar su tradicional derecho de asilo, decidieron restringirlo por las presiones xenófobas y corporativistas de una parte de la opinión pública que era profundamente hostil a los rojos españoles, pero fueron desbordadas por la avalancha de refugiados.

José Martínez Cobo. Su padre, Carlos Martínez Parera, reconocido socialista, era el responsable de CAMPSA para el abastecimiento del Ejército Republicano durante la guerra civil. Salen al exilio por Cataluña, en febrero del 39. José tenía entonces seis años. Desde 1940 residen en Toulouse. Martínez Cobo, cardiólogo de profesión, ha presidido los congresos de los socialistas españoles en Suresnes, en 1974, y el Extraordinario, en 1979. Desde 1975 a 2000 ha presidido el Comité Federal del PSOE.

> Llegan a un departamento de Francia, una provincia de Francia que en esa época tiene 250 000 habitantes, cuya capital, Perpignan, tiene 30 000 habitantes. Es una de las regiones más pobres de Francia, en esa época, y llegan 500 000 personas. Y se puede, por lo tanto, explicar, no justificar, pero explicar, que las condiciones en las que son recibidas esas personas sean condiciones atroces. Hay también que señalar que el gobierno republicano, que muy bien sabía lo que iba a pasar, no era algo que sorprenda a las autoridades, sabe que cuando avanzan las tropas franquistas por Cataluña van a expulsar de España a centenares de millares de personas, porque ya ha ocurrido con el País Vasco en el 38, ya ha ocurrido con la bolsa de Bielsa, saben lo que va a ocurrir y no toman ninguna medida, no hacen ninguna petición para que esa gente sea acogida o que se organice un mínimo de acogida. Por lo tanto, hay responsabilidades compartidas. Lo que no se puede justificar, y la explicación no vale, es que a esa gente a la que se acoge en las peores condiciones materiales se les impone psicológicamente una extraordinaria humillación, hasta una hostilidad por parte del gobierno francés, por una prensa francesa que está hablando de los rojos que matan curas y monjas, que son sanguinarios y que van a invadir Francia si no se les opone la fuerza de la autoridad, y si no se les concentra.

Antonio Machado, con su madre, su hermano José y su cuñada Matea, había salido de Barcelona en una ambulancia tres días antes de la entrada de las tropas de Franco. En la frontera se vieron atrapados en el caótico tapón de vehículos y refugiados. Tuvieron que abandonar su escaso equipaje y seguir a pie en medio de la oscuridad y el frío. Su madre preguntaba: «¿Llegaremos pronto a Sevilla?»

EULALIO FERRER. Capitán del Ejército Republicano. A los diecisiete años (el más joven del ejército) hace la guardia en la última sesión de las Cortes Republicanas en el castillo de Figueras. Tras pasar por los campos de concentración en las playas del sur de Francia y por las Compañías de Trabajo, logra llegar con su familia a México D. F., donde tiene un gran éxito como publicista.

> En Banyuls nos encontramos en un banco una escena dramática; a Antonio Machado con su madre, sentados en la plaza pública como a las doce del día. Mi compañero Cillán me dice: «Fíjate quién está aquí, don Antonio Machado.» Se me abre la pantalla de la ilusión y del deslumbramiento. Nos acercamos. Era un hombre deseando la muerte. Su madre, acurrucada en sus brazos. Él con su sombrero caído, la barba crecida. Estaban tiritando. Hacía frío pero no para tiritar a esa hora. Entonces yo, impulsivamente, le di mi capote. Alcanzó a decir «gracias» malhumoradamente y nos dijo: «Estoy esperando a mi hermano Pepe.» La madre estaba dormida o enajenada de la vida mental.

Llegaron a Collioure acompañados por el escritor Corpus Barga, que los dejó instalados en el hotel Quintana, abarrotado de refugiados españoles. Los sufrimientos físicos y morales del poeta habían minado su resistencia, y cayó gravemente enfermo. Pasó dos días en agonía y murió el 22 de febrero de 1939. Fue amortajado como él dijera: «Para enterrar a una persona con envolverla en una sábana es suficiente.» El féretro, cubierto por la bandera republicana, fue llevado a hombros por militares y civiles españoles y acompañado de una muchedumbre de exiliados de toda condición. Tres días después murió su madre.

> *Sobre el olivar,*
> *se vio a la lechuza*
> *volar y volar.*

> ANTONIO MACHADO

Madrid seguía resistiendo heroicamente, pero ya su caída en manos de los rebeldes era inminente. El 5 de marzo, el coronel Segismundo Casado lanzó por radio, desde la capital, el manifiesto en el que constituía la Junta de Defensa, con el objetivo de humanizar el fin de la guerra. De ella formaban parte el general Miaja y el socialista Julián Besteiro. Juan Negrín, que había vuelto a España en un desesperado intento por resistir, despegó con los restos de su gobierno desde un aeródromo de la provincia de Albacete y lo mismo hicieron la Pasionaria y otros líderes comunistas. Para algunos, por el enfrentamiento final con los de la Junta de Casado, no fue tan fácil despegar, como es el caso de Artemio Precioso, desde un pequeño aeropuerto cerca de Lorca en Murcia.

ARTEMIO PRECIOSO. Comandante del Ejército Republicano al mando de la 206 Brigada. Junto con otros oficiales españoles ingresa en la Unión Soviética en la prestigiosa Academia Frunze para mandos militares, primero como alumno y luego, en el transcurso de la segunda guerra mundial, como profesor. Terminada la guerra es enviado a la Yugoslavia de Tito para formar profesionalmente lo que era un ejército de partisanos. A raíz de la crisis entre Stalin y Tito se desplaza con el resto de oficiales españoles a Checoslovaquia, donde imparte clases en la universidad como catedrático de Economía. Actualmente reside en España y participa activamente en el movimiento ecologista.

Yo, con el comisario de mi brigada, Victorino Sánchez, me dirigí al avión que se nos había asignado, y cuando estábamos ya dispuestos apareció un grupo de oficiales, de los que obedecían órdenes de la Junta de Casado, y empezaron a tirotearnos. Nuestro avión estaba mal emplazado para salir desde allí porque enfrente tenía los edificios del aeropuerto. Sin embargo, los alumnos de la escuela de pilotos que se habían hecho cargo de nuestro avión decidieron acelerar y salió el avión enfocado hacia los edificios y sin tomar la altura suficiente, puesto que la distancia era de veinte a treinta metros, las ruedas casi rozando las chimeneas de las casas del aeropuerto, tomamos rumbo a lo que creíamos que era el África francesa. Al llegar hubo una voz que dijo: «¡Esto es Melilla!» Ni que decir tiene la sensación que esto provocó entre todos los que íbamos. Cambiamos de rumbo hacia la izquierda... El avión iba perdiendo altura, y en uno de esos pases que hizo cerca de tierra, yo vi en una estación un anuncio de «Chocolat Meunier», lo cual me aseguró que aquello no era Melilla, no era territorio español... En un trigal, dando botes, aterrizamos... Nos internaron en el campo de concentración de Sidi bel Abbés, donde está la Legión Extranjera.

Al puerto de Alicante fueron a parar miles de soldados republicanos con la esperanza de alcanzar el último barco.

AURORA ARNÁIZ. Perteneció, como única mujer, a la Junta Nacional de las Juventudes Socialistas Unificadas. Durante la guerra fue comisaria de brigada. Al término de la contienda pierde a su hijo de seis meses en la cárcel y a su marido, José Cazorla, comunista, último gobernador republicano de Guadalajara, que es fusilado. Tras muchas peripecias logra escapar a Francia, de donde emigra primero a la República Dominicana, luego a Cuba y finalmente a México. Escribe un libro de memorias sobre la guerra, *El retrato hablado de Luisa Juliá*. A sus ochenta y cuatro años permanece en activo como catedrática de Teoría General del Estado en la UNAM, México.

En Alicante fui y conocí esa terrible masa humana que había en la playa. En la playa había miles, miles y miles de gentes que buscaban y que creían que les enviaban barcos. Yo tengo un poema sobre «barcos invisibles de papel que no vinieron nunca, ni jamás ni después».

¡Barcos! barcos de papel
quisiera tener.
¡Barcos! barcos invisibles
llegaron después...
Barco de papel
el que se fue.

Para subirme el ánimo
no me dibujes barcos,
que de barcos de papel
y de los invisibles
yo bien los sé.

Aquello fue una tragedia horrorosa. A mí me daba igual, yo estaba deshecha. Yo había perdido a mi hijo. Había perdido... ya suponía lo que le iba a pasar a Pepe, lo que le pasó, por fin, y a mí me daba igual.

Anteriormente, cerca de quince mil personas habían conseguido salir desde los puertos levantinos rumbo a los territorios franceses del norte de África. Estos últimos combatientes se vieron atrapados por la entrada en Alicante de las tropas italianas.

JULIO MAYO. Es el superviviente de los míticos hermanos Mayo, los fotógrafos de la guerra civil y del exilio. Voluntario a los diecisiete años en la guerra civil, termina con el grado de teniente. Apresado en Alicante, pasa ocho meses en campos de concentración hasta que lo envían a Madrid para ser identificado. Tras un año condenado a trabajos forzados ha de hacer el servicio militar durante otros tres. Finalmente se marcha a México reclamado por su hermano Paco.

Lo que más me duele y me da coraje al recordar esto es que yo fui hecho prisionero de una división italiana. Porque si hubieran sido españoles, que, por cierto me trataron «peor» que los italianos, entre comillas. Nos llevaron a un campo llamado «Los Almendros», donde nos comimos hasta las hojas de los almendros... y, a los dos o tres días, nos metieron en un tren de mercancías, que acababan de bajar el ganado, y nos metieron ochenta y noventa gentes de pie, en cada vagón, precintados por fuera... y nos llevaron al campo de concentración de Albatera. En Alicante quedaban las mujeres en la plaza de toros, y otros en el castillo de Santa Bárbara.

AURORA ARNÁIZ. Catedrática de Teoría General del Estado de la UNAM, México.

Nadie sabía cuál era su destino. Nadie sabía lo que iba a pasar dentro de cinco minutos. Y en el fondo, en los últimos días, no les importaba. Eso fue la cosa... yo creo que para poder sobrevivir nos metimos en la cabeza que nos daba todo igual.

El 1 de abril de 1939, Franco, «Caudillo de España por la Gracia de Dios», firma el «Parte de la Victoria».

En el día de hoy, cautivo y desarmado el ejército rojo, han alcanzado las tropas nacionales sus últimos objetivos militares. La guerra ha terminado. Burgos, primero de abril de 1939, Año de la Victoria.

El Generalísimo: FRANCO

El coronel Casado y el general Miaja lograron salir de Madrid. Julián Besteiro se quedó con el pueblo madrileño para cumplir juntos lo que el destino les tenía reservado. Fue condenado a cadena perpetua y murió al año siguiente, en penosas condiciones, en la cárcel de Carmona.

El día 20 de mayo de 1939, un día después del «Desfile de la Victoria» de las tropas franquistas, en la iglesia de Santa Bárbara de Madrid se celebraba un solemne Te Deum de agradecimiento y de ofrenda «de la Espada de la Victoria en acción de gracias por la providencia del Señor con las armas españolas y en reconocimiento público del auxilio divino, sin el cual hubiera sido imposible nuestro triunfo». Ante el cardenal Isidro Gomá, primado de las Españas, la Iglesia reconocía oficialmente al general Franco como «Caudillo por la gracia de Dios».

La gran mayoría de los vencidos fueron internados en cárceles y campos de concentración. Sólo algunos lograron escapar y cruzar la frontera.

CARLOS VÉLEZ. Secretario de la Agrupación del PSOE de México D. F. En marzo de 1939 sale al exilio con su madre y hermanas, por Valencia, a un campo de refugiados en Argelia. Su padre es hecho prisionero en el puerto de Alicante. En diciembre del 39 se reúne la familia en París y consiguen zarpar a República Dominicana, donde permanecen dos años, hasta que se trasladan a México.

> Mi padre se quedó hasta el final de la guerra y fue hecho prisionero en el puerto de Alicante. Estuvo en el campo de concentración de Los Almendros y luego en el de Albatera. Allí había tanta gente presa que dieron salvoconductos a todo el que lo solicitara para ir a sus pueblos o lugares de origen, donde se suponía que los iban a identificar mejor. Mi padre no llegó a su pueblo de origen, se quedó en el camino, en Villanueva de los Infantes, donde él ya había estado refugiado en el año 34 con unos familiares lejanos. Más tarde pudo llegar a San Sebastián, donde también tenía unos familiares, hasta que se logró un contacto para pasar a pie los Pirineos.

AURORA ARNÁIZ. Catedrática de Teoría General del Estado de la UNAM, México.

> Entonces Franco había dicho a todos los vencidos, a los rojos, que tomaran el tren que los llevara a su región de origen para ser identificados. Entonces yo pensé: «Yo al País Vasco no vuelvo, voy a ver qué pasa en la estación.» Estando sentada allí veo que llega un convoy cerrado, de éstos de ganado, y se abrió uno

de los vagones y yo comencé a mirar y vi que había muchas mujeres jóvenes, entonces oigo que me llaman, y me acerco y veo que hay dirigentes de las Juventudes de Madrid y les pregunto que adónde van y me dicen: «Nos llevan a Madrid a fusilarnos.» Con ellas estaba la mujer de Pablo Azcárate, que acababa de casarse unos meses antes. Yo le dije: «Yo me voy con vosotras.» Y ella: «No subas, no subas.» El tren ya estaba en marcha, y yo me tiré adentro y empecé a hablar con ella: «Oye, Ester, tú eres de Cataluña, ¿verdad? ¿Dónde está Pablo?» «En Toulouse», me contestó. Yo le dije: «Pues a mí me han dicho que vaya a Toulouse a tomar contacto con los camaradas... Tú eres catalana y conoces gente allí, ¿por qué no te tiras conmigo en la próxima estación, nos quedamos en la vía y cuando oscurezca nos subimos a la estación?» Entonces lo hicimos así. Llega el tren a la siguiente estación, nos ponemos cerca de la puerta, esperamos a que empiece a cerrarse y ¡pum! Nos tiramos, estaba oscuro afortunadamente, porque podían dispararnos y allí nos quedamos tiradas en la vía del ferrocarril. Al cabo de muchos días llegó un tren que nos dejó en Barcelona.

Que yo, como los viajeros,
llevo en el saco mi hogar,
y soy capitán del barco
sin carta de navegar.

Alfonso Reyes

CAPÍTULO IV
Los campos de concentración en Francia

Gran parte de los refugiados que llegaron a los puertos franceses del norte de África eran cuadros políticos o sindicales y altos cargos de la Administración. Al no permitirles desembarcar, se vieron obligados a permanecer más de un mes a bordo en condiciones sanitarias muy precarias. Casi todos los combatientes, unos tres mil, fueron internados en improvisados campos de concentración. Cerca de Argel, en Boghari (campo de Morand) y Bogar (campo de Suzzoni). Una misión internacional, designada por la Conferencia Internacional de Solidaridad con los Refugiados Españoles, reunida en París, visitó los campos en mayo del 39. El doctor Weissman-Netter decía en su informe:

> Carecen de todo... y con el calor que deben soportar podemos afirmar que ningún hombre podrá resistir esas condiciones. Están abocados a la desesperación, a la enfermedad y a la muerte.

Mientras tanto en Francia, aparte de los que enviaron a otros campos que fueron improvisándose, más de 275 000 españoles permanecían internados en cinco campos en las playas del sur: Argelès-sur-Mer (77 000), Saint-Cyprien (90 000), Barcarès (23 000), Arles-sur-Tech y Prats de Molló (46 000). En ellos no había nada previsto, tan sólo las playas desnudas y las alambradas tras las cuales estaban las tropas coloniales de los senegaleses, los «moros», custodiándolos con metralletas.

EULALIO FERRER. Capitán del Ejército Republicano. México.

En el campo de Argèles-sur-Mer encuentro fortuitamente a mi padre, y la idea que tenía de fugarme se quedó en idea porque mi padre, un antiguo socialista, un «pablista» como él se llamaba, me dijo: «No me dejes porque aquí come el más fuerte y yo llevo tres días sin comer. Nos tiran el pan a voleo y el más fuerte es el que se lo lleva...» En cuanto a las condiciones del campo, pues era el campo libre. Era playa, playa húmeda. Con los Pirineos orientales a un lado. Mes de febrero, fríos, con esos vientos cortantes... Entonces, el dormir allí... pues... era una proeza. Una proeza que nos llenó de piojos porque como nos juntábamos unos a otros para prestarnos calor... pues entonces eso criaba piojos y teníamos piojos. Y además teníamos que hacer nuestras deposiciones en la misma orilla de la playa, y se les ocurrió a los franceses en lugar de aljibes, en aquellos días, poner unas bombas que extraían y depuraban, teóricamente, el agua del mar. Y lo que extraían eran nuestros propios detritus y claro, la cantidad de gente que murió de disentería fue enorme... Uno podía encontrarse a las dos de la mañana, frente a un barracón, a un señor vestido con esmoquin y con una chistera, tocando el violín y diciéndonos, al final, a los que nos acercábamos: «Mañana los espero en el Liceo de Barcelona.»

ÁNGEL GÓMEZ. Teniente de la Compañía de Tiradores franceses de la Resistencia. Sale al exilio en febrero de 1939 y es encerrado en el campo de concentración de Saint-Cyprien. Se enrola en las Compañías de Trabajo y, tras la invasión alemana, es enviado a la Alta Saboya, donde se integra en el maquis español. Participa en la llamada «Batalla de Glières». Reside en Annecy, Alta Saboya.

Llegamos a Francia. Nos encuadraron con los gendarmes, y de La Jonquera fuimos a parar a Saint-Cyprien, a un campo de concentración. Allí ni teníamos barracas ni teníamos sanitarios ni retretes ni nada. En fin, no había nada. Era como si fuéramos animales. Había unas alambradas, en el interior estábamos los españoles y detrás la mar. Al otro lado de las alambradas estaban los senegaleses, que habían emplazado allí ametralladoras y fusiles y... yo que sé. En fin, el ejército colonial francés...

Sixto Úbeda. Legión Extranjera francesa. Londres.

Cuando llegamos al campo de Saint-Cyprien no había viviendas para alojarnos, y teníamos que dormir sobre la arena, y los que teníamos una manta teníamos esa suerte para poder tumbarnos y poníamos debajo papeles... Allí morían los que tenían más de cincuenta años, pues no podían aguantar las calamidades, las vicisitudes, la intemperie, el frío... Cada día enterrábamos a una pila de ellos en el cementerio que estaba enfrente del campo... Nos guardaban los senegaleses, los argelinos, los somalíes. Allí nos daban de comer un pan de dos kilos para veinticuatro personas, y tocábamos a dos sardinas. El agua que bebíamos era de las bombas artesanas que filtraban del mar y la descomposición del vientre era algo terrible, la gente tenía que correr a la orilla del mar a hacer sus necesidades y entonces nosotros gritábamos: «¡A la playa! ¡A la playa!» El humor no lo perdimos nunca.

Anselmo Trujillo. Comisario de guerra socialista. Francia.

En el campo de Barcarés pasamos mucha hambre, porque no nos daban de comer lo suficiente, estábamos en condiciones lamentables, no había barracas todavía. Fuimos nosotros los que las construimos, pero antes teníamos que dormir en la arena, hacíamos hoyos y allí dormíamos con mantas.

José Martínez Cobo. Dirigente socialista del exilio. Francia.

Todos los refugiados de aquella época que llegaron a las playas de Argelès, Saint-Cyprien y Barcarès tienen grabada de manera indeleble el que la tierra de los derechos del hombre, una tierra amiga que era Francia, tenía que haberles acogido de otra manera en lugar de encerrarlos en las playas en condiciones increíbles, sin que pudieran llevar una vida normal, sin ninguna condición sanitaria, sin poderles albergar del frío porque ése fue un invierno particularmente frío... A esa gente se le impuso psicológicamente una extraordinaria humillación, hasta una hostilidad por parte del gobierno francés, y por una prensa que hablaba de los rojos que matan a los curas y a las monjas, que son sanguinarios, y que van a invadir Francia si no se les opone la fuerza de la autoridad y si no se les concentra. El gobierno francés trató a los españoles humillándolos y con unas medidas que no se pueden comprender. Había bastantes fuerzas en Francia para que no fueran moros o senegaleses los que guardaran a los españoles. Eso no tiene explicación, nada más que una explicación política, y es que los refugiados dan miedo, y hay además que convencer a la mayoría de ellos de que aquí se les va a acoger tan mal que es mejor que vuelvan a España, y la realidad es que durante los tres primeros meses un tercio vuelve a España.

El primer «centro especial» de internamiento se creó el 21 de enero de 1939 en Rieucros, en Lozère como «internamiento administrativo de los extranjeros indeseables». A él fueron a parar las mujeres consideradas peligrosas. Otros, 348 hombres —oficiales y soldados del ejército republicano y voluntarios de las Brigadas Internacionales— fueron encerrados en la fortaleza templaria de Collioure, siendo tratados como delincuentes comunes, víctimas de malos tratos y humillaciones que, al ser denunciados por la izquierda francesa, fueron la causa del cierre del campo en julio de 1939. El mayor campo disciplinario fue el de Le Vernet, en el Ariège. En él fueron internados los anarquistas de la 26 División, la que fuera la Columna Durruti. Disponía de espacios de castigo, a los que los detenidos bautizaron como el «cuadrilátero» y el «picadero», además de celdas de aislamiento.

LUIS MENÉNDEZ. Presidente de la Amicale del Campo de Le Vernet, Francia.

Cuando llegaron aquí esto era un campo abierto. Había ocho barracas, con una capacidad para ochenta hombres cada una. Llegaron doce mil hombres, que durmieron aquí, en la tierra, en la hierba, sirviendo de techo el cielo. En el mes de febrero, o sea, en pleno invierno. Fue muy rudo y pasaron mucha hambre. Hubo muchos muertos, porque esa primera línea y una parte de la segunda fueron los muertos en sólo nueve meses... Este campo fue el campo de las Brigadas Internacionales también, no hay que olvidarlo...

Otros campos de concentración se levantaron a lo largo de los Bajos Pirineos y en el Midi: el de Bram, en Aude, con intelectuales, funcionarios y no pocos panaderos, que trabajan con la Intendencia militar francesa para proveer de pan a los demás campos. El de Agde, en Hérault, donde hubo numerosos catalanes. El de Setfonds, en Tarn-et-Garonne, con buen número de técnicos y obreros cualificados.

Gurs, en los Pirineos Atlánticos, fue el mayor de los campos de concentración del sur de Francia. Acogió en su primera etapa a 25 577 españoles y 6 808 voluntarios de las Brigadas Internacionales.

EMILIO VALLÉS. Presidente de la Amicale del Campo de Gurs. Francia. Oriundo de Teruel, tenía tres años cuando con su madre y su hermano mayor atravesaron la frontera, en febrero del 36. Se instalaron en la villa de Oloron-Sainte-Marie para estar cerca de su padre, internado en el Campo de Gurs, quien, al haber sido jefe de correos en Alcañiz, es destinado a trabajar en la estafeta del campo, donde permanece hasta 1944. Recuerda que las vacaciones solía pasarlas con su padre, jugando con los otros niños del campo.

El campo de Gurs lo construyeron en cuarenta y dos días, y se abrió en mayo de 1939. Lo hicieron en el sitio de Gurs, que está en la frontera misma del País Vasco francés y lo hicieron especialmente para los vascos republicanos españoles y también estuvieron aquí prácticamente la totalidad de los aviadores republicanos (6 555). Fue el más grande campo de internamiento francés, sesenta mil personas; por aquí pasaron unos seis mil brigadistas internacionales, los que no quisieron abandonar la España republicana cuando se lo mandaron oficialmente, y también todos los demás «indeseables»: comunistas franceses, resistentes, gitanos, judíos... de aquí salían los convoyes de judíos enviados al exterminio, y algunos republicanos españoles al campo de Mauthausen... Las condiciones de vida eran pésimas. En cada barraca estaban sesenta personas. Cuando llegaron los republicanos dormían sobre el suelo de madera, y al cabo de mucho tiempo les pusieron paja, pero como la cambiaban cada año se llenaba de piojos y de todo lo que se puede imaginar. El campo se encontraba en lo que hoy es un bosque que plantaron en 1950 para que se olvide un poquitín el campo, para poner una chapa de olvido, por ahí encima... En aquellos años llovía mucho y este terreno enseguida se hacía de barro y la gente se hundía hasta los tobillos o más. Metían el pie en el barro y luego al levantar la pierna se les quedaba el zapato dentro del barro. Y no tenían dos pares de zapatos, ¡sólo tenían uno! Algunos caían al barro y ya no se podían levantar. Son detalles... pero que llevan a la tragedia...

CARMEN RODRÍGUEZ. Militante socialista, Francia

¡Qué desolación cuando llegamos al campo de Gurs! Era el mes de marzo del 41, ¡con un barro y en tan malas condiciones! Estuvimos allí veintisiete meses... Había ya muchos judíos alemanes, y era muy triste cuando los gendarmes venían a buscar a los judíos para llevarlos al exterminio, y aunque no teníamos contacto con ellos debido a la lengua, vivíamos el mismo ambiente y sentíamos lo mismo.

Las mismas miserias de los campos de concentración de los hombres se vivieron en los centros de albergue para ciento setenta mil mujeres, niños y ancianos, en casi todos los departamentos franceses. Instalados improvisadamente en todo tipo de lugares disponibles, como escuelas, cuarteles, granjas, cuadras o viejas fábricas, hubieron de soportar una cuarentena sanitaria, dadas las penosas condiciones en que salían de la contienda, dormir en el suelo sobre paja, apenas disponían de mantas, sin agua caliente ni calefacción y sobre todo con la angustia de no saber de sus familares encerrados en los campos.

LEONOR SARMIENTO. Presidenta del Ateneo Español de México. Sale al exilio en enero del 36 por Puigcerdá con su madre, muy enferma, y sus cuatro hermanos. Su padre se queda combatiendo en España. Tras pasar la segunda guerra mundial trabajando en una granja de Las Landas, la familia logra finalmente trasladarse a México D. F., donde reside.

> Nos metieron en un cuartel abandonado. A mi madre y a mi hermana pequeña, que venía también muy enferma, las llevaron a un hospital. Ésa fue nuestra primera experiencia de tener que dormir en el suelo, sobre la paja.

AMAPOLA ANDRÉS. Médica cirujano. México. Se exilia con su familia a México, y viven en Torreón, La Laguna. Allí estudia en el prestigioso colegio español Cervantes. Ha ocupado cargos de responsabilidad en el gobierno mexicano, ha sido durante veintitantos años catedrática de Anatomía en la Facultad de Medicina en la UNAM, y ha ejercido su especialidad, que es rehabilitación de inválidos. Reside en México D. F.

> Mientras mi padre fue a dar a Argèles, muy enfermo, porque se enfermó de tifoidea —entonces moría mucha gente por esa causa—, nosotros tuvimos la suerte de ser reclamados por un pueblo cuyo alcalde simpatizaba con nuestras ideas de izquierdas. Formábamos un grupo: mi madre, mi hermano y yo, mi abuela, una tía y una amiga que incluimos como familiar para completar el grupo que se requería. Estuvimos viviendo un año en Prevel, en la Costa del Norte, felices, dentro de lo que se puede considerar felices cuando has perdido tu patria y llegas a un país desconocido.

Mientras los municipios afectados se quejaban de la presencia «contaminante» de los «rojos», se multiplicaron los comités de ayuda a los refugiados, especialmente la Cruz Roja suiza y los cuáqueros, que se mostraron muy eficaces en el envío de víveres, ropa y medicamentos, e hicieron todo tipo de gestiones para la reunificación de las familias.

José Martínez Cobo. Dirigente socialista del exilio. Francia.

Hay un hecho que hay que señalar, que forma parte de esas cosas injustificables. La Cruz Roja francesa no pisa los campos de concentración, no interviene, no se ocupa de los españoles. Se van a ocupar de los españoles organizaciones que hoy llamamos organizaciones no gubernamentales, y que son los cuáqueros... los cuáqueros americanos, ingleses... que son la Cruz Roja suiza, que ya actuaba. La Cruz Roja suiza empieza a actuar durante la guerra... no sólo llevando comida, medicamentos... sino también tratando de intervenir en el intercambio de presos entre los dos bandos...

Farah Meldleshon. Historiadora cuáquera. Londres.

Hasta ese momento, los cuáqueros no trabajaban con adultos, pero no tuvieron otra alternativa y, aunque siguieran con los niños, lo que básicamente hicieron fue suministrar a los que estaban en los campos lápices, papel, sobres y sellos, y también actuaron como intermediarios, porque el gobierno francés no les permitía moverse de donde estaban, ni siquiera por motivos de reunificación familiar, y los cuáqueros trataron de convencer a las autoridades francesas para que flexibilizaran sus reglas y así, durante 1941 y 1942, el gobierno francés dio permiso para trabajar fuera de los campos y, si podían demostrar que tenían un trabajo, podían salir.

Leonor Sarmiento. Presidenta del Ateneo Español de México.

Llegamos a esa colonia de cuáqueros ingleses y fue deslumbrante, porque... tener camas, tener colchas, tener sábanas... tener una escuela, que no teníamos nada en el refugio... En el refugio teníamos maestros que nos enseñaban cosas... pero no teníamos ni un cuaderno, ni un libro, ni nada... Y allí, pues estábamos muy bien, y estuvimos muy bien, hasta que los alemanes invadieron Francia.

Las autoridades francesas y el mariscal Pétain, que en marzo del 39 había presentado sus credenciales de embajador ante Franco, hicieron lo posible por fomentar la vuelta de los refugiados a España mediante todo tipo de presiones y de engaños. En vísperas de la guerra mundial, unas doscientas cincuenta mil personas ya habían regresado. Unos cuantos lograron salir de los campos contratados por propietarios agrícolas, sobre todo en el sur, que elegían a los «menos señalados». Muchos de ellos acabaron por afincarse en la región. Otros, no muchos (617), se enrolaron en la Legión Extranjera con la oposición de los refugiados más politizados. Lo hicieron por un período de cinco años o por todo el período de la guerra, siendo enviados a Argelia, a Sidi bel Abbés.

JOSÉ SALVADOR. Combatiente en la Resistencia de la Alta Saboya. Sale de España en febrero de 1939, es internado en el campo de concentración de Argèles-sur-Mer de donde pasa a las Compañías de Trabajo. Reside en Annecy, Francia.

En los campos de concentración nos preguntaron dos cosas: o a la Legión Extranjera o a España, y yo les dije: «Ni a la Legión Extranjera ni a España. En España a la Legión Extranjera no van nada más que los criminales y los holgazanes, y como no soy ni una cosa ni otra, pues no voy.»

ANSELMO TRUJILLO. Comisario de guerra socialista. Francia.

Nosotros rehusamos ir a la Legión Extranjera. Nosotros si combatimos es por la libertad, y porque Francia es una república, y un pueblo hermano, por el que en España siempre se ha tenido mucha simpatía. Francia... decíamos, el país de la libertad... nos conocíamos *La marsellesa* al dedillo... Nosotros los españoles lo habíamos dicho, no queremos ser mercenarios... estar considerados como mercenarios... no aceptamos la Legión Extranjera... no contéis con nosotros...

Francisco Sixto Úbeda. Ex combatiente en la Legión Extranjera francesa. Londres.

Nos alistamos en la Legión por las condiciones en que estábamos en el campo. Nos dijeron que allí nos darían ropa y nos darían bien de comer. Vimos una ventaja y nos metimos, pero siempre con la idea de desertar de la Legión, era lo que estaba en el pensamiento de todos los españoles, no sólo en el mío, no nos lo confesábamos los unos a los otros. Desde el campo nos llevaron a Marsella, al castillo de Saint George, que está al lado del puerto. Como éramos reclutas para entrar en la Legión, para hacer observar la disciplina y mantener un orden militar nos hacían subir piedras desde el puerto hasta el castillo por unas escaleras, y una vez arriba las tirábamos abajo, y eso se repetía todo el tiempo porque la Legión estaba basada en una disciplina férrea.

Ante la inminencia de la guerra mundial, las autoridades galas decidieron emplear la mano de obra de los refugiados españoles recluidos en los campos de concentración para cubrir los puestos de trabajo dejados por la movilización y atender a necesidades militares. Crearon a tal efecto las Compañías de Trabajadores Extranjeros, unidades militarizadas de unos doscientos cincuenta hombres a las órdenes de oficiales franceses. Fueron empleados en faenas agrícolas y forestales, en minas, industrias, construcción de campamentos militares y en el refuerzo de las fronteras. Al principio eran de carácter voluntario, pero muy pronto se hicieron obligatorias para todo el que tuviera entre veinte y cuarenta y ocho años. Al estallar la segunda guerra mundial eran ya más de veinte mil.

Eulalio Ferrer. Capitán del Ejército republicano. México.

La presión para ir a España era muy grande y la presión para ir a la Legión era muy grande. Entonces, pues nos enrolamos en las compañías de trabajo.

Ángel Gómez. Teniente de la Resistencia. Francia.

Los franceses organizaron doscientas compañías de 250 españoles cada una. A cuarenta compañías de esos españoles las llevaron a la línea Maginot a fortificar allí la frontera con los alemanes, desde la línea Maginot hasta abajo, hasta el mar, lo que llamaban la «Línea Daladier», que era el primer ministro francés de esa época.

«Comandante Robert». Tercera Brigada de guerrilleros españoles. Francia.

Esas compañías de trabajo eran de «voluntarios», pero como faltaban voluntarios, y yo fui uno de esos casos, en el campo de Septfonds, no muy lejos de aquí, llegan una mañana y ordenan que se presenten los cuatro primeros de cada barraca. Yo estaba segundo de la mía, y ¡hala! Y nos llevan a esas compañías... y vamos a la frontera belga. Trabajábamos todo el día por cincuenta céntimos, dos paquetes de tabaco y dos sellos para escribir a la familia.

Eulalio Ferrer. Capitán del Ejército republicano. México.

Nos dedican, a pico y pala, a abrir zanjas, a 18 grados bajo cero, en el Macizo Central. Se congelaba el vino, se congelaba la tinta. Trabajábamos de las siete de la mañana a las siete de la tarde. Los milicianos campesinos y trabajadores de pico y pala, a algunos nos llamaban señoritines, se reían de nosotros, al principio, porque nunca habíamos cogido el pico y la pala, y todo lo que nos aconsejaban es que nos orináramos en las manos para curtirlas... porque sangraban...

Enterradme en España cuando muera
(¡por caridad, hermanos, en mi España!),
si herido de su amor, en tierra extraña,
desangrado en suspiros, me muriera.

ALFONSO VIDAL Y PLANAS

CAPÍTULO V
La emigración a América

Desde febrero de 1939 el presidente de México, Lázaro Cárdenas, ofreció una generosa hospitalidad a los republicanos españoles, sobre todo a políticos, intelectuales y profesionales liberales, en un país que se desarrollaba a gran velocidad. Así como Francia se vio obligada a acoger de mal grado a la mayoría, México fue la verdadera patria de los exiliados de todo origen y condición. Hay que destacar dos casos ejemplares. El de Ignacio Bolívar, fundador del Museo de Ciencias Naturales de Madrid y el científico más prestigioso de su tiempo después de Ramón y Cajal, quien, al embarcar para América a sus ochenta y nueve años, explicó la razón de su exilio: «Morir con dignidad.» También el del monárquico Vicente Palmeroli, viejo funcionario de la carrera consular, que por considerar que el gobierno de la República seguía siendo el legítimo, viajó a México como un refugiado más para vivir del oficio de zapatero, que antes había sido su entretenimiento favorito en los momentos de ocio.

ANSELMO CARRETERO. Historiador. Durante la guerra civil reorganiza todos los servicios de información del Ministerio de Estado. Sale al exilio por Cataluña un día antes de entrar las tropas franquistas en Barcelona. Es de los primeros en trasladarse a México, donde está como embajador de la República su suegro, Gordón Ordás. Miembro de la revista *Las Españas*, es uno de los fundadores del Ateneo Español de México. Ha muerto en su casa del D. F. mientras se redactaba este libro.

Presidía entonces México un hombre al que nunca le agradeceremos bastante lo que hizo por los republicanos españoles. Sencillamente, sin número, condición previa alguna, todo español que llegara a México era bien recibido por el gobierno del general Cárdenas. ¡Así, rotundamente!

ANDRÉS SEMITIEL. Médico. Centenario. Durante la guerra civil fue comisario de Brigada en el Ejército del Oeste en la 30 División y salió al exilio por Camprodón. Su mujer y sus hijas estaban encerradas en el campo de concentración de Saint-Cyprien, y él fue a parar al de Septfonds. Lograron reunirse y estuvieron viviendo cerca de Montauban hasta el año 42, en el que pudieron viajar a México, donde actualmente reside en México D. F.

Cárdenas fue el hombre... el mejor presidente que ha tenido México durante toda su existencia. De eso no cabe duda... en todos los sentidos. Y para nosotros fue la salvación, de muchos miles de nosotros que habríamos muerto por los fascistas... porque él dijo: «Quedan las puertas abiertas, que vengan todos los que quieran.» No hizo ninguna selección. Y ahí vinimos obreros, médicos, ingenieros... de todo.

AURORA ARNÁIZ. Catedrática de Derecho Constitucional de la UNAM, México.

Mira, México es un país mágico, es un país deslumbrante. Aquí se llega y no sabes qué es, y te desconcierta cierto hermetismo que es distinto del origen español; los españoles son extrovertidos por excelencia, el mexicano es muy introvertido, entonces cuesta entrar en ellos, pero la hospitalidad grande de este pueblo es incuestionable, y admitieron no solamente a los grandes profesores, a los campesinos, a los carpinteros, a los fontaneros, a todos los que fueran... Jamás a un refugiado español se le pudo perseguir o coartar su libertad de opinión.

El gobierno mexicano organizó tres viajes «oficiales» de exiliados con destino a Veracruz, en los barcos *Sinaia*, *Ipanema* y

Mexique. Contó con el apoyo del SERE (Servicio de Emigración de los Republicanos Españoles), con los fondos que controlaba Juan Negrín.

CONCHA RUIZ FUNES. Historiadora. Reside en México. Hija del catedrático de Derecho Penal Mariano Ruiz-Funes, que fue ministro de la República de Agricultura y Justicia, y Embajador en Bélgica. Exiliado en México, fue catedrático de la UNAM.

> La República tuvo en México un embajador, que fue Gordón Ordás, que se preocupó, trabajó y consiguió que llegara a México lo que se ha llamado un exilio masivo, pero que en realidad fue de entre diecinueve mil y veinte mil personas. Hay que mencionar también a Narciso Bassols, que era el representante de Cárdenas en la Sociedad de Naciones y que desde París hizo un trabajo titánico organizando la salida de los republicanos españoles en los tres barcos oficiales que financió el gobierno mexicano junto con el SERE. Ése fue el «exilio oficial» de Cárdenas y fueron los primeros que llegaron, unas cuatro mil personas. El resto fueron viniendo hasta 1945 en otros barcos. Bassols se ocupó de hacer estadísticas y listas de los que estaban en los campos de concentración, se ocupó en ver quiénes eran los mayores, quiénes tenían más urgencia de salir de Francia ante la inminencia de la ocupación alemana.

FRANCISCA GONZÁLEZ DÍAZ. Pedagoga. Sobrina de José Díaz, secretario general del PCE.

> Mi padre salió del campo de concentración cuando estaban llenando los barcos para México, el *Sinaia*, el *Mexique*... Mi padre estaba en la fila, pero no estaba en las listas. A la gente le preguntaban qué sabía hacer, y mi padre contestó: «Yo soy revolucionario y por eso estoy aquí.» Y ésa fue la razón de que le subieran al barco.

JOSÉ SALVADOR. Combatiente en la Resistencia francesa de la Alta Saboya.

Yo me apunté para ir a México y salieron dos expediciones, y entonces los dirigentes sabían que iba a estallar la guerra mundial y cortaron las expediciones a México y nos quedamos en el campo de concentración.

Aurora Molina. Actriz. Hija del gobernador socialista de Valencia y diputado a Cortes, Molina Conejero, fusilado meses después de terminada la guerra civil. Marcha a Marsella, con su madre y una prima, a reunirse con su hermana, que está estudiando allí. Tenía seis años. Actualmente reside en México D. F.

Mi madre, mi hermana y yo salimos de Casablanca en 1942, en el segundo de los tres viajes, en el *Niasa*, un barco portugués muy agradable, muy bien puesto. Nosotras íbamos en tercera. En segunda iban las embarazadas y en cuarta los hombres. La primera tenía su orquesta, y la comida era bastante mejor que en las demás clases, pero en todas se comía muy bien. Mi madre contaba que como se había pasado tanta hambre, sobre todo los que venían de los campos de concentración, la gente se lo comía todo y los médicos no daban abasto curando las indigestiones. Mi hermana y yo cogimos el paludismo, y nos pasamos la mitad del viaje en el camarote... Cuando llegamos a Veracruz, lo que más nos sorprendió fue ver a esos niños morenitos con los ojos brillantes, y las frutas que no conocíamos, como la papaya... Era un mundo distinto.

Francisco Barea. Ex presidente del Centro Republicano Español de México. Teniente de Zapadores del Ejército de la República en Levante, sale al exilio por Valencia en marzo de 1939 y es encerrado en el campo de concentración de Argèles-sur-Mer, del que logra escapar. Llega a México en julio de 1939 y desde entonces reside en el D.F.

Fuimos en muy malas condiciones. Nuestro barco estaba originalmente destinado al transporte de ganado y habían habilitado en las bodegas los dormitorios. El olor era insoportable y hacía muchísimo calor, así que yo dormía arriba, en cubierta.

JUAN MARICHAL. Escritor en el exilio. Canario. Yerno del poeta Pedro Salinas. Emigra a México muy joven, donde estudia en la universidad. Consigue una beca para estudiar con Américo Castro en la universidad americana de Princeton. Catedrático de la Universidad de Harvard. Es un estudioso de la historia de las ideas.

Salimos de Casablanca a fines de noviembre del 41 en un barco que financiaba la JARE de Indalecio Prieto. En ese barquito, pues era un barquito, que cruzaba el Atlántico, cercado de minas y de submarinos, iba como una pequeña España, un exilio global; en él iban el ex presidente de la República, Alcalá Zamora, y otros políticos, sobre todo catalanes. El recorrido fue de veintitrés días, porque teníamos que seguir la ruta de los destructores ingleses para evitar a los alemanes que estaban por esa zona... Yo recuerdo ese viaje como muy divertido. Don Niceto Alcalá Zamora tenía una tertulia entre cajones en los que iban toros que mandaban a México para mejorar la raza. Don Niceto, como era de tierra taurófila, se las arreglaba, pero no todos le oían porque el grupo era a veces muy grande, yo sí porque tenía una memoria prodigiosa. Indalecio Prieto, después de su primer consejo de ministros, le dijo a Alcalá Zamora: «Usted es un tío de circo»... Para mí, particularmente, ese viaje tuvo un gran significado: cuando ya estábamos en muy alta mar noté que don Blas Cabrera, el gran físico y canario como yo, se daba unos paseos muy largos, que era lo que nos recomendaba la tripulación para no marearse, y un día me atreví a subir a la cubierta más alta donde paseaba, y le dije que yo era canario y que acababa de terminar el bachillerato francés, que iba a ir a la universidad en México, pero que estaba realmente muy incierto en qué profesión seguir y en qué universidad. Y entonces él me contestó que hiciera lo que hiciera que fuera lo que a mí me gustara, y él me contó cómo quiso que su hijo mayor fuera físico y fue médico, y en cambio a su último hijo, el cuarto, decidió no decirle nada y fue físico... En ese viaje había así algo como alegre porque habíamos pasado mucho tiempo en Casablanca, que no era, por cierto, la Casablanca de las películas, era una ciudad muy bonita en la que convergían tanto republicanos españoles como judíos de la Europa central, esperando que hubiera una posibilidad de salir... Era un exilio que no se puede ver como cosa trágica.

María Luisa Mediavilla Salvatierra. Su padre, el doctor Ángel Mediavilla, de Villafranca del Bierzo, era el médico de la Delegación Española en Tánger. A raíz de la guerra civil se refugió con su mujer y sus tres hijas en Casablanca, desde donde lograron salir para México. Al encontrar su padre trabajo como médico en el Sanatorio Español de La Laguna, ella y sus dos hermanas se educaron en el prestigioso colegio español Cervantes. Reside en México D. F.

Todos queríamos venir para América, pero a los hombres no los dejaban salir, únicamente a las mujeres y a los niños, y a mi padre ya lo tenían destinado, junto con otros miles, a construir el ferrocarril transahariano y se organizó un plan excelente. Nos fuimos todos al muelle, niños, madres y padres, y entonces orquestaron: todos los niños a llorar, a gritar, a patalear, a ponerse una cosa que era insoportable. Después de dos horas, el capitán del barco nos dijo: «Miren, el barco es para cuatrocientos y yo tengo cuatrocientos mujeres y niños. ¿Que quieren que vayan los hombres? A subirse, pero yo no respondo. Van a subirse setecientos y si se hunde yo no respondo, yo no sé nada, será por su culpa.» Y todos los niños gritaron de alegría y así se pudieron subir todos y nos trajimos a los hombres que ya se quedaban para el ferrocarril... Después de veintitrés días de mar llegamos a Veracruz, una acogida muy calurosa, nos dieron diez dólares a cada uno, pero nos dijeron que allí no nos podíamos quedar, que teníamos que ir a México D. F. «Sale el tren esta noche, tienen el día para pasear por Veracruz.» Mi hermana venía con unos zapatos que ya ni suela tenían, había que comprarle unos zapatos y además, después de haber desayunado en el barco, al medio día teníamos mucha hambre. Bajamos del barco y preguntamos: «¿Dónde se puede comprar unos zapatos y dónde se puede comer?» Y nos dice uno: «Como a tres cuadras de aquí.» Mi papá y mi mamá se miraron: «¿Cómo es que aquí comen en las cuadras?» Luego aprendimos que cuadras eran calles. Ya en eso se nos había acabado casi los diez dólares... En el D. F. encontramos una casa pequeñita, dormimos en el suelo, no había ni mesa ni sillas... Mi papá se puso a trabajar un poco, pero como era médico recién llegado apenas tenía clientela. Mi mamá se puso a coser, ella cosía maravillosamente, para El Puerto de Liverpool, que entonces era la mejor tienda de México.

Nuestros exiliados llegaron al Distrito Federal literalmente con una mano delante y otra detrás. Las mujeres fueron las primeras que encontraron trabajo mientras sus hombres lo buscaban.

Francisco Barea. Ex presidente del Centro Republicano Español de México.

Aquí no conocíamos a nadie, no teníamos un peso y desde la estación nos dirigimos a pie al Centro Republicano Español, y allí nos proporcionaron de momento un alojamiento hasta que nos instalamos en un pisito, y tuvimos la ayuda económica de la JARE... Mi madre se puso a trabajar de sombrerera, mis hermanas de modistas y yo vendiendo puertas.

Pilar Villalba. Viuda de Tapia. Ochenta y cinco años, llega a México cuando tiene veinticinco. Se pone a trabajar en la Casa de España de México. Reside en México D. F.

En general fue la mujer la que primero se puso a trabajar porque se colocaron en tiendas. En El Palacio de Hierro, que era el almacén importante de entonces, se colocaron muchas chicas jóvenes, las hijas de familias que llegaron con cinco o seis hijos, como los Ruiz Rebollo, que eran ocho, y las chicas se colocaron enseguida allí. Otras cosían, como mi suegra, hacía blusas para una tienda, y yo me coloqué en la Casa de España, con Alfonso Reyes.

Francisca González Díaz. Pedagoga. Sobrina de José Díaz, secretario general del PCE.

Mi madre, como mi abuela, era cigarrera y había estado en la fábrica de tabaco de Sevilla desde que tenía trece años. Ella lo que sabía hacer eran puros. Puso en casa una fabriquita de puros con gente de Veracruz que sabía hacer el tabaco, y mi padre los iba vendiendo por un lado y por otro hasta que encontró trabajo en un bar, que era lo de su ramo, y así empezamos a vivir.

Además de México, el exilio republicano se orientó en mayor o menor cuantía a otros países americanos.

Concha Ruiz Funes. Historiadora. México.

A la mayoría de los países, excepto México, llegó un exilio fundamentalmente intelectual. Y considero intelectual a todo aquel que tenía una carrera. Desde maestros hasta políticos, grandes profesionales... intelectuales. Quizás, en este sentido, el único país que recibe un exilio no intelectual de Latinoamérica es Santo Domingo. La historia de Santo Domingo es bien conocida, es una historia tremenda... fue el único país en el que Trujillo pidió una cuota por recibir exiliados y se pagó entonces creo que fueron 200 o 300 dólares por persona. Los demás países acogieron. En muchos países, como fue Chile o como fue Argentina, intelectuales latinoamericanos se movieron para llevarse a intelectuales republicanos. En Chile, por ejemplo, es bien sabido que el que se movió fue Neruda... A diferencia de México, los exiliados se asimilaron inmediatamente al país, salvo en Santo Domingo.

La República Dominicana del dictador Leónidas Trujillo acogió a unos tres mil refugiados para «blanquear la raza» y desarrollar la actividad económica de un país eminentemente agrícola y poco poblado, que no llegaba entonces a dos millones, ni su capital a cien mil. Los refugiados españoles sumaron más de cuatro mil. Trujillo, después de la matanza de haitianos de 1937 que conmovió la opinión pública de toda América, trataba con este gesto «humanitario» de hacerse perdonar la monstruosidad cometida, y además hacía un buen negocio. El encargado de negociar el pago del transporte y las cuotas por los exiliados fue el conocido playboy y vividor Porfirio Rubirosa, embajador en París y yerno de Trujillo.

CONCHA RUIZ FUNES. Historiadora. México.

A Santo Domingo llegó un grupo numeroso de exiliados que ya eran los últimos. Muchos eran comunistas que se habían quedado en la defensa de Madrid y luego tuvieron dificultades para salir. En cuanto llegaron a República Dominicana fueron dispersados por la isla. Algunos se dedicaron a la docencia pero la mayoría fue a trabajar la tierra, que era lo que le interesaba a Trujillo. Los intelectuales que llegaron fueron pocos, en su mayoría profesores universitarios. Todos ellos se incorporaron a la cátedra en la universidad dominicana, pero inmediatamente fueron perseguidos por Trujillo, y entonces lo único que buscaron fue marcharse de allí.

CARLOS VÉLEZ. Secretario de la Agrupación del PSOE de México.

Primero teníamos un visado para ir a Chile, pero hubo un terremoto en Chile y cancelaron los visados ya concedidos, y acabamos en la República Dominicana. Llegamos allí en abril de 1940, yo tenía doce años. Mi padre montó una fabriquita para hacer cajas de cartón... Por razones de salud, mi padre era asmático y no le probaba nada ese clima, acabamos viniendo a México en febrero del 42.

JORGE DE BUEU LOZANO. Profesor de la Facultad de Ingenieros de la UNAM. México.

Nos embarcamos hacia Santo Domingo el 10 de julio de 1940 y llegamos a Santo Tomás (República Dominicana) el 4 de julio.

Recuerdo que era una bahía muy grande y que hacía mucho calor. Los funcionarios corruptos de Leónidas Trujillo querían hacer negocio con los que veníamos en el barco, éramos como 450. Tengo entendido que pedían dinero por cada emigrado. A mi padre, por su prestigio, la universidad de Santo Domingo le ofreció trabajo, pero mi padre dijo: «O todos o ninguno.» González Peña, que fue presidente del Partido Socialista y ministro de la República, y que venía en el barco con su mujer y sus hijas, también dijo: «Yo no me muevo de aquí si no se mueven los demás.» Afortunadamente se comunicaron con Indalecio Prieto, que estaba en México y que fue a ver a Lázaro Cárdenas. Éste autorizó que fuera a México este grupito de refugiados que era pequeño.

No más de dos mil personas emigran a otros países americanos, como Argentina, Chile, Venezuela, Colombia o EE. UU. Argentina recibió un importante contingente de intelectuales y profesionales liberales, algunos de los cuales habían estado antes, invitados por las universidades y centros culturales. Sin embargo, el gobierno argentino se mostraba reacio a acoger a los exiliados republicanos, los rojos, considerados «elementos indeseables». Únicamente fue favorable a los vascos por la presión de los grupos de origen euskaldún, que tenían fuerte implantación en la sociedad argentina, y porque no se les veía ideológicamente peligrosos. Además, se valoraba su «laboriosidad y religiosidad». En total no fueron más de mil cuatrocientos republicanos los que pudieron asilarse en Argentina.

Francisco Ayala. Escritor en el exilio. En 1936 había visitado Buenos Aires, invitado por la Institución Cultural Española, donde estableció fuertes vínculos con los intelectuales argentinos. Ya en el exilio, después de pasar por Cuba y Chile, se instaló en Buenos Aires.

El gobierno argentino de aquella época tuvo una conducta curiosa. El presidente era de origen vasco, probablemente de familia vasca o hijo de vascos directamente, y entonces decretó que los vascos podían entrar fácilmente... Para la mayor parte de los españoles fue como un «ascenso social», dieron un salto: incluso los que no tenían un grado educativo se lo atribuyeron y los que lo tenían se pusieron más arriba. Se ascendieron todos.

La recepción fue bastante buena porque la colonia española de Buenos Aires, a diferencia de otros sitios, era partidaria de la República, era fervientemente republicana. Y llegó la gente bien preparada para muchas cosas, era un momento de desarrollo y encontraron la manera de engranarse en la economía argentina muy favorablemente... Fue una situación bastante privilegiada.

Santiago Carrillo. Ex secretario general del PCE.

El gobierno argentino no aceptó la entrada en masa de españoles, como en México... Había muchos españoles, pero de la emigración económica. En Argentina, los vascos tenían mucha influencia económica y tuvieron un trato de favor que no tuvieron los emigrados de otras regiones.

Uno de los grandes valedores de los exiliados fue Natalio Botana, uruguayo de origen y director del periódico *Crítica*, desde cuyas páginas defendió ardientemente la causa de la República durante la guerra civil, y luego realizó una campaña a favor de los exiliados. Para tal efecto había abierto una suscripción de cinco mil pesos, que él personalmente completó con lo que acababa de ganar su caballo *Romántico* (cincuenta mil pesos) en el Gran Premio Carlos Pellegrini. En esos momentos llegaba a Buenos Aires el barco *Massilia*, el 5 de noviembre de 1936, con 147 republicanos, muchos de ellos intelectuales, artistas y periodistas. La mayoría se dirigía a Chile. El hijo de Natalio Botana, Helvio, lo describe así en sus *Memorias*:

El regalo masivo llegó en el vapor *Massilia*, casi un centenar de refugiados que iban rumbo a Chile. Mi padre consiguió enseguida la residencia para todos y lo completó a su estilo. A medida que iban bajando del vapor, en la pasarela fueron recibiendo un sobre con suficiente dinero para 'vivir con dignidad dos meses, período calculado para encontrar trabajo. Los periodistas pasaron casi todos a *Crítica*, donde resultaron una inyección de pureza idiomática y de otras líneas de imaginación creadora.

El presidente de Chile, Pedro Aguirre Cerda, pidió personas útiles para la agricultura y la industria, rechazando la admisión de profesores, intelectuales y profesionales liberales. No hay más que una expedición colectiva, la del barco *Winnipeg*, que salió de Burdeos el 4 de agosto de 1939 con más de dos mil emigrados gracias al poeta Pablo Neruda, gran amigo de la República española y en ese momento cónsul de Chile en París. Otra gran amiga, Gabriela Mistral, se ocupó de atender a niños españoles en guarderías especiales. Resalta la escasa proporción de profesionales liberales (Chile no los quiere). En cierto modo se puede considerar esta emigración la más proletaria de toda América. A poco de llegar encontraron trabajo más de la mitad, siendo los primeros en colocarse los zapateros, los chóferes, los herreros, los panaderos y los sastres. Destaca la figura del embajador de la República en el exilio, Rodrigo Soriano, que permaneció en Chile hasta su muerte.

El presidente de Venezuela, Eduardo Santos, invitó a un reducido pero selecto grupo de intelectuales y universitarios que dejó en el país una importante huella cultural. Lo que más distingue a la emigración española en Venezuela fue el predominio de la profesión médica, casi la tercera parte de los profesionales emigrados, y la gran presencia de vascos y catalanes.

Al principio en Colombia hubo tantos o más emigrados que en Venezuela, pero fueron muchos los que emigraron a otros países. Los colombianos más conservadores los miraban como rojos, pero con todo eran españoles y con eso bastaba. Los emigrados, que habían salido de la Rochelle en julio del 39 en una embarcación de vela provista de un pequeño motor, desembarcaron en Barranquilla tres meses después. Vivieron una auténtica odisea para llegar a su destino.

Por Cuba pasaron muchos españoles, pero pocos se quedaron, porque los refugiados españoles no fueron bien acogidos por las autoridades de la isla. Quienes consiguieron quedarse eran hijos de padres españoles nacidos en Cuba o contaban con el apoyo de amigos y parientes afincados allí y pertenecientes a organizaciones tan poderosas como la Casa de Galicia o el Centro Asturiano. La derecha, a través del *Diario de la Marina*, se mantuvo hostil a los republicanos españoles. Pero también los hubo, y más numerosos, en su favor, como Fernando Ortiz, presidente de la Institución Hispano-Cubana de Cultura. En Cuba murió, a los pocos meses de su llegada, en 1940, Luis Bagaría, uno de los más notables caricaturistas españoles de su siglo.

JAVIER FERNÁNDEZ DE CASTRO. Doctor especialista en Alergología. Al comienzo de la guerra civil sale con su familia para Cuba, donde tienen familiares. Estudia Medicina en la Universidad de La Habana. Cuenta que no tenía documentos para acreditar sus estudios, pero conservaba una papeleta de examen, con matrícula, firmada por el doctor Juan Negrín, catedrático de la Facultad de Medicina de Madrid, la cual le permitió acceder a la Universidad de La Habana, aunque hubo de repetir los dos cursos que ya había realizado. Funda la Sociedad Cubana de Alergia. Sigue en activo, tras cuarenta y dos años como jefe de servicio en el hospital Enrique Cabrera, habiendo formado a muchos especialistas en Alergología. Reside en La Habana.

> Estábamos en Asturias, en el Soto del Barco, en nuestra finca de La Magdalena, pasando como era costumbre el verano, cuando estalló la rebelión, y al avanzar las tropas de Franco, evacuamos a Santander. Desde allí cogimos un barco y llegamos a París con la idea de volver a Madrid, pero aquello era imposible. Entonces se decidió ir a Cuba, donde teníamos parte de la familia.

GERMÁN AMADO BLANCO. Ex viceministro primero de Comercio Exterior del gobierno de Cuba. Reside en La Habana. Sobrino carnal de Javier Fernández de Castro e hijo del escritor y diplomático Luis Amado Blanco, que fue embajador de la Cuba revolucionaria desde 1961 ante el Vaticano, puesto en el que estuvo durante trece años, hasta su fallecimiento en Roma.

Mi familia tiene raíces en Cuba desde 1850. Eran asturianos que fundaron aquí un negocio de papelería que se mantuvo hasta poco después del triunfo de la Revolución. La tradición era que iban viniendo los primos, los sobrinos, sucesivamente por generaciones, y después de unos años regresaban casi siempre a España... Al iniciarse la guerra civil española, en Cuba se produce un gran apoyo popular a la República. Casi mil cubanos se enrolaron en las Brigadas Internacionales para ir a pelear a España. La guerra civil se sintió en Cuba con un fervor tremendo y con grandes divisiones. Había elementos de derechas muy bien organizados, fascistoides, encabezados por el *Diario de la Marina*, que era una potencia desde el punto de vista publicitario, de la familia de los Rivero. En aquellos años estaba Batista detrás del poder, y aunque había personeros que representaban la presidencia, era Batista el que movía todos los hilos. Pero hubo un gran apoyo a la República con el envío de azúcar, tabaco... Había un movimiento popular muy fuerte, aunque por otra parte económicamente era un momento difícil.

RAÚL AMADO BLANCO. Dirigente del sector bancario cubano. Reside en La Habana. Hermano de Germán e hijo de Luis Amado Blanco.

En esos momentos la situación económica no era la mejor, y por lo tanto Cuba no era un lugar atractivo para establecerse los exiliados españoles. Encontraron grandes dificultades de tipo económico y profesional, aunque muchos cubanos les abrieron los brazos y trataron de ayudarles.

JORGE DOMINGO CUADRIELLO. Hijo de Ricardo Domingo, exiliado asturiano. Investigador del Instituto de Literatura y Lingüística de La Habana.

Era un momento complejo. Después de la caída del dictador Machado en el año 1933 se abrió un período de luchas entre grupos y entre partidos que aspiraban al poder, con huelgas y crisis económicas. Ya desde 1936 comenzaron a llegar las primeras oleadas de refugiados republicanos y posteriormente también judíos. Las autoridades cubanas, temerosas de que el país se llenase de todos estos desplazados procedentes en su mayoría de Europa, les cerró las puertas, pero fueron muchos los que aprovecharon ser hijos de cubanos que se fueron a España cuando la independencia de Cuba, o también los que fueron reclamados por sus familiares que residían en la isla... La Universidad de La Habana también les cerró las puertas. Hasta 1937 había estado cerrada, y cuando se reiniciaron las clases es cuando empezaron a llegar los exiliados españoles, algunos prestigiosísimos profesores que con toda lógica aspiraban a ingresar en el claustro de la Universidad de La Habana. Pero ante el temor de verse desplazados por ellos, los de aquí hicieron todo por impedirlo, aunque es verdad que se les permitió dar conferencias e impartir clases en la Escuela de Verano.

JAVIER FERNÁNDEZ DE CASTRO. Doctor especialista en Alergología. La Habana.

Muchos profesores de alto prestigio encontraron aquí grandes dificultades. Se fueron a México, se fueron a otros lugares. Uno de los pocos que se quedó fue el profesor Gustavo Pittaluga, también exiliado, pero no podía trabajar oficialmente de médico porque no estaba convalidado. Un día me llamó y me dijo que tenía que hacer la reválida. En esos momentos don Gustavo tenía unos sesenta años, había sido profesor de la Universidad de Madrid, doctor honoris causa de varias universidades europeas y estaba reconocido como uno de los dos o tres hematólogos mejores del mundo. Me pidió que lo acompañase al examen que le iban a hacer. Fuimos allí, al hospital Calixto García: el tribunal lo componían tres médicos y a uno de ellos, que era cirujano, se le ocurrió preguntar: «Bueno, vamos a ver, don Gustavo, si usted se encuentra con un paciente que tiene rota la arteria femoral, ¿qué haría usted?» Don Gustavo, que para entonces estaba un poco sordo, hizo que le repitiese la pregunta y contestó: «¡Ah, eso es muy grave! Lo que yo haría sería llamar a un cirujano inmediatamente.» Entonces, viendo la falta de seriedad que allí había, otro profesor le pidió que les hablara sobre el vaso, y don Gustavo les dio una conferencia magistral... Pittaluga falleció aquí. Le habían ofrecido una cátedra en España pero dijo que no, que él se quedaba aquí, en Cuba.

> *Como en otro tiempo por la mar salada*
> *te va un río español de sangre roja,*
> *de generosa sangre desbordada...*
> *Pero eres tú, esta vez, quien nos conquista*
> *Y para siempre, ¡Oh vieja y nueva España!*
>
> PEDRO GARFIAS

Pancarta con el lema «No pasarán» en una calle de Madrid.

Lázaro Cárdenas, presidente de México entre 1934 y 1940.

Emile Vandervelde y Ángel Ossorio, embajador de España en Bélgica, visitando a los niños refugiados en Bélgica en la residencia Vandervelde.

Recibimiento a los niños de Morelia en 1937.

Lázaro Cárdenas, presidente de México, con los niños de Morelia.

Uno de los niños españoles refugiados estrecha las manos de la gente en el andén a bordo del tren que lo conduciría a Ciudad de México.

Llegada a Francia de refugiados de Asturias tras la caída de Gijón.

Refugiados españoles en la frontera con Francia.

Milicianos españoles desarmados son custodiados por tropas senegalesas en Prats de Molló.

Las maletas, apartadas en la cuneta, testimonio de los refugiados que cruzaron los Pirineos.

Las calles de Le Perthus, repletas de refugiados españoles.

En la estación de Boulou, un grupo de refugiados españoles espera la llegada del tren.

En Prats de Molló, un cartel con una flecha indica dónde deben colocarse los que opten por Franco.

Vista del campo de concentración francés de Saint Cyprien.

Refugiados españoles en una Compañía de Trabajadores Extranjeros dedicada a la construcción del transahariano.

Un gendarme francés y un militar senegalés a caballo vigilan a los refugiados españoles en el campo de Barcarés.

Castigo del «Poste» en un campo de concentración francés.

Vista a través de la alambrada del campo de Argelés.

Llegada del *Sinaia* el 13 de junio de 1939 al puerto de Veracruz, México, con refugiados españoles de los campos de concentración franceses a bordo. Se puede observar una pancarta con un «Viva México».

La orquesta del 5.º Regimiento da la bienvenida a los pasajeros del *Sinaia*, que son recibidos por varias personalidades mexicanas, entre las que se encuentra Vicente Lombardo Toledano, de la Confederación Mundial de Trabajadores.

Llegada a Veracruz del *Mexique*.

Patrulla de la legión en Narvik, Noruega.

Cementerio de Narvik, Noruega.

Julián Zugazagoitia y Francisco Cruz Salido.

Max Aub en el campo de Djelfa.

Manuel Azaña, en Pyla-sur-Mer, con su familia.

Federación de Guerrillas de León-Galicia. De izquierda a derecha, de pie: Arcadio Ríos, César Ríos, Victorino Nieto; sentados: Guillermo Morán y Silverio Yebra.

Guerrilleros asturianos llegados a Francia en 1948, fotografiados junto a Indalecio Prieto.

Refugiados españoles trabajando como carboneros en los montes de Francia.

Guerrilleros que participaron en la operación de «La Madeleine», 23 de agosto de 1944.

Carnet de Francisco Largo Caballero de la Federación Española de Deportados e Internados Políticos Víctimas del Fascismo.

CAPÍTULO VI
El exilio político

La emigración hacia América se hizo gracias al Servicio de Emigración de los Republicanos Españoles, el SERE, controlado desde París por Juan Negrín.

Tras la caída de Cataluña, Negrín, aunque trató de resistir a ultranza, seguro de que se declararía la guerra mundial, organizó una estrategia para hacerse con los recursos económicos, todavía en manos de la República, que pudiesen financiar a las instituciones y personas en el exilio. El gobierno adquirió el yate *Giralda*, que había pertenecido a Alfonso XIII, y lo volvió a bautizar con el nombre de *Vita*. Se compraron en París ciento veinte maletas donde se acoplaron ciento diez bultos. El valor del cargamento sigue siendo un misterio, casi imposible de cuantificar por lo variopinto del tesoro: oro y plata en barras y monedas, obras de arte, alhajas y ornamentos religiosos, y los depósitos en Montes de Piedad, Banco de España y Organismos Oficiales.

Con la complicidad de algunas autoridades portuarias francesas y con gran secreto, el yate *Vita* zarpó desde Francia, sobre el 10 de marzo de 1939, rumbo a México. Con vientos a favor llegó a Veracruz varios días antes de lo previsto, sin que acudieran a hacerse cargo del tesoro los comisionados por Negrín, el doctor José Puche y Joaquín Lozano, funcionario de Hacienda, que estaban retenidos en Nueva York por haber enfermado de disentería. El gobierno mexicano, alarmado ante los muchos rumores de la opinión pública, derivó el *Vita* al puerto de

Tampico, desde donde se trasladó el cargamento en tren hasta la ciudad de México con grandes medidas de seguridad.

Mientras, la guerra civil había terminado. Indalecio Prieto, que se encontraba en México, después de haber asistido como embajador plenipotenciario de la República a la toma de posesión del nuevo presidente de Chile, Aguirre Cerdá, decidió hacerse con los fondos del *Vita* y ponerlos a disposición de la Diputación Permanente de las Cortes, que el 27 de julio de 1939 había acordado en París la disolución del gobierno de la República y, por lo tanto, la «inexistencia del gobierno Negrín», y se constituyó un nuevo organismo: la Junta de Ayuda a los Refugiados Españoles, la JARE. El exilio republicano quedó dramáticamente dividido.

Prieto vendió por cuarenta mil dólares el *Vita* a EE. UU., que lo utilizó durante la segunda guerra mundial para la vigilancia costera. Ángel Zúñiga cuenta en su libro *Mi futuro es ayer* una sabrosa anécdota que le sucedió a Prieto en México cuando fue a saludar a la bailarina española Encarnación López *la Argentinita*, que estaba de gira por América. La artista, al verle, se acordó de inmediato del *Vita* y le dijo:

> «No sabe cuánto le agradezco su visita. Y aprovecho la ocasión para ver si me podría devolver las joyas que tenía en las cajas del Montepío.» Prieto le contestó con mucha sorna: «Mire usted, Encarna, éstas las debe de tener Negrín. Yo sólo me llevé las de los bancos.»

SANTIAGO CARRILLO. Ex secretario general del PCE.

La guerra de España termina de la peor manera posible para los republicanos, porque representa una división y un enfrentamiento de las fuerzas que han estado luchando juntas contra el franquismo, y esa división deja huellas profundas en la emigración. Están por un lado los comunistas y los partidarios de Negrín, por otro lado los anarquistas, por otro los socialistas que coinciden con Prieto. La emigración se encuentra en un estado de división y enfrentamiento que se traduce incluso a la hora de la solidaridad, el SERE y la JARE, dos organismos que tenían la finalidad de ayudar a la emigración, pero uno ayuda más a unos y otro ayuda más a otros. De hecho, esa división ha perdurado durante muchísimos años porque los enfrentamientos de la guerra fría consiguen prolongarla.

La pelea entre Negrín y Prieto no era más que un reflejo de la profunda crisis interna del Partido Socialista, que ya se venía arrastrando durante la guerra civil y que se agravó en el exilio. Por un lado estaban los seguidores del gobierno de Negrín y por otro los de Largo Caballero e Indalecio Prieto, que comenzaron a organizarse en torno a este último en México.

Los dirigentes comunistas se instalaron en Moscú. En mayo de 1939 zarparon del puerto de Le Havre, rumbo a Leningrado, varios barcos soviéticos que transportaban a unos mil dirigentes, cuadros del PCE y del PSUC y jefes militares. Pero la mayoría de los militantes se quedaron en Francia con la sensación de haber sido abandonados.

ANTONIO ALONSO, «COMANDANTE ROBERT». Jefe de Estado Mayor de la Tercera Brigada de guerrilleros españoles.

Aquí nos abandonaron como colillas en los campos de concentración: se fueron a América, se fueron a Rusia, se fueron a otras partes y, a pesar de eso, qué fe había en ese partido para organizarse en los campos de concentración y luego en las Compañías de Trabajo, y después en la Resistencia.

Para los anarquistas, la guerra de España fue la última oportunidad para hacer la revolución libertaria. Muchos se quedaron en Francia, entre ellos Federica Montseny.

FEDERICA MONTSENY. Ministra de la República española.

Esperábamos también una solidaridad masiva del pueblo francés hacia nosotros, que habíamos hecho todo cuanto había sido posible a favor de la República francesa y de los antifascistas franceses. No fue así, se nos trató como enemigos. Se cogió a nuestra gente en masa, y se nos llevó a los campos de concentración...

El gobierno vasco, presidido por José Antonio Aguirre y radicado en París, mantuvo una intensa actividad cultural y de espionaje.

Juan Carlos Jiménez de Aberasturi. Historiador. Archivero de Rentería, Guipúzcoa.

El gobierno vasco, aunque no tenía el reconocimiento de Francia, se dedicó a una intensa actividad política de contactos y a organizar el exilio vasco, es decir, a atender a los vascos que estaban en los campos de concentración, a las colonias de niños, etc. Desde el principio, su política y la del Partido Nacionalista Vasco fue colaborar con las autoridades del país en el que estaba el exilio. Tenía una baza que inmediatamente se tradujo en beneficios políticos, y es que disponía de un servicio de información y de espionaje, la llamada «Red Álava» que actuaba tanto en el interior del País Vasco, ocupado por los franquistas, como en la zona fronteriza. Empezaron por conseguir información militar sobre la presencia nazi e italiana en España y también información muy precisa sobre armamento, y esto era una baza muy interesante que podían ofrecer al Deuxième Bureau y al Servicio de Información del Ejército Francés, a cambio de conseguir un cierto apoyo político y otras ventajas. Hasta que en mayo del 40 vino la invasión nazi.

Eugenio Ibarzábal. Escritor, periodista, ex portavoz del gobierno vasco.

Las redes de información nacieron en las cárceles para conectar El Dueso, Bilbao y Burgos, con San Juan de Luz y París. Fueron redes de ayuda a presos, y también para conectar la parte de las autoridades vascas que estaban en el exilio con las que estaban en prisión... Hubo una parte de las autoridades que decidieron quedarse con los soldados, los gudaris, y fueron detenidos. Lo que sucede es que esas redes se hicieron más poderosas y también fueron pasando otro tipo de información.

El gobierno de la Generalitat de Catalunya, presidido por Lluís Companys y también radicado en París, estaba prácticamente autodisuelto desde agosto de 1938.

JOAN VILLARROYA I FONT. Historiador.

Fue simbólico el paso por la frontera. Primero lo hicieron, por una parte, el presidente de la República, Manuel Azaña, y el del gobierno, Juan Negrín, y por otra el de la Generalitat, Lluís Companys, con el del gobierno Vasco, José Antonio Aguirre.

Azaña no podía ver a Negrín ni a Companys ni a Aguirre. Negrín no podía ver a Azaña ni a Companys ni a Aguirre. Y esto marcó la trayectoria. En el caso del gobierno catalán que representaba Lluís Companys, ya en esos días del paso por la frontera, las crisis y las diferencias políticas entre los distintos grupos que formaban el gobierno catalán imposibilitaba la renovación del gobierno. No se volvieron a reunir nunca más.

Los partidos de Esquerra Republicana y de Acció Catalana consideraban que desde agosto de 1938, el gobierno del Frente Popular se había acabado. Por otra parte, la Generalitat fue la única de las instituciones que perdió los recursos que podía tener en el exilio, para su política o para ayudar a los miles de refugiados catalanes. Juan Negrín se hizo con todos los fondos de tesorería de la Generalitat. Por lo tanto, era una institución huérfana, y aunque se hicieron una serie de pactos en los que la Generalitat controlaba esos fondos, no se cumplieron nunca. Companys se estableció en París y el gobierno catalán, en la medida de sus recursos, ayudó básicamente a los intelectuales.

Creó la fundación Ramon Llull en París, creó residencias para los intelectuales en Montpellier y en Toulouse, e hizo algunas acciones a favor de los que estaban en los campos de concentración del Roselló y del sur de Francia. Pero la crisis política se encontraba en Companys, porque desde su propio partido y desde los otros partidos exigían su dimisión. Criticaban que su política había sido equivocada y que, en definitiva, era en parte responsable del desastre. La única solución de Companys fue la de crear un Consell Nacional de Catalunya, un órgano político en el que la mayor parte de sus componentes fueran figuras independientes y prestigiosas en el mundo de la cultura, por ejemplo, entró Pompeu Fabra, para que con esa característica se pudiera rehacer la unidad de las fuerzas políticas y reemprender un Consell de la Generalitat representativo. Todo esto murió nada más nacer, porque en ese momento París era ocupado por los alemanes.

El reconocimiento del gobierno de Franco por Gran Bretaña y Francia, gracias a los buenos oficios del Vaticano, hizo que Manuel Azaña, desde su refugio en la Alta Saboya, presentara su dimisión como presidente de la República al presidente de las Cortes, Diego Martínez Barrio (27 de febrero de 1939). Juan Negrín asumió la representación de la legalidad republicana en el exilio.

> Consumada la tragedia que ha padecido el pueblo español, aventados por el mundo en buena parte sus defensores, perseguidos, encarcelados, condenados a muerte muchos otros, ultrajados todos por haber defendido hasta el fin la sagrada voluntad de España, cumple a quienes podemos levantar la voz libremente dar expresión al contenido profundo de la causa por la que libremente se inmolaron tantos miles de compatriotas, manifestar nuestra actitud en este angustioso trance en que los fundamentos de la civilización conocen las más graves conmociones.
>
> «Manifiesto del Exilio», *La España Peregrina*, órgano de la Junta de Cultura Española, México

CAPÍTULO VII
La segunda guerra mundial

Hitler, cargado de soberbia y bravuconería después de su triunfo en Munich sobre las indecisas democracias liberales, puso en marcha su política expansionista hacia el este, justificándose con la necesidad de un «espacio vital» para Alemania. Ocupó Checoslovaquia, luego Austria y, viendo que todo se quedaba en protestas y notas diplomáticas, se atrevió a invadir Polonia, poniendo como pretexto un incidente fronterizo provocado por las propias tropas alemanas. El 1 de septiembre de 1939, en un ataque relámpago, la aviación, la marina y la artillería machacaron los puntos neurálgicos y la red de comunicaciones del país, mientras las divisiones de blindados avanzaban rápidamente y detrás cuarenta divisiones de infantería. A mediados de mes, Polonia estaba prácticamente ocupada.

Dos días más tarde, Inglaterra y Francia declararon la guerra a Alemania, pero no hicieron nada, no intervinieron militarmente mientras Hitler se repartía Polonia con su compinche de ocasión, Stalin, según habían acordado al firmar el pacto germano-soviético el 23 de agosto de 1939. Durante casi un año los aliados se prepararon para rechazar un ataque alemán, confiando en lo inexpugnable de la Línea Maginot y en la potencia y armamento del Ejército francés, reforzado por diez divisiones y cuatrocientos sesenta aviones de Gran Bretaña.

El 10 de mayo de 1940, el fulminante ataque alemán por los Países Bajos, Bélgica y Luxemburgo desbarató las defensas aliadas y el 14 de junio las tropas alemanas entraban en París.

Al estallar la guerra, el gobierno francés vació los campos de concentración y movilizó con carácter obligatorio a los hombres entre veinte y cuarenta y ocho años, unos sesenta mil, formando compañías de *prestataires espagnols*, unidades militarizadas a cuyo mando estaban oficiales franceses, en su mayoría de la reserva. A finales de abril de 1940 ya eran 104 000 republicanos los que trabajaban dependiendo del Ministerio de la Guerra y que fueron básicamente empleados en industrias militares, en el reforzamiento de las fronteras, en la construcción y mantenimiento de carreteras, en minas y en faenas agrícolas.

Los que trabajaban en el campo tuvieron un mejor trato y condiciones de vida, con posibilidad de reunificación familiar, pero la mayoría fueron sometidos a condiciones durísimas: mal vestidos, mal calzados, sufriendo el hambre y el frío, alojados en edificios ruinosos, establos, fábricas abandonadas y siempre vigilados, sin poder desplazarse para ver a la familia so pena de volver al campo de concentración o terminar en la cárcel.

Luis Menéndez. Presidente de la Amicale del Campo de Le Vernet. Francia.

> Todos los refugiados españoles que estábamos en el interior del campo de Le Vernet fuimos enviados a trabajar en fábricas, en minas o en pantanos... O sea, que fue la mano de obra que se hizo con compañías de trabajo, con sueldo de soldado. Eso quiere decir que fueron explotados...

Eulalio Ferrer. Capitán del Ejército republicano. México.

> Fuimos seleccionados para descargar un camión de carbón en bloques, nos daban una prima de cinco francos y yo, sin darme cuenta, me lastimé las yemas de los dedos, que tenía muy castigadas por el frío, y entonces me dije: «Yo no regreso a las Compañías de Trabajo», y me fui a una fonda de una francesa, le dije que tenía cinco francos para pagarle y que yo no volvía a las Compañías. La señora me atendió espléndidamente bien y yo

no tenía con qué pagarla. Le dije: «Señora, si algún día yo me caso, yo voy a venir aquí con mi esposa para saludarla a usted», cosa que hice... Entonces me andaban buscando la policía y los gendarmes, y me agarraron y me llevaron a las Compañías de Trabajo y fui clasificado como desertor del Ejército francés.

Peores condiciones, si cabe, tuvieron los que se encontraban en los campos de concentración del norte de África, empleados en la construcción de vías férreas, en la reparación de carreteras, en la minería, sometidos a temperaturas muy altas, sufriendo hambre y malos tratos.

Francisco Sixto Úbeda. Ex combatiente en la Legión Extranjera francesa. Londres.

Estando yo haciendo guardia en la estación de Sidi bel Abbés llegó un tren y oí que estaban cantando en español: «La lechera, la lechera, ha puesto una lechería donde siempre se trabaja más de noche que de día.» Me acerqué a los vagones y les pregunté si eran españoles. «Pues claro que somos españoles y extranjeros de las Brigadas Internacionales que nos llevan a Colomb-Béchar.» Era un campo de castigo, disciplinario, de la Legión Extranjera que estaba en el norte de África. Los traían desde Francia porque se habían negado a entrar en el Ejército francés.

Muchas mujeres fueron contratadas en la industria de guerra o en faenas agrícolas. Otras tantas hubieron de sobrevivir realizando tareas domésticas en la ciudad o trabajando de costureras.

Abel Mariaca. Militante socialista. Sale al exilio a los doce años por Cataluña con su madre y su hermana. Su padre es encerrado en un campo de concentración. Terminan recalando en Burdeos, donde vive desde entonces.

Mi hermana se tuvo que poner a servir y mi madre hacía limpiezas cuando encontraba trabajo. Aquí hemos pasado bastante hambre, tanta como la que pasamos en España durante la guerra.

Otros treinta mil se enrolaron en el ejército francés, en los Regimientos de Marcha de Voluntarios Extranjeros, en los que los republicanos españoles eran mayoría. Por lo general eran jóvenes milicianos o militares de carrera que lucharon en los más variados frentes de guerra: Europa, África, Oriente Próximo e incluso en la Indochina francesa.

EMILIO VALLÉS. Presidente de la Amicale del campo de Gurs, Francia.

Y a pesar de que los republicanos llegaban como refugiados políticos, los internaron y los trataron como prisioneros. Y a pesar de eso, miles de ellos se alistaron voluntarios en el ejército francés para seguir luchando, por la democracia y contra el fascismo. Y, cosa muy importante que hay que mencionar, no quisieron ir a la Legión Extranjera, porque en la Legión Extranjera eran mercenarios. A los legionarios les dan una prima, les pagan y se alistan para tres años. Y los españoles dijeron: «Nosotros vamos gratis y para lo que dure la guerra.»

ANSELMO TRUJILLO. Comisario de guerra socialista. Francia.

En los Regimientos de Marcha, la inmensa mayoría éramos españoles, había judíos también, pero por uno, dos o tres judíos, había cincuenta españoles. Ocurre que hemos participado en la lucha, hemos pasado a Bélgica. Cuando se declaró la guerra, los franceses avanzaron un poco y nosotros éramos los regimientos de choque.

Al invadir los alemanes Noruega el 10 de abril de 1940, los aliados enviaron al puerto de Narvik, para cortar los envíos de mineral de hierro para la industria armamentística de Alemania y en el marco de una gran operación naval inglesa, dos divisiones con una compañía de carros y unas cuantas baterías de artillería, un destacamento ridículo condenado al fracaso ante las defensas alemanas. En él iban gran parte de los seiscientos españoles, encuadrados en dos batallones de la Legión Extranjera, que se batieron y murieron heroicamente en primera línea.

Francisco Sixto Úbeda. Ex combatiente en la Legión Extranjera francesa. Londres.

> Atravesamos el Atlántico con muchas peripecias: nos atacaba la aviación alemana y muchos barcos que iban en el convoy se fueron a pique, hasta que por fin pudimos desembarcar en Noruega. Nuestro barco parecía una cáscara de nuez ante esas tremendas montañas nevadas. Incluso el río estaba helado... Con nosotros iban polacos, ingleses, franceses, belgas, italianos, hasta algún rumano, pero el ochenta por ciento éramos españoles... El primer sitio en el que desembarcamos se llamaba Fiardik, que estaba como a cinco o seis kilómetros de Narvik. Allí la aviación alemana mató al comandante de nuestro batallón. Hubo muchos muertos allí, yo creo que más que en Narvik, pero hicimos muchos prisioneros, muchos de ellos eran chicos austríacos voluntarios. Éramos dos batallones y desembarcamos luego por la parte de atrás del puerto de Narvik. Nosotros atacamos y llegamos hasta la mina. Nos tiraban con ametralladoras desde los puntos altos... Aunque murieron muchos españoles, las luchas no fueron tan fuertes como las que teníamos en España. Según dicen, fueron unos quinientos españoles los que murieron en Narvik. Enterramos a muchos en su cementerio.

José Martínez Cobo. Dirigente socialista del exilio. Francia.

> Cuando en el 45 se libera Europa, los noruegos, los sindicatos noruegos, que tienen un organismo que es el Socorro Popular Noruego dicen que tenemos que ayudar a los españoles... ¿Y cómo los van a ayudar?, creando un comité de ayuda que llaman el Comité Narvik. Porque los noruegos saben que en el cementerio de Narvik el noventa por ciento de las tumbas tienen apellidos españoles, que se alistaron en la Legión para salir de los campos y que los ingleses los llevaron a morir a Narvik.

El 10 de mayo de 1940, a la una de la madrugada, la vanguardia del Ejército alemán, compuesta del Cuerpo de Ejército acorazado, protegida por el aire por sus stukas y seguida por sus divisiones motorizadas, se lanzó a través de Bélgica. El 14 de mayo abrieron la brecha de Sedan y, entre el 7 y 8 de junio, se venía abajo el frente francés. Era el principio del fin. La ofensiva alemana cogió por sorpresa a unos diez mil españoles que se encontraban trabajando en la frontera franco-belga y en la Línea Maginot, y que no dudaron en enfrentarse a los panzer alemanes, convirtiéndose en carne de cañón por la incapacidad de los mandos galos, en su mayoría reservistas.

Anselmo Trujillo. Comisario de guerra socialista. Francia.

Cuando llegó la invasión, los alemanes tenían un ejército increíble, una fuerza muy grande, una superioridad en todo, en aviación, en armamento, en todo... Combatimos bien, hicimos todo lo posible por detener a los alemanes pero recibimos la orden de recular, de no dejarse coger. Los alemanes llegaban por todas partes y la táctica que tenían era la de envolver, impedir que los combatientes recularan, ellos lo que querían era el exterminio. Nosotros, siempre luchando, fuimos reculando para evitar el copo. La inmensa mayoría éramos españoles, acostumbrados a la guerra. Ya en España conocíamos a los alemanes, sabíamos la manera que tenían de actuar, en fin, teníamos más facilidad para escapar de esa gentuza, ¡canalla más grande!, ¡qué infamia!, un pueblo que se ha dejado engañar y que ha simpatizado, ¡caramba! porque hay que decirlo: ¡Los alemanes eran hitlerianos, la inmensa mayoría, hay que decir las cosas como son, la inmensa mayoría eran hitlerianos, a Hitler lo tenían por un dios! ¡Hediondo, asqueroso!, ¡que pretensiones!, ¿eh? No había forma de escapar, pero tuvimos bastante valentía y por la noche dimos un golpe de mano y rompimos el cerco por donde pensábamos que era el punto más débil para pasar por la fuerza, y ellos nos dejaron pasar porque si no todos iban a morir, entonces se hicieron los tontos y nos abrieron paso... A mí me hirieron e hicieron prisionero. Sabía que los alemanes no podían ver a los «rojos», habían combatido más de cuarenta y cinco mil alemanes en España. Cuando nos apresaron, toda la documentación que tenía la enterré, tuve esa precaución porque sabía cómo actuaba esa gentuza. Me decían que yo era rojo, y yo: «*Mais non*, yo soy francés, mi padre hizo la guerra en Francia en 1914.» «¿Y cómo es que no tiene documentación?» Les dije que la documentación la tenía en el capote pero que su aviación llegó y nos bombardeó y que no pude encontrar mi capote en medio de esos terribles bombardeos. Cuando salí del hospital me mandaron al campo de exterminio de Mauthausen.

ANTONIO ALONSO, «COMANDANTE ROBERT». Jefe de Estado Mayor de la Tercera Brigada de guerrilleros españoles. Francia.

Estábamos en la frontera belga y descargábamos camiones con material bélico para cargarlos en el tren cuando nos cogió a la Compañía en la que yo estaba y a otras muchas más la famosa retirada que hubo aquí. ¿Qué hicimos? Carretera y manta, a correr, y llegamos hasta Toulouse, pero se nos presentaba un problema: habíamos atravesado los Pirineos para salvar nuestras vidas y no podíamos volver a franquearlos. ¿Qué alternativa? La lucha.

La rendición de Bélgica dejó atrapados a los ejércitos aliados. Los alemanes acorralaron en la bolsa de Dunkerque a unos cuatrocientos mil soldados, sobre todo ingleses y franceses. Churchill organizó un plan de rescate, la Operación Dynamo, que utilizando más de mil barcos de todo tipo logró evacuar a más de trescientos mil hombres, al tiempo que se perdía todo el material pesado. Los veinte mil españoles, procedentes en su mayoría de las Compañías de Trabajo y de los Regimientos de Marcha, cubrieron su retirada que duró desde el 28 de mayo hasta la madrugada del 4 de junio y fueron los últimos en abandonar el puerto. Muchos murieron en los bombardeos o fueron hechos prisioneros. Los dos mil que consiguieron llegar a

Inglaterra fueron unos desembarcados en Cherburgo y otros internados en campos de concentración ingleses. Ése fue el «pago» que los británicos dieron a nuestros españoles por su heroico comportamiento. Hasta el final de la guerra mundial no fueron liberados de los campos de concentración ingleses, y eso debido a las denuncias y presiones de Juan Negrín.

Se calcula que entre diez mil y doce mil españoles fueron hechos prisioneros. Desde el primer momento, los alemanes negaron a los «combatientes rojos de España» el estatuto de prisioneros de guerra y, al igual que a los judíos, los deportaron a campos de concentración y de exterminio. Quienes pudieron escapar acabaron nuevamente en los campos de concentración del sur de Francia, de donde procedían. Unos pocos lograron embarcarse para América.

JORGE DE BUEU LOZANO. Profesor de la Facultad de Ingenieros de la UNAM. Vive en México D. F.

Viví bombardeos en París. Por junio, sobre el 10 o el 11, ya venían los alemanes y ya estaban tomando París. Mi padre se las ingenió para que tomáramos un tren y toda la familia emigramos hacia Burdeos. En todas las estaciones, en París, en Toulouse, íbamos dejando cosas, íbamos desalojando todo lo que no era indispensable.

El país del exilio no tiene árboles.
Es una inmensa soledad de arena.
Sólo extensión vacía donde crece
la zarza ardiente de los sacrificios.

JORGE CARRERA ANDRADE

CAPÍTULO VIII
La Francia ocupada

El armisticio entre Francia y Alemania se firmó el 22 de junio de 1940, por el que los nazis mantenían ocupadas dos terceras partes del territorio galo. El general De Gaulle proclamó desde Londres por la BBC: «Francia ha perdido una batalla pero no una guerra.» El artífice del armisticio, el mariscal Pétain, fue elevado a la Jefatura del Estado y desde la pequeña ciudad-balneario de Vichy gobernaba lo que los colaboracionistas con los nazis llamaban «la Francia Libre». Desde ese momento cambiaría trágicamente el destino de muchos exiliados españoles.

En la zona controlada por los alemanes, los *rotspaniers*, los «rojos españoles», fueron sistemáticamente capturados durante las primeras semanas de la ocupación. A unos los enviaron a los campos de exterminio o a realizar trabajos forzados en Alemania (unos cuarenta mil). Otros fueron retenidos en las Compañías de Trabajo francesas.

Ángel Gómez. Teniente de la Resistencia. Francia.

Estábamos trabajando en una «poudrería» (fábrica de pólvora) y llegaron allí los alemanes y nos metieron en unos vagones de mercancías en los que metían a cuarenta hombres y ocho caballos. Llegamos aquí, a la Alta Saboya, el 16 de febrero de 1940. Nos metieron a setecientos cincuenta españoles en el departamento de la Alta Saboya para trabajar para la Compañía de Aguas y Bosques, para cortar leña, hacer caminos en las montañas, hacer carreteras, trabajando de siete a diez horas al día sin cobrar un céntimo. Nosotros estuvimos cortando leña y haciendo carbón.

Unos veintiséis mil fueron captados por la Organización Todt para la construcción de fortificaciones como el Muro del Atlántico o las bases submarinas. Particularmente activo en la propaganda fue un tal José María Otto, nacido en Barcelona y de padres alemanes, que ofrecía a los republicanos un mejor trato que en la «Francia Libre». Como muy pocos respondieron a su llamada, la mayoría fue obligada a enrolarse en la Organización echando mano de los que seguían en los campos de concentración y en los Grupos de Trabajo de la Francia de Vichy. Sometidos a una estricta disciplina vivían en campos de concentración y percibían un mínimo salario.

GUILLERMO RODRÍGUEZ. Lucha en la guerra civil con el grado de teniente junto a las Brigadas Internacionales. Pasa por los campos de concentración de Saint-Cyprien y de Barcarès, donde se alista como oficial en los Regimientos de Marcha de Voluntarios. Después de la invasión alemana es forzado a entrar en un Grupo de Trabajo, de donde se escapa. José María Otto lo recupera para trabajar en la Organización Todt.

La Organización Todt era la que construía todas las obras de fortificación para el Ejército alemán: el Muro del Atlántico, las bases para el B-1 a lo largo de toda la costa, las bases submarinas, los refugios... Los alemanes pedían mano de obra a los franceses. Los franceses, como no encontraban voluntarios franceses entonces, echaron mano de esa cantidad de miles de hombres, indefensos, podemos decir, que nada nos protegía. Primero venían reclutadores y de allí íbamos unos para la vendimia, otros para otros trabajos, pero aquello era mentira, te concentraban en el campo de Le Havre. Entonces, cuando había gente suficiente, formaban un tren y nos enviaban unos a La Rochelle, otros más lejos, a bases submarinas, que era lo principal, que empezaron a construir antes que el Muro del Atlántico... En la recepción alemana había perros, había gritos, había latigazos. Nos llevaron a un campo que ya había servido a vietnamitas que trabajaban en una fábrica de pólvora. A las cinco de la mañana ya estábamos en pie para estar en el tajo a las siete, y había veces que volvíamos al campo a las doce de la noche... Al que encontraban sin justificación en la barraca le daban una paliza tremenda. Poquito a poco los españoles fuimos sustituyendo a los alemanes en muchas máquinas, sobre todo en las locomotoras... Hubo muchos boicots y muchos fusilamientos. Había mucho chivato y al que pillaban desaparecía, lo mandaban a los campos de exterminio o se lo cargaban. Si te cogían a unos metros fuera de tu puesto de trabajo, los guardianes te daban una paliza tremenda, te hacían pasar debajo de un taburete a latigazos. Pero, cosa curiosa, en el trabajo no tenía por qué ocurrirte nada y poco a poco los malos tratos fueron desapareciendo, porque ese famoso Otto, en vista de que la gente se escapaba, fue convocado por la Comandatura porque, como español que era, conocía bien el carácter español y le dijeron: «¿Cómo es que se marchan si les pagamos?» Y él les dijo: «Sí, ¿pero dónde se lo gastan si no pueden salir? Denles ustedes facilidades y verán cómo no se escapan.» En efecto, empezaron a dar permisos de dos o tres horas por la tarde a condición de estar a tal hora en el trabajo. Ese Otto fue el que me sacó de la Compañía de Trabajo. A mí me llamaba «capitán» y yo le decía que sólo era teniente. No sé por qué le caí simpático, aunque era un poco amanerado, lo supe desde el primer momento, el día en que me recuperó de la Compañía de Trabajo. Me convocó a la oficina, me dio tabaco y la primera cosa que me preguntó era que si hacía tiempo que no había estado con una mujer y yo le dije que desde la víspera en que me cogieron.

En la llamada zona «libre», el gobierno francés disolvió las Compañías de Trabajo y los Regimientos de Marcha de Voluntarios. Los republicanos españoles se vieron forzados a regresar a los campos de concentración de donde habían salido, pero esta vez pasando mayores penalidades. No duró mucho su estancia, ya que las autoridades de Vichy descubrieron pronto la utilidad de esos prisioneros abandonados a su destino y, en octubre de 1940, recuperaron y reconvirtieron a las antiguas

Compañías de Trabajadores en Grupos de Trabajadores Extranjeros, para varones comprendidos entre los dieciocho y cincuenta y cinco años, sin derecho a salario, aunque con posibilidad de cobrar una prima de rendimiento. Dependían del Ministerio del Interior. La mayoría de los que estaban en los campos de concentración acabó integrándose en esos grupos, unos treinta y un mil españoles. Básicamente fueron repartidos por campos, aldeas y bosques para faenas agrícolas, tala de árboles y minería. De este ámbito nacieron los primeros focos que muy pronto formarían la Resistencia francesa.

Antonio Alonso, «Comandante Robert». Jefe de Estado Mayor de la Tercera Brigada de guerrilleros españoles. Francia.

> Estábamos organizados, yo entonces pertenecía al Partido Comunista, y en la Compañía de Trabajo nos conocíamos todos. Hacíamos pequeñas reuniones y los anarquistas y socialistas debían de hacer igual. Estas Compañías tenían un mando francés y un mando español, que era un oficial. En una Compañía éstos eran comunistas y en otra anarquistas, y cuando un mando era comunista los anarquistas lo pasaban mal y a la inversa, como en la mía, en la que los que mandaban eran anarquistas y, aunque no nos daban paga, comían bien, los filetes eran para ellos y nosotros comíamos lo que podíamos... Yo tuve la suerte de estar en Saint-Étienne, una ciudad muy cosmopolita; había en un barrio ocho mil familias polacas, en otro italianos y españoles... Yo trabajaba en una fábrica de productos químicos para los alemanes pero controlados por Vichy. Estábamos organizados políticamente y hacíamos sabotajes... Un día, en 1943, detuvieron a un joven francés de nuestro equipo de trabajo y éste habló. Cuando llegué a mi casa, la policía alemana me estaba esperando. Me apresaron muy educados diciendo que sólo querían informarse... Como entonces los transportes estaban muy mal, había un autocar que iba a Saint-Étienne y estaba siempre abarrotado. Hasta donde íbamos había seis kilómetros y cuatro paradas. Yo, que iba esposado, ya lo había calculado. Cada vez

que parábamos yo me bajaba y ayudaba a la señora a subir y si tenía un capazo se lo daba a los policías que estaban dentro. La última parada estaba en una pendiente terrible y cuando arrancó el autobús y se tiró cuesta abajo, yo me quedé en el marchapié y salté. Oía a los policías gritar: «¡Pare, pare!» Pero quién se iba a parar en una cuesta así... Estuve escondido diez días en casa de unos polacos y avisé al responsable del Partido, un tal Guijarro, para hacerle saber lo que me había pasado. Me mandó llamar diciendo que fuera con el equipaje, y es porque había venido del Ariège a visitar a su mujer un vasco que tenía allí el tajo, y por medio de él me llevaron al Ariège. Así fue como de un grupo urbano pasé al maquis, en noviembre de 1943.

En las posesiones francesas del norte de África, la situación de los republicanos españoles era mucho peor. A ellas fueron a parar unos tres mil considerados «extranjeros indeseables que no pueden ser expulsados ni repatriados». Estaban repartidos en Argelia en nueve campos en condiciones de extrema dureza, hambre y malos tratos por parte de sus carceleros franceses, que podían llegar hasta el asesinato. Cuando los aliados liberaron los campos, varios de éstos fueron juzgados y ejecutados. El campo de Ben-Chicao estaba destinado a las mujeres y el de Berrouaghlia a los hombres, buena parte de ellos anarquistas y comunistas. Los destinados al campo de Colomb-Béchar fueron empleados en la construcción de la vía férrea del Transahariano.

CARMEN PALENCIA. Catedrática de Microbiología de la Universidad de Michoacán. México.

Mi padre estaba condenado a trabajos forzados para hacer el Transahariano. Allí los que sobrevivieron fue porque de veras eran muy fuertes y seguían con la esperanza de librarse de todo aquello, y llegar a algún lugar donde ya estuvieran tranquilos. Mi abuelo murió en un campo de concentración. En el campo de concentración donde estuvo mi padre estaban ya todos sentenciados a morir. Pero llega Hitler, con los judíos, y no tenía donde meterlos, y los metieron en ese campo de concentración y los españoles tuvieron que salir. Y Lázaro Cárdenas dijo: «Que venga el último barco.» Y el *Niasa*, en el que él llegó, hizo su último viaje, y lo trajo a Veracruz, el 20 de octubre de 1942. Cuando él llego, besó la tierra.

El siniestro campo de Djelfa, situado en el Atlas sahariano, en Argelia, estaba destinado a los que se consideraba más peligrosos políticamente. Por él pasó el escritor Max Aub a raíz de ser detenido por la policía francesa en abril de 1940, a causa de la denuncia del embajador franquista José Félix de Lequerica. Pudo salir de él dos años después para asilarse en México, donde escribió su *Diario de Djelfa*.

*Por el campo, en carne viva,
cuatro moros y un Sargento
buscan hogueras por tiendas.
«Está prohibido hacer fuego.»*

*¡Que la leña es del Estado!
y es más que los prisioneros.
De alambrada en alambrada
los pájaros pierden vuelo.*

*En el marabú apiñados
seis ex hombres en montón.
Miseria sobre miseria,
sin abrigo ni colchón.
Harapos sobre los huesos.
Lo que se tuvo y robó
vendido por poco pan.
Hijos de sarna y prisión,
engendros del pus francés,
esqueletos de dolor,
escoriaciones y piojos,
manto de frío feroz.*

MAX AUB, «In memoriam»

Pero también fueron muchos españoles, especialmente civiles, los que encontraron apoyo y refugio en la población francesa, bien huyendo de la policía alemana, bien buscando trabajo y subsistencia en granjas y bosques alejados de los núcleos urbanos.

María Batet. Colaboradora y secretaria de Federica Montseny. Francia.

> Cuando llegaron los alemanes, Federica tuvo que salir de París. Se fue con mi madre y los niños... Encontraron una granja abandonada por sus propietarios porque sabían que venían los alemanes. Estuvieron allí escondidas hasta que una noche llamaron a la puerta y eran los alemanes que pedían que los alojaran. Federica les señaló unas habitaciones que estaban en el desván. Entonces Federica dijo a mi madre: «Mañana nos vamos.» Pero esa noche los extranjeros bajaron y hacían preguntas a mi madre, y mi madre, que no sabía francés y apenas hablaba castellano, les contestaba en catalán, sin titubear, y Federica se llevaba las manos a la cabeza: «¡Estamos bien arregladas!» A la mañana siguiente se fueron con el abuelo y todos los niños. ¡Otra vez a salir por ahí, a correr por los campos!

Carmen Rodríguez. Militante socialista. Francia.

> Gracias a unos amigos franceses que conocimos en el campo de Gurs nos consiguieron trabajo, pero como no teníamos documentación vinimos en tren mi pobre madre y yo desde Toulouse a Pau metidas en el váter. Como los alemanes pedían documentación, teníamos miedo. En Pau nos esperaban estos amigos y nos llevaron a trabajar a un restaurante y estuvimos bien, pero era cuando los alemanes tenían ya a toda Francia cogida y como allí había mucho maquis de la Resistencia, pues los alemanes venían con frecuencia. Fue un gendarme el que nos avisó: «Ustedes no tienen documentación, procuren salir de aquí.» Nuestros amigos nos trajeron a Oloron, donde nos recogió una familia de franceses de religión protestante que nos admitieron

en su casa desinteresadamente. Allí es donde murió mi pobre madre, el 26 de septiembre de 1943.

Leonor Sarmiento. Presidenta del Ateneo Español de México.

Ya estaba muy mal la cuestión de la comida y papá contestó a un anuncio que pedían para trabajar la tierra en una granja, entonces nos fuimos allá, a Las Landas, y allí estuvimos los cinco años de guerra, trabajando la tierra. Yo por mi parte trabajaba con otros españoles haciendo carbón y cortando leña en el bosque, para hacer algo de dinero líquido, porque trabajando la tierra sólo podíamos comer, pero no podíamos comprar nada.

Andrés Semitiel. Médico. México.

Pasamos casi dos años en un pueblecito cerca de Montauban. Tuvimos que deshacernos de toda la documentación que podía comprometernos. Hice un agujero y allí puse mis credenciales de compromisario para las elecciones del 36, mi acreditación de comisario de Brigada, el carnet del Partido Socialista... Largo Caballero estaba en un pueblo cerca de París y nos comunicábamos por carta algunas veces. Nosotros teníamos un pequeño corral con algunas gallinas y huevos y le envié por tren una caja con huevos, todo lo bien envuelta que pude, total, que le llegaron hechos una tortilla y don Paco me escribió: «Andrés, le agradezco mucho su envío, pero la próxima vez mándemelos cocidos.»

Ante la situación desesperada de los republicanos españoles en Francia —en febrero de 1941 se calculaba que permanecían unos ciento cuarenta mil—, el presidente Lázaro Cárdenas acordó con otros Estados de América Central acoger inmediatamente entre cien mil y ciento cincuenta mil personas, abriendo las puertas de México a todo el que quisiera y firmó un acuerdo con el gobierno de Vichy, el 23 de agosto de 1940, en el que se garantizaba la subsistencia de los que no tenían recursos hasta el momento de embarcarse, corriendo también con los gastos del transporte marítimo. Entre 1940 y 1942, casi siete mil refugiados lograron salir hacia América hasta que, en diciembre de 1942, Vichy rompió relaciones con México acusándole de favorecer las actividades clandestinas de los republicanos.

Mientras tanto, el gobierno de Franco hacía todo lo posible por impedir las emigraciones. El ensañamiento de los vencedores había llegado a reclamar a la Comisión Alemana del Armisticio la entrega de 3 617 políticos. La lista estaba encabezada por Manuel Azaña, Juan Negrín e Indalecio Prieto. El ministro de Asuntos Exteriores, Serrano Suñer, cuñado de Franco, viajó a Alemania para recabar ayuda en la persecución y exterminio de los exiliados asilados en Francia. Éste fue su saludo a las autoridades nazis:

La España falangista de Franco trae al Führer del pueblo alemán su cariño y su amistad y su lealtad de ayer, de hoy y de siempre.

Comenzó una persecución implacable contra los enemigos de Franco. Su embajador en París, José Félix de Lequerica, nada más firmarse el armisticio, intentó apoderarse de Azaña, instalado con su familia en Pyla-sur-Mer, en la región de Burdeos, que iba a ser ocupada por los nazis. La víspera, Juan Negrín acudió a verle para urgirle que él y su cuñado, Cipriano Rivas Cherif, le acompañaran a una pequeña embarcación que tenía preparada en Burdeos para ir a Inglaterra. Azaña, ya muy enfermo, no quiso separarse de su mujer y de su familia, y agradeció a Negrín el gesto: «Ya ha hecho usted, con venir, más que muchos amigos.» El 25 de junio, pocas horas antes de que llegasen los alemanes, Azaña, acompañado por su mujer Dolores y Antonio Lot, su fiel sirviente, consiguió ser trasladado en ambulancia hasta el pueblo de Montauban, en el territorio de Vichy.

Al embajador Lequerica se le había escapado por el momento la presa más codiciada, pero en la operación de asalto a la casa de Pyla-sur-Mer, llevada a cabo por agentes de la Gestapo, falangistas y policías españoles, fue secuestrado, además de otros, el cuñado de Azaña, Cipriano Rivas Cherif. El médico de Azaña, el doctor Felipe Gómez Pallete, se lo comunicó al secretario de Azaña, Santos Martínez Saura, que estaba en México, para que intercediera ante el presidente Cárdenas.

> Por encargo del presidente escribo a usted para darle cuenta del tremendo suceso que acaba de ocurrir. Cipriano ha sido detenido en Pyla-sur-Mer por las autoridades alemanas de ocupación el viernes último, y ésta es la hora en que no sabemos nada de él, aunque tenemos serios temores de que haya sido enviado a Madrid. Renuncio a explicarle el estado de ánimo en que se encuentran el presidente y su señora... La cosa la hemos sabido ayer por una carta recibida de Arcachon. En ella nos dicen que el viernes último fue detenida toda la familia, incluso los niños y los criados, y llevada a Burdeos; allí han estado detenidos cuarenta y ocho horas, al cabo de las cuales, las mujeres y los niños fueron devueltos a la casa de Pyla, donde permanecen presos y rigurosamente incomunicados... Igualmente nos dicen que de la casa han desaparecido cantidades de dinero y muchos papeles. Los detenidos fueron «obligados» a dar la actual dirección del presidente... El suceso ocurrido es de tal naturaleza que me hace temer por la seguridad del propio presidente. Es verdad que estamos en zona no ocupada, pero yo no considero un disparate la posibilidad de una incursión de la Gestapo o la concesión de una extradición.

En la misma redada en la Francia ocupada cayeron otras doce personas que fueron entregadas a Franco por los nazis. Entre ellas figuraban el ex ministro anarquista Juan Peiró, que fue fusilado en Paterna, y los socialistas Julián Zugazagoitia, ex ministro de Gobernación, y Francisco Cruz Salido, ex secretario general del Ministerio de Defensa, que fueron fusilados contra las tapias del cementerio del este en Madrid. También se encontraba el presidente de la Generalitat, Lluís Companys, que fue fusilado en los fosos del castillo de Montjuïc de Barcelona.

En Montauban, Azaña, acorralado y muy enfermo, intentaba a través de las gestiones del representante de Cárdenas ante Vichy, Luis Ignacio Rodríguez, la autorización del mariscal

Pétain para facilitar su salida y garantizar la vida de los secuestrados que habían sido llevados a España.

La seguridad de Azaña corría grave riesgo. El embajador Lequerica ya en una ocasión había enviado a su gente para tratar de apoderarse del ex presidente, refugiado en el hotel Midi, al cuidado de los miembros de la legación mexicana. Su ministro, Luis Ignacio Rodríguez, recuerda en sus notas una noche en particular, el 15 de septiembre de 1940.

> Para mayor seguridad del estoico refugiado, siquiera por esa noche que conceptuamos de mayor peligro, sugerí al doctor Carlos de Juan, diputado a Cortes, que fuera al campo de concentración más cercano y les anunciara mi presencia a los recluidos —por desgracia todos inválidos— para que vinieran al hotel a cambiar impresiones conmigo respecto a la situación... Comenzaron a llegar en pequeños grupos, que sumaron más de trescientas personas con mujeres y niños. Muy pronto quedaron impuestos del riesgo que amenazaba al que fuera su presidente y, con toda virilidad, ofrecieron su concurso para impedir que se apoderaran de su persona los enviados de Franco. Éstos habían comido en el hotel y cuchicheaban en uno de los rincones del restaurante con el comisario de la ciudad. Así pasamos la noche... Cada quien en su puesto. Él paseando a largos trancos por la habitación, pendiente de cualquier murmullo; la señora hundida en la butaca con los ojos fijos en el suelo; yo, en la puerta con Carlos de Juan; en el pasillo, los funcionarios de México, y en la escalera, en el hall, en el vestíbulo y en las banquetas del frente, los mutilados e inválidos de la guerra, tumbados en su dolor y en su esperanza, pero custodiando todavía, con su fuerza moral y con su carne desgarrada, al hombre que significó en España sus ideales democráticos y representa en el destierro la honda tragedia de los desposeídos de la libertad...

Dolores Rivas Cherif. Viuda de Azaña.

Se estaba muriendo el 16 de septiembre. Me acuerdo porque el embajador de México había ido por orden del general Cárdenas a llevarnos a la embajada en Vichy, pero no quiso de ninguna manera. Decía que no, que no, que no quería... entonces, ¿qué pasa conmigo?, ¿por qué tengo que ir a la embajada de México? Yo no me muevo de aquí, y a los de los campos de concentración, ¿quién los saca? ¡Mire usted! Todo era eso... todo era alrededor del sufrimiento de los demás... Y entonces tenía la cabeza mal, y salía por el pasillo del hotel, un hotel de pueblo, porque Montauban es un pueblo, y se iba, según él, a hacer gestiones, para salvar gente... Y, claro, cuando terminaba el pasillo, ya no había más... y entonces decía... «ya lo han tapiado, para que yo no llegue a tiempo»... Una obsesión... hasta el último momento.

Luis Ignacio Rodríguez logró sacar del campo de concentración de Saint-Cyprien al doctor Felipe Gómez Pallete, médico de cabecera de Manuel Azaña. Sin embargo, el cerco franquista se iba estrechando. El 3 de octubre, el ministro de México, Luis Ignacio Rodríguez, recibió esta carta del médico de Azaña.

Mi querido ministro:
Pocas líneas para decirle adiós. Le había jurado a don Manuel inyectarlo de muerte cuando lo viera en peligro de caer en las garras franquistas. Ahora que lo siento de cerca me falta el valor para hacerlo. No queriendo violar este compromiso, me la aplico yo mismo para adelantarme a su viaje. Dispense este nuevo conflicto que le ocasiona su agradecido,

PALLETE

Enterado el embajador Lequerica por la Gestapo del telegrama del presidente Cárdenas a su ministro ante Vichy, Luis Ignacio Rodríguez, urgiéndole para que facilitara la salida de Azaña, se trasladó personalmente y con gran sigilo a Montauban. Con la ayuda de sus amigos de la extrema derecha francesa, los *cagoulards*, falangistas y policías españoles y la cobertura de la Gestapo, cercaron el pequeño hotel. Lequerica concretó la operación:

El viernes 1 de noviembre, seis u ocho hombres, con uniformes de la policía francesa, deberán sacar a Azaña de su cama, lo meterán en una ambulancia y ésta saldrá inmediatamente rumbo a Hendaya.

Pero la muerte se le adelantó al embajador de Franco. Manuel Azaña, el que fuera presidente de la Republica española, había entrado en coma y moría días más tarde en el más completo desvalimiento. El ministro mexicano, Luis Ignacio Rodríguez, presidió el entierro. Éstos fueron sus recuerdos:

En los momentos de salir el cortejo —once horas del martes 5 de noviembre— recibí un recado del prefecto de la ciudad, excusando su asistencia por la llegada inesperada del mariscal Pétain y rogándome en su nombre que no permitiera ninguna manifestación pública de duelo en homenaje del difunto.

Mi respuesta consistió en manifestarle que atendería en lo posible sus deseos, sin poder evitar que lo acompañaran sus amigos a la última morada, ni menos aún que prescindieran del emblema republicano durante su recorrido hasta el panteón.

La noticia le produjo tanta alarma al regente de la ciudad que, sin pérdida de tiempo, se trasladó al hotel para reiterarme su determinación, con amenaza de disolver de forma violenta al grupo de dolientes que persistiera en desfilar detrás de la carroza. Por lo que respecta a la bandera, sugirió que el pabellón de Franco, por razones de tipo diplomático, fuera el que envolviera los despojos.

—Inténtelo si puede —le dije—, no respondo de las consecuencias.

—Es usted el único que puede lograrlo —me argumentó.

—Pues no lo haré nunca, ni tampoco autorizaré semejante blasfemia por mi condición de hombre, de ciudadano y de representante de mi patria.

—¿Debo tomar esta declaración como desafío a mi autoridad?

—Tómela como quiera. Nosotros y los refugiados presentes acompañaremos al señor Azaña hasta el lugar de su reposo y sabremos repeler cualquier agresión que se nos cometa. Ya basta de humillaciones para el desaparecido.

—Está bien —agregó resignado—, consentiré en que se verifique el acto; pero por favor, la bandera republicana nos traería tantas complicaciones... piense usted en las responsabilidades de la pobre Francia... Si pudiera evitarla...

—Pierda cuidado, señor prefecto, no insisto más sobre el caso. Lo cubrirá con orgullo la bandera de México; para nosotros será un privilegio; para los republicanos, una esperanza, y para ustedes una dolorosa lección...

Cuando años más tarde falleció en México este valeroso y gran amigo de España que fue Luis Ignacio Rodríguez, su féretro, por expreso deseo suyo, fue cubierto con la bandera de la República española.

El embajador Lequerica continuó la implacable persecución de los políticos españoles que permanecían atrapados en Francia. Socialistas, anarquistas y comunistas fueron apresados, juzgados y encarcelados con distinta fortuna y destino. El líder socialista Francisco Largo Caballero, detenido en octubre de 1941, logró evitar la extradición a España gracias al Tribunal de Apelación de Limoges, pero en 1943 fue nuevamente detenido por la Gestapo. Tenía setenta y cuatro años y fue enviado al campo de exterminio de Oraniemburg en Alemania. Con él fueron juzgados los líderes anarquistas Federica Montseny y su compañero Germinal Esgleas. Este último pasó once meses en la cárcel de Saint-Michel de Toulouse y luego fue internado en una prisión militar, hasta que le liberaron las fuerzas de la Resistencia, en junio de 1944. Federica Montseny, gracias a su embarazo, pudo evitar la extradición y las cárceles, fijándose su residencia obligatoria en el pueblo de Salon, en Dordogne.

MARÍA BATET. Colaboradora y secretaria de Federica Montseny. Francia.

Un día vino el alcalde y la Gendarmería diciendo que no sabían que tenían allí a un ex ministro de la República, que nadie se lo había dicho y que eso no podía ser, bueno, un jaleo. Yo le había dicho a Federica, cuando los vi que venían: «Ponte debajo de la cama para que no te cojan.» Sí, sí, la pobre mujer lo hizo, se metió debajo de la cama. Luego venía en la prensa diciendo: «Un ministro debajo de la cama», porque la encontraron, claro. Nos interrogaron a todos. Vieron que en el fondo, aparte de Federica, los demás nos hacíamos los tontos, y no sabíamos nada. Al abuelo, al padre de Federica, le preguntaron que quién era él, que qué ideas tenía, y él les dijo: «¿Yo? Yo soy anarquista.» ¡Así! Y yo pensando: «Abuelo, ¿no podías decir otra cosa?» Bueno, la cuestión es que a aquéllos, más o menos, les dimos pena y se marcharon, pero vinieron los segundos, y ya no hubo escapatoria. Por aquel entonces, Federica se había quedado embarazada y me decía: «María, ¿ves esa escalera? Yo me tiro por ella, yo ahora no puedo tener un crío, yo no puedo ir a la cárcel embarazada.» Y yo le dije: «Mira, Federica, más vale dos vivos que dos muertos.» Afortunadamente me escuchó y, ¡qué niña más maja tuvo! Ella en el fondo pensaba que quizás la criatura iba a salvarla. Cuando se los llevaron a ella y a Germinal, tenía una serenidad muy grande. Todos los críos se me cogieron y no lloraban ni nada. Federica me dijo: «Si me pasa algo, tú serás la madre de mis hijos.» Vino el proceso y Federica iba engordando y su abogado atacó por ahí y dijo al tribunal que, estando a punto de dar a luz, cómo se la podía mandar a España sabiendo que Franco la iba a hacer fusilar, y el tribunal lo tuvo en cuenta. Y entonces, la dejaron volver a casa.

Ellos los vencedores,
Caínes sempiternos,
De todo me arrancaron,
Me dejan el destierro.

LUIS CERNUDA

CAPÍTULO IX
La represión franquista

A comienzos de los años cuarenta, buena parte del continente europeo quedaba en poder de las potencias del Eje. En España, la dictadura de Franco se vio con las manos libres para llevar a cabo una implacable represión sobre los vencidos: fusilamientos en masa, juicios sumarísimos, campos de concentración, batallones de castigo y graves condenas a la población considerada no afecta.

El Régimen surgido del Glorioso Alzamiento Nacional, Santa Cruzada de Liberación, se aplicó a la tarea de limpiar la Patria de elementos indeseables que cometieron la felonía de apoyar o respetar la legalidad republicana. Desde Ginebra, la Comisión Internacional de Abogados denunciaría que, entre 1939 y 1943, el régimen franquista había ejecutado sin ninguna clase de garantías judiciales a cerca de doscientos mil españoles.

Se castigó con saña a militares, marinos, guardias civiles, guardias de asalto y carabineros, alcaldes y concejales, gobernadores civiles, diputados, líderes sindicales y militantes de partidos políticos, intelectuales, abogados, periodistas, catedráticos, educadores, maestros...

Los que se libraron del fusilamiento fueron enviados a cárceles, campos de concentración y batallones de trabajadores. Las cárceles se quedaron chicas ante los miles de cautivos. Se habilitaron cuarteles, monasterios, seminarios, castillos, donde, en penosas condiciones, murieron muchos represaliados, esperando el día de la libertad.

ENCARNACIÓN TAGÜEÑA. Hermana del general Manuel Tagüeña. Pedagoga. Ha dedicado toda su vida a los niños: «No tengo un quinto, pero tengo un corazón repleto de tanto cariño que he recibido y que he dado.» Tras la guerra civil, su marido, aviador, es condenado a muerte pero logra evadirse. Su madre, maestra, y ella sufren cárceles y persecuciones. Tras la muerte de su madre en los sesenta se reúne con su hermano Manuel Tagüeña y su cuñada Carmen Parga en México, donde vive.

> Fue muy traumático aquello y es que los fusilamientos eran en el cementerio de La Almudena, que estaba muy cerca de la cárcel de Las Ventas, entonces nos despertaban siempre las descargas de los fusilamientos. Contábamos allí uno, dos, los tiros de gracia...

Ya en junio de 1937, el gobierno de Franco, desde Burgos, estableció los campos de concentración y los batallones de trabajadores, con la doble intención de castigar y eliminar a los enemigos y utilizarlos como mano de obra esclava, trabajando por la comida y militarizados. Al amanecer, toque de diana y formación en el patio, brazo en alto, saludando a las banderas y a los himnos de los vencedores, misas, charlas patrióticas y trabajo de sol a sol. Trabajaron en las minas, en los bosques, en toda clase de obras civiles, carreteras y pistas, ferrocarriles, canteras, defensas militares, desescombro y reconstrucción, intendencia, astilleros y aeropuertos, para reparar la destrucción causada por la guerra civil. Todavía en junio de 1944, cinco años después de acabada la contienda, se estudiaba la instalación de tres nuevos campos para más de cinco mil prisioneros de guerra y presos políticos, y precisamente los presos políticos fueron obligados a trabajar en la macrotumba, el Valle de los Caídos, que se empezó a construir en 1940 y donde enterraron al Generalísimo.

RICARDO DOMINGO. Ex prisionero de guerra de Franco.

> En Oviedo me cogieron prisionero y me mandaron a un sanatorio de los locos, éramos diecisiete mil prisioneros allí, aquello

era un desastre, con la poca comida que nos daban y toda la tragedia esa. Allí nos tuvieron como cuatro o cinco meses. Nos ponían en fila para tomarnos declaración, quién se era, de dónde venía, etc. Yo no podía dar mi nombre porque lo iban a comunicar a mi pueblo y se iban a presentar de inmediato los de Falange, entonces, ¿qué hacía? Cuando nos ponían en fila delante de la mesa donde nos estaban tomando la afiliación, yo buscaba algún descuido de los vigilantes para pasarme a la cola de los que ya habían declarado y salía del cerco... Hicieron otra depuración; nos sacaron a todos al campo e iban llamando por los nombres de la lista que tenían ya hecha y entonces quedamos cuatrocientos que no habíamos pasado por la afiliación... A cien nos llevaron a Málaga en dirección a África, pero cuando llegamos a Málaga el gobernador de allí echó mano de nosotros porque no tenía campo de aviación. Había un campo con una avioneta, nada, una basurita de campo, y tenían el proyecto de hacer un nuevo campo de aviación. Ya estaba trabajando allí una compañía de prisioneros vascos, de Bilbao, y allí estuvimos trabajando hasta más de un año de terminada la guerra. Hicimos dos campos de aviación, el campo civil y el campo militar, hicimos oficinas, pabellones para los pilotos y hasta la torre de mando, estuvimos allí hasta el 41... Visitaba mucho el campo Iglesias, el que atravesó el Atlántico y estaba casi siempre entre nosotros, y parece ser que en una reunión de ministros con Franco donde comentaban sus fracasos, Franco les decía: «Hay una situación muy crítica, esto no progresa», y entonces Iglesias le dijo —esto lo contó él mismo en la oficina en Málaga, que allí estaba un compañero mío de prisionero y todo lo escuchaba—: «Mire, Franco, ponga a los hombres en libertad, sáquelos de los campos de concentración. ¿Cómo se queja de que esto no progresa si está la mitad de España prisionera? Sáquelos de ahí y póngalos a trabajar.» Y, vaya, parece ser que lo tomaron en consideración y fue al poco tiempo, en el mes de junio, cuando nos vino ya la libertad, cada uno para su provincia.

Las delaciones, las denuncias contra los sospechosos de haber simpatizado con la República crearon un clima de terror y silencio. Las víctimas del exilio interior vivieron la marginación, con la amenaza de las «listas negras» por la aplicación de la denominada «Ley de Responsabilidades Políticas», que los consideraba «penalmente responsables de haber luchado con las fuerzas republicanas o de haber simpatizado con ellas». Fueron desposeídos de sus títulos académicos o profesionales, degradados en sus puestos, trasladados de destino y siempre dependientes de los certificados e informes de los gobernadores, civiles y militares, alcaldes y jefes provinciales del Movimiento, curas párrocos, falangistas y otros mandos.

MERCEDES GILI. Viuda de Alfredo Pereña, asesinado por Trujillo. Hija del gramático Samuel Gili Gaya, estudia en el Instituto Escuela. Justo en el momento de salir por Puigcerdá celebra su matrimonio: «Desde arriba, desde donde nos estábamos casando, veíamos a las tropas entrando.» Emigran a Santo Domingo, donde fundan un colegio y posteriormente se van a México, donde vive actualmente.

> Mi padre, Samuel Gili Gaya, era lingüista. Sus libros, su gramática, su sintaxis, se siguen estudiando en las universidades de Madrid, Barcelona, México. Fue uno de los fundadores del Instituto Escuela... Era un hombre liberal, no político, pero absolutamente liberal... Al final de la guerra, sus amigos de América le enviaron pasajes para irnos él, mi madre, mis hermanos y yo a EE. UU., pero mi padre, muy dignamente, muy Instituto Escuela, les contestó: «Nunca España me ha pedido nada y, ahora, si me necesita España, yo no me puedo ir.» Cuando ya las tropas franquistas entraban en Barcelona, la embajada de Francia había puesto un coche a su disposición para poder marcharnos, pero entonces supimos que mi hermano estaba herido en el frente de guerra, en un hospital de sangre, y mi padre dijo: «Yo no salgo...» Entonces se quedó en España, le hicieron un juicio sumarísimo y, gracias a la cantidad de gente que respondió por él, lo mandaron castigado a un instituto de un pueblo del norte de España donde estuvo ocho años sin poderse llevar a la familia, con el sueldo reducido. Vivía en una

pobre pensión y después de comer se iba a tomar un café. Se sentaba en un rincón, siempre solo, cuando de repente aparecía un camarero que le decía: «Señor Gili, aquel señor quiere invitarle a usted a un coñac, pero no le mire ni le salude.»

Muchas personas, antiguos combatientes, republicanos o conocidos como antifranquistas, acobardadas, se escondieron en los pueblos y en las ciudades, al resguardo de familiares y amigos, y algunos tardaron incluso años en atreverse a salir a la calle. Fueron los llamados «topos».

A la represión personal acompañaba la confiscación de toda clase de bienes para reponer las vacías arcas del gobierno de Franco. Bancos, cajas de ahorros, depósitos, inmuebles y propiedades de partidos políticos, sindicatos, asociaciones, fundaciones, empresas y particulares fueron requisados. También todos los objetos de valor: monedas y joyas de oro y plata, incluso las alianzas de matrimonio, divisas, obras de arte... Los que habían apostado por la legalidad se arruinaron al tener que esconder, quemar o tirar los billetes de la República.

Unos seis mil maquis, combatientes en el interior después del fin de la guerra, mantuvieron en jaque al régimen de Franco durante muchos años. A los que se «echaron al monte», bien porque no pudieron escapar o porque decidieron seguir peleando, se unieron los desembarcados en las costas o se infiltraron por los Pirineos, armados y abastecidos por los aliados o por los partidos políticos, sobre todo los comunistas. En penosas condiciones, cada vez con menos apoyo del exterior en armas y pertrechos, se refugiaron en zonas montañosas, en descampados y lugares de difícil acceso, viviendo sobre el terreno, donde fueron perseguidos como alimañas, en algunos momentos por tropas del Ejército con unidades de Regulares marroquíes, pero sobre todo por las «contrapartidas», formadas por guardias civiles, disfrazados y armados como maquis, que rastreaban el territorio y aterrorizaban a los campesinos haciéndose pasar por guerrilleros, para impedir el apoyo logístico y forzar delaciones.

Según cifras oficiales, cerca de veinte mil personas fueron

detenidas bajo sospecha de ayudar a los maquis. Y éstos tuvieron unos dos mil muertos y tres mil detenidos.

Santiago Carrillo. Ex secretario general del PCE.

Había grupos, en la montaña, en Galicia, en Levante, en Aragón, en Asturias, en algunas partes del centro, eran grupos que se habían formado con los huidos de la represión, y en esos momentos nuestra perspectiva era que, si los aliados ayudaban, había que intentar conseguir que en España hubiera zonas de lucha que pudieran facilitar la ayuda que dieran los aliados. Lo que tenía sentido en aquel momento luego fue inútil. Pero era reforzar los grupos de huidos que actuaban como guerrillas, darles armas, enviar hombres que los reforzaran, en definitiva, crear condiciones por si se recibía una ayuda de los aliados. Entonces había mucha ilusión entre los emigrados españoles porque pensaban que la derrota del Eje iba a arrastrar también a Franco. En realidad, la guerra española había sido la primera batalla de la segunda guerra mundial, así lo veíamos nosotros.

Encarnación Tagüeña. Pedagoga. México.

Julio, mi marido, trajo a un guerrillero a casa... mi madre era muy católica y abrió su casa a todo el que quiso venir. Estábamos las dos en la casa de la escuela cuando se presentó la policía. Fueron primero al aula y les dijeron a las niñas: «Marchaos, que vamos a pintar la escuela, marchaos a vuestras casas.» Mi marido trabajaba a dos manzanas y le avisaron: «La policía está en la casa.» ¿Se dan cuenta del ambiente que había en las casas de esas niñas de ocho, nueve y diez años? Claro, se escapó, se libró de la muerte una vez más y pudo llegar a Francia. Ese día el guerrillero no estaba en casa. Cuando llegó oímos el timbre e inmediatamente los disparos. Lo mataron allí mismo, sin preguntarle ni decirle nada... Mi mamá y yo fuimos juzgadas y condenadas por haber aceptado a gente.

Su hermano, Manuel Tagüeña, destinado en Yugoslavia, completa este hecho en sus memorias:

> Un día oí por radio que a mediados de junio habían sido detenidos en Madrid un grupo de guerrilleros, entre los cuales estaban dos mujeres. Enseguida pensé en mi madre y hermana... A las pocas semanas recibimos de México la noticia de que las dos estaban en la cárcel. Al poco tiempo, el marido de mi hermana nos escribió desde París, confirmando la noticia y dando detalles. Julio Nava, antiguo oficial de mi Estado Mayor, después de haber destacado en las unidades españolas del maquis francés, había regresado a España ilegalmente a finales de 1945, enviado por el Partido Comunista. Vivió grandes aventuras, incluso en agosto del 46, detenido y esposado, consiguió huir con otro preso escapándose de un cuartelillo de la Guardia Civil. Después se unió a un grupo de guerrilleros que actuaban en los montes de la provincia de Cáceres, con los que participó en varios asaltos a pueblos y fincas. Estuvo varias veces en Madrid para ponerse en contacto con la organización comunista de la capital, y una de las veces vivió en casa de mi madre, en Huertas, 20. Cuando en Cáceres la situación era muy difícil, volvió de nuevo a Madrid con otro guerrillero del que nunca se conoció más que el apodo: el Tronchón, y ambos pidieron alojamiento a mi madre. No parece que cumplieran ni con las más elementales reglas conspirativas, porque Julio salía cada día a sus contactos madrileños y el Tronchón, que había estado refugiado en los montes desde el comienzo de la guerra civil, sacaba a pasear a mi pequeña sobrina a la plaza de Santa Ana. El 10 de junio, la policía detuvo a Julio Nava, supo cuál era su refugio y un grupo de agentes, con lujo de fuerzas, se presentó en casa de mi madre a primeras horas de la tarde. El Tronchón había salido con mi cuñado después de comer, a tomar el café... Montada la trampa, cuando el Tronchón volvía tranquilamente, a la misma puerta de la casa lo acribillaron a tiros sin intentar apresarlo.

Al estallar la guerra civil, Miguel Hernández, el poeta de Orihuela, se alistó en el Quinto Regimiento de las Milicias

Populares y al lado del pueblo, con los combatientes contra el fascismo, luchó en las filas del Campesino y del Comandante Carlos y combatió también, con el verso y la palabra, en las trincheras hasta la derrota de la República. Intentó escapar por la frontera portuguesa, donde la policía política del fascista Salazar le detuvo y le entregó a la Guardia Civil. Fue condenado a muerte, pero prosperó un recurso de gracia apoyado por algunos escritores afectos al Régimen y le fue conmutada la pena por treinta años de cárcel, y en la cárcel murió, en la enfermería del Reformatorio de Adultos de Alicante, en marzo de 1942.

*No volarás. No puedes volar, cuerpo que vagas
por estas galerías donde el aire es mi nudo.
Por más que te debatas en ascender, naufragas.
No clamarás. El campo sigue desierto y mudo.*

MIGUEL HERNÁNDEZ

CAPÍTULO X
Los españoles en la Resistencia francesa

Los republicanos españoles atrapados en Francia y estrechamente vigilados por las fuerzas de ocupación alemanas se vieron abocados a emprender una nueva lucha contra el fascismo con la esperanza de liberar también a España. Decenas de miles se unieron a la Resistencia francesa, en la que militaban muchos excombatientes de las Brigadas Internacionales, aportando su experiencia en la lucha armada que adquirieron en la guerra civil. Fueron los primeros en constituir grupos de resistencia.

FEDERICA MONTSENY. Ministra de la República.

A mí me llamó nada menos que el que era el subsecretario de Defensa en la época, no recuerdo de momento el nombre, para pedirme los nombres de los dinamiteros de Asturias, porque ellos necesitaban dinamiteros para utilizar el mismo procedimiento que se utilizó en nuestra guerra de lanzar las bombas de mano contra el enemigo. Y entonces yo le dije: «¿Los dinamiteros de Asturias pregunta usted dónde están? Los tiene ahí, en todos los campos, tirados en la arena. ¿Qué quiere usted que les dé yo, nombres para enviarlos a morir después de dejarlos morir de hambre y de frío en las playas francesas? No tengo por qué darles ningún nombre, busquen ustedes y miren si encuentran voluntarios.» Y encontraron voluntarios, porque la realidad es que la Resistencia francesa se organizó primero sobre la base de los españoles, que fueron los primeros que se alistaron y a los que, confesión de Ravanel, un resistente francés, había, no que alentar al combate, sino que frenarlos.

Los que tuvieron que regresar al campo de concentración de Argèles-sur-Mer a raíz de la ocupación alemana, anarquistas, socialistas y republicanos fundamentalmente, decidieron, en octubre de 1940, organizarse con los franceses para combatir a los alemanes.

Las Compañías de Trabajo situadas en el ámbito rural y destinadas a explotaciones forestales y mineras y construcción de embalses, así como las emplazadas en núcleos urbanos, en fábricas, fueron la base de esta incipiente resistencia que empezó por evitar las deportaciones de los españoles destinados a trabajos forzados y a los campos de exterminio en Alemania o amenazados con ser devueltos a España, y continuó con toda clase de sabotajes, ataques a las fuerzas de ocupación, hasta llegar a enfrentarse abiertamente con el enemigo, como fue el caso de la conocida batalla de Glières, en la Alta Saboya, que influyó decisivamente en la toma de decisiones para el desembarco de los aliados en el continente europeo.

Hasta allí habían ido a parar 750 españoles repartidos en tres Compañías de Trabajo para las canteras, arreglo de carreteras y labores forestales. Gran parte de ellos fueron enviados posteriormente a África del norte, donde muchos murieron por malos tratos. La amenaza de ser enviados a Alemania era permanente.

ÁNGEL GÓMEZ. Teniente de la Compañía de Tiradores franceses de la Resistencia. Francia.

En 1942 ya teníamos nosotros una organización clandestina para ayudar a todos los que estaban perseguidos por la policía de Vichy y por la Gestapo. Los escondíamos en un establo donde estaban las mulas de la Compañía hasta que los podíamos pasar a Suiza. Meses antes, policías de Vichy se habían llevado a cinco españoles a África, a hacer una vía férrea y nunca volvimos a tener noticias suyas.

Miguel Vera. Hijo del jefe del maquis español en la Alta Saboya, Miguel Vera, que sobrevive a la batalla de Glières. Cae posteriormente en una emboscada de soldados alemanes y cuando le sacan de la cárcel para ir a fusilarlo, es salvado en un golpe de audacia por sus compañeros, que encierran a los alemanes en la cárcel. Pero vuelve a caer en manos alemanas y, aunque conserva la vida, queda muy tocado por las torturas a que le sometieron durante dos días. Al término de la guerra, las autoridades francesas le ofrecen mantenerle el reconocimiento de teniente coronel del Ejército francés, promoverle a coronel y jubilarle con el rango de general si acepta participar en la guerra de Indochina. Miguel Vera rechazó la propuesta: «He luchado por la liberación de Francia, nunca lo haré para oprimir a otros pueblos.»

> Mi padre, que había organizado la resistencia dentro de la Compañía de Trabajo, el Grupo 517, tomó contacto con l'Armée Secrète a través de Richard Andrés, que era hijo de emigrantes españoles de antes de la guerra y se había implicado en la Resistencia cuando hubo el llamamiento del general De Gaulle en junio del 40. Mi padre y él se encontraron en junio de 1942 en el Auberge du Lyonnais, en Annecy, que era el puesto de mando de la Resistencia española compuesta por seis diferentes grupos. Sus dueños, Jean Marie y Flora Saulnier, viendo cómo funcionábamos, eran incondicionales de los españoles y su establecimiento se adaptaba muy bien a la actividad clandestina por tener distintas salidas. Flora fue enviada a los campos de exterminio en Alemania pero fue liberada en el 45 por los aliados. Su marido pudo escapar.

Ángel Gómez. Teniente de la Compañía de Tiradores franceses de la Resistencia. Francia.

> Nuestra organización todavía no estaba en contacto con la Resistencia, fue en diciembre del 42 cuando Miguel Vera tomó contacto con el futuro comandante del Plateau, Tom Morel, es

decir, con l'Armée Secrète, y entonces nuestra organización pasó a pertenecer a la Resistencia. El 1 de abril del 43 se organizó un campo de maquis en el Mont Veyrier, lo componíamos quince españoles, armados con más armas de las que podíamos llevar, procedentes del 27 Batallón Alpino que cuando se disolvió nos las confiaron. Allí estuvimos siete meses hasta que vino la nieve y ya ni se podía andar y había más de cuatro kilómetros hasta donde estábamos y entonces nos trasladamos a Naves. También porque vinieron ochenta gendarmes contra nosotros, pero tuvimos suerte porque una chica nos advirtió de que el hombre que había estado hablando con nosotros era un policía secreto y cuando vinieron por la noche no nos encontraron. Quemaron la barraca y acribillaron la olla donde cocinábamos. En Naves teníamos la misión de recoger los *parachutajes*. Cada noche bajaba yo a casa del carpintero de Naves a escuchar la radio de Londres, la BBC, y si decía: «Por Navidades comeremos pollos, blancos y rojos.» Y si decía a continuación dos veces: «Hitler no duerme tranquilo», es que era para nosotros y entonces subíamos al lugar del *parachutaje*. En los chalets ya teníamos la leña preparada para hacer los cuatro fuegos, un cuadrilátero, y un triángulo con tres linternas rojas, porque si no, no *parachutaban*... Bajábamos las armas para repartirlas entre otros grupos que no tenían, a nosotros nos sobraban.

ALPHONSE METRAL. Ex teniente alcalde de Annecy. Miembro de la Resistencia francesa. Fue secretario del teniente Tom Morel, comandante del *plateau* de Glières y participó en esa batalla.

Estamos en un momento en el que se está dando la batalla de Rusia, cuando los aliados habían desembarcado ya en Italia, y el mariscal Tito, desde las montañas de Yugoslavia oponía con sus partisanos una resistencia muy importante. En Francia, la Resistencia había adquirido una cierta importancia cuando el gobierno de Vichy, de acuerdo con los alemanes, había decidido que las quintas del 41, 42 y 43 fueran a trabajar a Alemania. Muchos de esos jóvenes, sobre todo los que vivían en zonas montañosas, se arriesgaron a negarse a ir a trabajar a Alemania, quedándose fuera de la ley. Se escondieron en chalets de la montaña, casi inaccesibles, viviendo en pequeños grupos aislados. Muy pronto, l'Armée Secrète empezó a reclutarlos en una organización bien estructurada con la idea de ayudar a los aliados en el momento de su desembarque en Europa.

MIGUEL VERA. Hijo del jefe del maquis español en la Alta Saboya, Miguel Vera.

Desde el verano de 1943, la Resistencia francesa, ya muy bien organizada con los oficiales del antiguo Batallón Alpino, estaba en contacto con los aliados en Londres y, con mucha fuerza, pedían un desembarco importante de armas a los aliados para poder armar a todos los maquis de la Alta Saboya. Los Aliados no creían en la Resistencia interna, Churchill el primero, pero insistía tanto el Estado Mayor de la Resistencia francesa de la Alta Saboya que por fin poco a poco se dejaron convencer. En ese Estado Mayor estaba un teniente que sería el futuro comandante del Batallón de Glières, el teniente Tom Morel, que sabía de la existencia de la Resistencia española, y vio en ella un potencial que se podría utilizar para recibir las armas que enviarían los aliados. A mediados de noviembre de 1943 tomó contacto con mi padre para conocer a los españoles. Después de ese encuentro, Tom Morel salió entusiasmado porque se dio cuenta de que luchaban por los mismos ideales e introdujo a Miguel Vera en el Estado Mayor de la Resistencia francesa para organizar la recogida de armas que iban a enviar por paracaídas. Durante noches y noches se dedicaron a localizar el lugar adecuado para recibir las armas... El 28 de enero del 44, Churchill por fin dio el visto bueno. Las cosas se precipitaron. El 31 de enero del 44, el gobierno de Vichy, harto de que el maquis tuviera tanta fuerza aquí, puso en estado de sitio a la Alta Saboya y envió a unos tres mil milicianos, gendarmes y policías. Hubo que cambiar el sitio para recibir las armas y se decidió el *plateau* (la meseta) de Glières como el lugar más adecuado, por ser de difícil acceso y fácil de defender, pero allí había que quedarse al menos quince días y eso tenía que ser entre el 7 y el 10 de febrero, para la luna llena. Tom Morel pudo tomar esta decisión tan rápidamente porque además podía disponer de 56 españoles que eran veteranos de guerra, ya que en el maquis francés, 409 hombres eran jóvenes que no tenían experiencia de armas. Dio la orden a los suyos para que subieran al *plateau* el 31 de enero y pidió a Miguel Vera que los españoles subieran al día siguiente.

Ángel Gómez. Teniente de la Compañía de Tiradores franceses de la Resistencia. Francia.

Estábamos en Naves y recibimos la orden de subir al *plateau* el 1 de febrero, junto con otros grupos del maquis español. Tom Morel nos dio la misión de estar en la retaguardia y acudir en ayuda de los sitios que eran atacados por los gendarmes, y los jóvenes que estaban ahí se ponían muy contentos y decían: «Ahora ya no pasarán por aquí, han venido los españoles.» Los españoles éramos el alma del *plateau*... Cuando se formó el Batallón, los españoles formamos la Sección Ebro, en recuerdo de la batalla del Ebro, y en esa sección había oficiales, como el comandante Jurado... Tom Morel tenía una confianza en nosotros que no podía más, y nosotros con él. Al empezar tenía un poco de recelo con los españoles, no sabía cómo éramos nosotros, si éramos salvajes que nos comíamos a los niños crudos... y, en definitiva, cuando se dio cuenta, a los que más quería de todos era a los españoles, porque sabía que podía contar con nosotros.

Alphonse Metral. Ex teniente alcalde de Annecy. Miembro de la Resistencia francesa.

En Francia teníamos una idea muy deformada de lo que estaba pasando en España debido a la intervención de Stalin, Mussolini y Hitler en la guerra civil, lo cual nos daba una imagen muy confusa y eso hizo que gran parte de los franceses confundieran republicano español con bolchevismo. Por eso, para nosotros fue un gran descubrimiento que la lucha que habían sostenido en

España nuestros camaradas había sido por la defensa de los valores republicanos, los mismos por los que en ese momento estábamos combatiendo juntos. Para nosotros su presencia fue muy tranquilizadora. La mayor parte de los que estábamos en Glières teníamos entre veintidós y veinticuatro años y por lo tanto no habíamos hecho el servicio militar y, sobre todo, no teníamos experiencia de lucha.

MIGUEL VERA. Hijo del jefe del maquis español en la Alta Saboya, Miguel Vera.

No se pudieron recibir las armas en la luna de febrero porque se puso un tiempo malísimo y hubo que esperar a la luna de marzo. Entonces, los de Pétain rodearon el *plateau* y continuamente atacaban por todas partes. Tom Morel propuso la divisa: «Vivir libres o morir.» Todos la aceptaron y Morel declaró el *plateau* como el primer lugar de la Francia libre donde se izaba la bandera francesa todos los días.

ÁNGEL GÓMEZ. Teniente de la Compañía de Tiradores franceses de la Resistencia. Francia.

Las condiciones de vida que teníamos aquí, en el *plateau*, eran desastrosas: teníamos dos metros de nieve, había noches en que bajaba el termómetro a menos treinta. Yo tenía todavía una manta de la guerra de España que la había abierto por el medio y me la ponía como un poncho, y cuando salía así a hacer guardia por la noche, que era cada cuarto de hora porque no podías estar más, en diez minutos la manta se ponía tiesa, parecía la corteza de un pino, o sea, que ni manta ni nada.

JACQUES GOLLIET. Ex senador de Francia. Presidente de la Asociación de Glières.

Los españoles tuvieron un papel importante porque aportaron a sus camaradas franceses su experiencia de lucha. Tom Morel, el responsable del *plateau*, sabía que podía contar con ellos.

También aportaron algo a tener en cuenta: su alegría ante las dificultades. Conocían bien el sufrimiento y tenían una moral extraordinaria. Todos los veteranos recuerdan las veladas en el *plateau*, cuando podían visitar a los españoles, por su buen humor, su valentía, su arrojo, y no hay que olvidar que los españoles permanecieron fieles hasta el final. Se hubieran podido ir antes, pero se quedaron con sus camaradas franceses para sufrir las mismas penalidades y, en algunos casos, para afrontar la muerte junto a ellos.

En la noche del 9 al 10 de marzo se produjo al fin el esperado envío de armas que dejaron caer en paracaídas cuarenta aviones aliados. Al día siguiente moría trágicamente Tom Morel en una misión. Le sustituyó el capitán Anjot.

La reacción alemana no se hizo esperar. La meseta de Glières fue rodeada por tres batallones de alpinos alemanes, doce mil hombres de la Wehrmacht, apoyados por la aviación y por la artillería, además de los tres mil milicianos y guardias franceses. La batalla comenzó el 22 de marzo y duró hasta la noche del 26. El capitán Anjot dio la orden de replegarse. Murieron 112 franceses y 6 españoles y cayeron prisioneros 75 franceses y 5 españoles, que fueron enviados a campos de exterminio alemanes.

ÁNGEL GÓMEZ. Teniente de la Compañía de Tiradores franceses de la Resistencia. Francia.

En esos momentos era terrible para los españoles porque no sabíamos casi nada de francés ni lo entendíamos. Nos dijeron que había que formar pequeños grupos para pasar mejor el cerco. ¿Adónde íbamos los españoles? Les dije a mis compañeros que a Naves, porque allí ya nos conocían... En el camino nos encontramos con el capitán Anjot, con dos oficiales del 27 Regimiento Alpino y con el jefe de la estación de Annecy, en total éramos ocho. Antes de llegar a Naves estaba el chalet donde habíamos vivido y yo les sugerí esperar un rato hasta ver qué pasaba. El capitán Anjot me dijo: «Mira cómo vengo, cansado, mojado...» Llevábamos andando dieciséis horas por la nieve. No me hicieron caso y entraron en el chalet. Yo me quedé rezagado a unos doscientos metros, en un sitio donde había poca nieve y no sé si me quedé dormido, el caso es que cuando oí descargas de armas automáticas di un salto, me puse de pie y tuve suerte, porque a veinte metros detrás de mí había un alemán que no me vio porque estaba mirando hacia el chalet y yo me escondí entre unos arbustos, y luego subí para la montaña reculando para atrás para que no vieran las trazas... Cuando bajé al cabo de unas horas, vi los cadáveres y me di cuenta de que faltaba mi compañero Col, al que habían herido en el vientre y que se había refugiado en una granja vecina en la que nos conocían. Su dueña había ido al pueblo a decir que los maquis andaban por ahí y cuando volvió a la casa se encontró a mi compañero metido en su cama. «Mire usted, estoy herido —le dijo a la vieja—, a ver si pueden buscar a un médico.» Ella y su marido le cogieron y le echaron fuera pero cuando se volvieron a meter en la casa, mi compañero se refugió en el establo. Cuando le encontraron allí a la mañana siguiente, le sacaron afuera y le mataron a golpes de pala y ahí lo dejaron, medio enterrado.

MIGUEL VERA. Hijo del jefe del maquis español en la Alta Saboya, Miguel Vera.

Fue un drama y militarmente fue una derrota esta batalla de Glières, pero tuvo un impacto psicológico inmenso en los aliados porque vieron que existía una Resistencia efectiva en el interior de Francia. Fue una victoria psicológica; el impacto que esa victoria tuvo sobre los aliados influyó directamente en la decisión del desembarco en Normandía el 6 de junio del 44. También sirvió para que los aliados mandaran muchas más armas al maquis, que se fortaleció a raíz de Glières.

Los españoles también organizaron redes de evasión, los *passeurs*, para el paso por los Pirineos hasta Portugal, Gibraltar o el norte de África. En colaboración con los servicios secretos aliados consiguieron sacar a miles de aviadores británicos derribados en la Francia ocupada, a judíos y a miembros de la Resistencia, destacando en esta tarea los grupos anarquistas, que desde el primer momento se sumaron a la Resistencia. El más conocido es el de Francisco Ponzán que, activo desde el otoño del 40, salvó la vida a más de mil quinientas personas. Este joven profesor de literatura, que había pasado por el campo de concentración de Le Vernet y cuyo nombre de guerra era François Vidal, era el elemento clave de la red de evasión conocida como Pat O'Leary, alias del oficial belga que la dirigía. Francisco Ponzán fue detenido en abril de 1943 y asesinado el 17 de agosto de 1944, la víspera de la liberación de Toulouse por fuerzas de la Resistencia.

> No es la patria francesa la que está en peligro, ni la libertad de Francia la que está en juego sino la libertad, la cultura y la paz mundiales.
>
> FRANCISCO PONZÁN

EUGENIO IBARZÁBAL. Escritor.

El gobierno vasco estuvo comprometido con la causa aliada e hizo todo lo que pudo, desde su pequeñez, en tareas de ayuda a los aliados en el momento en que estaban cayendo los pilotos aliados en Francia: se les ayudaba a pasar la frontera, fundamentalmente por el valle del Baztán, en Navarra, una zona muy dominada por los contrabandistas, que conocían muy bien los vericuetos por donde pasar, y también había una tarea constante de información para lo que luego iban a ser los desembarcos y la entrada de las tropas aliadas. En esos momentos, en España estaban los nazis y había barcos y había puertos, era una información militar de cómo estaban los nazis, de qué cosas disponían, y esta información se pasaba a los aliados a través de estas redes.

Por su parte, los comunistas españoles, tras el ataque alemán contra la Unión Soviética en junio de 1941, dieron un giro estratégico y lo que consideraban una guerra «imperialista» pasó a ser una guerra «nacional». Constituyeron entonces un frente nacional, Unión Nacional Española, y se comprometieron con la Resistencia.

En la zona ocupada comenzaron por atacar a oficiales alemanes y a trenes que partían para Alemania. Pero sus miembros fueron cayendo en manos de la Gestapo, muchos murieron durante los interrogatorios o fueron enviados a los campos de exterminio. Tal es el caso de Celestino Alonso, en el París de 1943 bajo el dominio alemán. Teniente del Ejército republicano, se unió al grupo de resistentes de Manouchian, poeta armenio afincado en Francia. Entre otras acciones, mataron al general Von Schaumburg, comandante general de la zona de París, al standartenführer de las SS Julius Ritter, que se ocupaba de las deportaciones para trabajos forzados en Alemania, atacaron el hotel Motyon, repleto de oficiales alemanes, e incluso se enfrentaron en plena calle con unidades de las SS. Finalmente cayeron veintitrés de sus miembros en manos de la Gestapo y fueron fusilados en febrero de 1944.

En la llamada zona «libre», además de distribuir prensa clandestina, sobre todo la publicación *Reconquista de España*, tarea llevada principalmente por mujeres, los comunistas españoles crearon la Agrupación de Guerrilleros Españoles que procedía del famoso XIV Cuerpo de Guerrilleros del Ejército Republicano Español. Era un movimiento armado autónomo, dirigido por un estado mayor independiente de la organización francesa de la Resistencia. Actuaron principalmente en el suroeste de Francia, basándose en las Compañías de Trabajo que estaban en explotaciones forestales de las regiones de Aude y Ariège. Su labor consistía en sabotajes, ataques a destacamentos alemanes y ayuda en la evasión de prisioneros.

SANTIAGO CARRILLO. Ex secretario general del PCE.

Esa característica del partido comunista, que se forma de hecho durante la guerra, ha permitido que esas organizaciones en los campos de concentración, en las Compañías de Trabajo, se transformen de la noche a la mañana en unidades guerrilleras que en el sur de Francia particularmente forman, yo no diría que el grueso del maquis, pero si una parte muy importante de lo que se ha conocido como el maquis francés.

Antonio Alonso, «Comandante Robert». Tercera Brigada de guerrilleros españoles. Francia.

Estábamos en buenas relaciones con los franceses pero jamás supeditados a ellos. Cuando hacíamos una operación jamás les pedíamos permiso ni mucho menos, y ellos han hecho muy pocas porque eran muy pocos y al mismo tiempo inexperimentados. Nosotros no teníamos mucho mérito en hacer lo que hacíamos, porque teníamos tres años de guerra detrás de nosotros... Cuando llegué al Ariège, la famosa Tercera Brigada tenía sólo seis hombres y apenas armas. Estaban también los leñadores, organizados en el Partido, pero esos no hacían acciones, las hacíamos esos seis hombres: sabotajes a columnas de alta tensión, transformadores, locomotoras... A cambio de ametralladoras que nos dio el servicio secreto de los aliados también saboteamos una fábrica de aluminio. Lo fundamental era armarnos y eso hicimos. Los alemanes aquí se encontraban como en casa, había patrullas por las carreteras, por carreteras secundarias, de un cabo y dos soldados. Poco a poco fueron desapareciendo, nos quedábamos con las armas e incluso nos guardábamos los trajes porque podían valernos para alguna operación... Los campesinos, que nos ayudaban mucho, nos avisaron de que un coche de la Gestapo circulaba entre la subprefectura de Saint-Gironde y Foix e iba por la noche en primera, muy despacito, con los faros casi camuflados. También se acabaron esos paseos por la noche. Recuperamos las armas y el coche... Aunque no todos los campesinos fueran de nuestro parecer, allí tenían un ejército invasor, y como sabían que luchábamos contra ese enemigo, pues nos ayudaban... Cada mes, los alemanes hacían una requisa; si tenían un ternero de tres o cuatro meses tenían que dárselo para su abastecimiento. Yo pasé finca por finca y les dije a los campesinos: «Se acabó, ustedes no les darán los becerros.» «¡No, no podemos hacerlo porque habrá represalias, señor Robert!» «Las represalias se las haré yo si se los dan», les contesté. Al principio tuve que amenazarles un poco, pero enseguida lo entendieron porque el primero que nos dio un becerro yo pasé a pagarle y le dije: «Ahora se va usted al pueblo y telefonea a Prefectura y dice que el maquis ha venido y le ha quitado un becerro.» El campesino se asustó. «¿Eso puedo hacer?» Él se pensaba que era dar un chivatazo, y yo le dije: «Usted va y lo hace», y así los ponía al abrigo. Cuando volvió le pregunté: «¿Qué le dijeron?» «Me dieron las gracias y me preguntaron cuántos eran y yo les dije que cinco o seis.» «La próxima vez les dice que veinte.» «También me preguntaron si me habían pagado y yo les dije que sí.» «Pues la próxima vez les dice que no, que a lo mejor ellos también le pagan»... Y esto hizo que se corriera la voz y los campesinos nos avisaban cuando tenían un becerro o una oveja. No pasamos hambre... Nos escondíamos en el bosque, buscábamos por lo general fincas semiabandonadas, dormíamos en el pajar y cuando aparecía el campesino se lo advertíamos y él se callaba... Controlábamos entre doce y catorce pueblos que yo llamaba «nuestra pequeña república» porque allí no metían las narices los alemanes. En Pamiés había una gran fábrica harinera que trabajaba para el ejército. Muchas veces asaltamos el camión y dimos la harina a tres o cuatro pueblos para que hicieran pan para nosotros y para la población, así que la gente estaba maravillada. También en Pamiés había una tabacalera y dimos un golpe y cogimos dos camiones de tabaco, y los campesinos, como todo estaba racionado, fumaron como verdaderos bomberos y todo esto nos acarreó grandes simpatías que todavía perduran en la región.

Hay que destacar el importante papel que tuvieron las mujeres en la Resistencia francesa, aspecto todavía bastante desconocido. La comunista Neus Català, miembro fundador del PSUC, que acabaría en el campo de exterminio alemán de Ravensbrück, así lo reivindica en su libro *De la Resistencia y la deportación*.

En general, las mujeres fuimos utilizadas como enlaces, la densa red de información, por las montañas y fronteras, los puntos de apoyo, el suministro, la solidaridad hacia y en las cárceles, donde la sanidad de urgencia corría a nuestro cargo. Los controles de la policía francesa y de las patrullas alemanas los asumíamos primero nosotras. Pero estuvo además el transporte de armas y propaganda; mujeres que empuñaron un arma en combate como en la *ferme* (granja) Comdom, como en Saint-Étienne, como en la famosa batalla de La Madeleine.

Cuando visitamos al «comandante Sevilla», muy anciano ya, pero muy marcial (militar de carrera), nos despidió con lágrimas en los ojos: «Cuando habléis de las españolas en la Resistencia, no habléis de cientos sino de miles. Sin su colaboración generosa y valiente no hubiéramos podido llevar a cabo con éxito muchas acciones, y muchos guerrilleros hubiéramos perecido. Repetid eso siempre y en toda ocasión.»

José Martínez Cobo. Dirigente del PSOE en el exilio. Francia.

Las mujeres en la Resistencia han sido utilizadas siempre para transmitir mensajes, mantener lugares seguros y también han tenido el dificilísimo papel de correr todos los riesgos que corría el hombre y al mismo tiempo mantener la familia, porque el exilio ha guardado la obsesión de la República que era educación, educación, educación. Las mujeres mantenían y se responsabilizaban de la educación de los hijos porque los hombres estaban en otros cometidos, y hay que decir que han tenido éxito; han dado a sus hijos la posibilidad de tener formación, educación, carrera, a pesar de las dificultades, las situaciones pésimas que les imponía el ideal del hombre, y, claro, en la Resistencia eso estaba aumentado por el riesgo continuo de la represión, de la deportación. La mujer ha sido pieza clave en toda la vida del exilio.

Movida por mi sino,
por la vida que me dieron
y que ni sé ya si es mía,
o si soy sombra de vuelo.

Concha Méndez

CAPÍTULO XI
Los españoles en los campos de exterminio alemanes

En 1933, la Alemania nazi creó los primeros campos de concentración en Dachau, Boyermoor y Oraniemburg-Sachsenhausen. En 1934 pusieron en marcha Ravensbrück y en 1937, Buchenwald.

Himler, uno de los lugartenientes de Hitler, hizo llegar a los miles de «señalados» la siguiente orden:

> Basado en el artículo primero del decreto del presidente del Reich para la Protección del Pueblo y el Estado alemán, del día 28 de febrero de 1933, permanecerá usted en custodia preventiva en interés de la seguridad y orden público. Razón: Sospechoso de actividades que perjudican al Estado.

Los terribles campos se fueron extendiendo por todos los territorios que impunemente iba ocupando Hitler. A ellos iban a parar primero miles y luego millones de personas de toda condición, edad y sexo; judíos, gitanos, polacos, rusos, homosexuales, gentes de diversas etnias y de todas las religiones, culturas y credos políticos. En los «campos de reeducación», como los llamaron impúdicamente los nazis, el más sórdido horror estaba diseñado, planificado y organizado. Primero las SS, policía del partido, que organizaron unidades especiales que bautizaron como «la Vanguardia de la Muerte», y que llevaban la calavera y las dos tibias cruzadas en el uniforme y luego la temible Gestapo tenían muy claro a quién iban a matar, cuándo y cómo, y a quién iban a obligar a trabajar hasta la muerte.

La explotación en el trabajo se hizo con la connivencia de los grandes industriales, como los Krupp, que se beneficiaron incluso del trabajo de millares de niños polacos y rusos.

Utilizando a los prisioneros como ratones de laboratorio, se hicieron experimentos inoculando cepas de tifus exantemático, cáncer, tuberculosis y otras enfermedades, trasplantes de huesos y de órganos, ensayos de cirugía, congelación de personas vivas, y pruebas de fármacos y principios activos, auspiciados por universidades y laboratorios farmacéuticos.

Sachsenhausen fue el campo de mujeres más grande. Las primeras víctimas empezaron a llegar en 1939, judías alemanas, presas comunes, testigos de Jehová, austríacas, checas, polacas, españolas y gitanas de varios países. Ciento cincuenta mil mujeres pasaron por el campo. Noventa mil murieron, la mayoría gaseadas. A algunas se les inseminó semen de chimpancé y se las sometió a esterilizaciones por medio de cirugía, radiaciones y fármacos. Se dieron por desaparecidos a embarazadas y niños.

Después de despojarles de todos los objetos de valor, incluso las dentaduras con piezas de oro, a los condenados les asesinaban con el gas Cyclón B y remataban la faena en el horno crematorio. Con los huesos y las cenizas se fabricaban superfosfatos.

En el proceso del Nuremberg, el SS Rudolf Höss, ex comandante de Auschwitz, declaró que habían quemado niños vivos en los hornos y que «los niños de corta edad eran invariablemente exterminados, puesto que no eran aptos para el trabajo... A menudo, las mujeres los escondían bajo su ropa, pero sin lugar a dudas los exterminábamos así que los encontrábamos».

Seis millones de judíos fueron exterminados en «la Solución final». Unos diez mil españoles fueron enviados a estos campos de exterminio.

Buchenwald, junto con los campos de Auschwitz y Mauthausen, estaba destinado a los «irrecuperables». En él estuvieron recluidos 386 españoles, pertenecientes a la Resistencia francesa, de los que sobrevivieron poco más de la mitad. Sobre la entrada del campo, situado en la amable campiña de Weimar, un dantesco cartel advertía a los que ingresaban: «Vuestro destino es ser esclavos.»

Jorge Semprún, detenido a los veinte años cuando luchaba en la Resistencia francesa, trasladado a Buchenwald, un campo construido por presos comunistas alemanes a partir de 1937, sobrevivió dieciséis meses a la deportación hasta la liberación final del campo en abril de 1945. El escritor tardó dieciséis años en poder hablar o escribir sobre su experiencia en el campo, la experiencia esencial de su vida.

Buchenwald, en la memoria de Semprún, es el recuerdo de las nieves mortíferas «la nieve en todos los soles», el aullido de los perros en la estación de llegada después de seis días infernales de largo viaje, las chimeneas del crematorio echando un humo pestilente con olor a carne quemada «el humo en todos los soles», que ha ahuyentado los pájaros del bosque de hayas (Buchenwald, en alemán) por el que antaño paseaba un Goethe melancólico. Buchenwald es el hambre y el sueño permanentes, es la experiencia del dolor y el sufrimiento generalizados, la experiencia de la muerte compartida, fraternal, «el ser juntos para la muerte», es la experiencia de una fraternidad, comunista y española, la esperanza común, la continuación de la lucha por la libertad contra el fascismo.

Lo esencial de su experiencia, ha escrito, no es el horror, es la experiencia del mal, del mal radical. De alguna manera, con frecuencia a pesar del paso del tiempo, el deportado Jorge Semprún cree no haber regresado nunca del campo, como si no fuera otra cosa que la ensoñación de alguien que hubiese muerto en Buchenwald.

Después de 1945, Buchenwald se convirtió en un campo de concentración soviético, hasta 1950. Es ese «lugar único del mundo —dice Semprún— al que los dos totalitarismos del siglo XX, el nazismo y el bolchevismo, habrán marcado conjuntamente con su impronta».

Las españolas apresadas por luchar en la Resistencia fueron enviadas al campo para mujeres de Ravensbrück (Puente de los cuervos), donde trabajaron como mano de obra esclava para industrias alemanas como la Siemmens y sufrieron mortales «experimentos médicos». Neus Català, apresada por las SS en Francia por pertenecer a la Resistencia en noviembre de 1942, fue condenada a trabajos forzados a perpetuidad y deportada a este campo. Logró sobrevivir y recuerda esta pesadilla en su libro *De la Resistencia y la deportación*.

> Con una temperatura de 22 grados bajo cero, a las tres de la madrugada del 3 de febrero de 1944, mil mujeres procedentes de todas las cárceles y campos de Francia llegamos a Ravensbrück. Formábamos parte del convoy de «las veintisiete mil mujeres», así llamadas y así aún conocidas entre las deportadas. Entre esas mil mujeres recuerdo que había checas, polacas, que vivían o se habían refugiado en Francia, y un grupo de españolas.
>
> Con diez SS y sus diez ametralladoras, diez *aufsheermen* y diez *schlage* (látigo para caballos), con diez perros lobos dispuestos a devorarnos, empujadas bestialmente, hicimos nuestra triunfal entrada en el mundo de los muertos.
>
> ¿Qué pasaría por la mente de cada una de estas mil combatientes de los Ejércitos de las Sombras, extenuadas por las tareas abrumadoras de la Resistencia, por los largos meses de cárcel, de torturas en los terribles interrogatorios? En unos minutos la boca del Infierno de Ravensbrück cerraría sus puertas y se apoderaría con su engranaje fatal de mujeres heroicas que pronto serían sombras.
>
> Ravensbrück, ¡mil veces maldito campo! Mi primera impresión fue que yo dejaría muy pronto la vida, que amaba apasionadamente. Ravensbrück, con sus calles negras, sus barracas verdinegras, sus techos negros, su cielo de plomo, sus innumerables cuervos atraídos por el olor a carne quemada y a cadaverina de aquellas supliciadas, que sin tregua, día y noche, salían con humareda escalofriante y a llamaradas de mil colores por la chimenea de los cuatro hornos crematorios.
>
> En febrero del 44 morían de «muerte natural» unas mil mujeres por semana. Hasta el final de la guerra, las exterminaciones masivas no se pueden calcular. Por estas fechas había una población concentracionaria de once mil mujeres. El campo tenía cabida para tres mil. Alguna, si era bella, podía ser destinada al prostíbulo, como le ocurrió a una cantante de ópera belga y a la mujer de un diputado socialista de Bélgica; como tantas otras, se

suicidaron. Los prostíbulos, por regla general, sólo eran reservados a los *kapos* y detenidos de derecho común, es decir, criminales de toda índole.

El quirófano estaba bien dotado, pero servía casi exclusivamente para hacer experiencias. La mayor parte las practicaba el doctor de las SS Gebhartd. Por esas experiencias pasaron un grupo de muchachas jóvenes polacas llamadas las *kaminchen* (conejos de Indias). De sus miembros extraían nervios, músculos, huesos. Con sus horribles mutilaciones las veíamos deambular por el campo bien alimentadas. Se supo que serían eliminadas para no dejar rastro de los crímenes con ellas cometidos.

También otros campos como Dachau o Auschwitz conocieron la presencia de españoles.

JOSÉ ARTIME. Capitán de la Marina de la República. Mutilado de guerra. Sale al exilio en febrero del 39, custodiando la subsecretaría de Armamento del Ministerio de Defensa, y está a punto de ser capturado por las tropas franquistas. Tras pasar por los campos de concentración de Septfonds y Le Vernet, es enviado a Dachau. Vive en Toulouse, Francia.

Me mandaron a Dachau porque en Le Vernet yo estaba considerado un tipo peligroso. La Gestapo ocupó el campo y allí prepararon el viaje a Alemania... En Toulouse nos embarcaron en vagones de caballos. La aviación aliada no sabía que ése era un tren de deportados y nos bombardeaba, tuvimos varios muertos... Recorrimos toda Francia durante cuarenta y ocho días y cuando llegamos a la frontera algunos intentaron escapar levantando las chapas del vagón, pero el vagón tenía una barra de hierro que si caías mal te mataba y algunos murieron así. Fusilaron a tres o cuatro durante el camino. Llegamos a Dachau a los tres días. Allí nos esperaba la Gestapo con metralletas y perros, que a la mínima señal se te tiraban encima y te asesinaban. Un teniente nos dijo: «Aquí se terminó el juego —y señaló a una chimenea enorme que echaba mucho humo negro— todos saldréis por allí...» Te llamaban a la una de la mañana, a las tres, a las cinco, por el simple placer de hacerte levantar y tenerte de pie toda la noche entre los barracones, y no podías moverte de ahí porque si te cogían te mataban... Te llevaban a la desinfección, a las duchas frías y si salían setenta del barracón, cuando volvían no había ni veinte, los demás habían caído por el camino. Para sobrevivir allí tenías que tener una mentalidad de perro, no pensar ya nada más que en la muerte... Cuando liberaron el campo yo pesaba 38 kilos, estaba paralizado. Llegaron los americanos y empezaron a dar latas de judías y por eso murió una gran cantidad de gente hasta que el doctor Parra y otros médicos pararon al general americano: «Usted ya no da de comer a nadie más porque usted está matando a la gente.»

El líder socialista Francisco Largo Caballero, de setenta y cuatro años, fue detenido en Francia por la Gestapo en febrero de 1943 y enviado al campo de Oraniemburg, cerca de Berlín, de donde fue liberado por las tropas aliadas el 24 de abril de 1945, tras dos años de cautiverio. Éste es su testimonio:

Salí de París el 8 de julio de 1943, acompañado de dos jefes del Ejército alemán, por la estación de San Lázaro, requisada exclusivamente para el servicio de los alemanes. Mis guardianes llevaban muchos y grandes bultos. Se me antojó que iban llenos de documentación y sospeché que estaban sacando todos los dossiers de la Gestapo. A las ocho de la noche del día 9 llegamos a Berlín y desde la estación me condujeron al edificio en que la Gestapo tenía las oficinas centrales. Los sótanos los habían habilitado para prisión, con celdas individuales y colectivas, era sábado... El jueves llegó el comisario de policía de Berlín y el viernes empecé a prestar declaración... El último día de julio me dijeron que preparase todo porque iba a salir. ¿Me pondrían en libertad? A las once de la mañana salimos en automóvil el comisario y yo, sin saber adónde me llevaba. A la una del medio día entrábamos en el campo de concentración de Oraniemburg. El comisario se despidió de mí como si fuera su mejor amigo. Este campo de Oraniemburg, para mayor sarcasmo, ostentaba en su entrada un letrero en alemán que decía: «Campo de Educación.» La miseria moral, la brutalidad, el egoísmo, la inhumanidad, el salvajismo, la insensibilidad, la deslealtad, la delación y la traición que imperaban en ese campo no son para descritos... Más del noventa por ciento de los hombres que entraban en el campo, de cualquier profesión, edad o condición que fuesen, a las pocas semanas perdían toda noción de la personalidad humana... Las delaciones se cultivaban con refinado esmero, eran muy numerosas y a los delatores se los consideraba extraordinariamente. Como consecuencia de esas delaciones hacían listas de decenas de individuos y se los llevaban a otros campos llamados «de la muerte» como el de Mauthausen, en Austria.

El campo de Mauthausen, en Austria, destinado a los «irrecuperables», albergó a más de 206 000 personas, de las cuales 110 000 perecieron. La gran mayoría de españoles que fueron a los campos de exterminio estuvieron allí, unos nueve mil, de los que sólo dos mil sobrevivieron. Nada más llegar les colocaban un triángulo azul a la altura del corazón —resultaba así más fácil acertar cuando se les disparaba— con una S de Spanier. El color azul estaba destinado a los apátridas y los «rojos» españoles estaban considerados tales. Se les decía: «España no os quiere; os ha arrebatado la nacionalidad, la razón de ser. Nadie saldrá vivo de aquí, estáis condenados a muerte sin juicio previo.» Algunos, como Anselmo Trujillo, pudieron ocultar su condición de español y salir del campo.

Anselmo Trujillo. Comisario de guerra socialista. Francia.

En Mauthausen los engañé todo lo que pude y salí bien librado. Un soldado francés alsaciano, que servía de intérprete y que había estado en España en las Brigadas Internacionales, me ayudó ante el comité alemán de represión que quería que yo pasara por español rojo y yo les decía que mi padre se había naturalizado francés y que yo era francés, y el alsaciano lo confirmaba diciendo que yo vivía en Oloron-Sainte-Marie, cerca de la frontera española, y acertamos al decir lo de Oloron porque allí había más españoles que franceses... Luego me mandaron a un campo de prisioneros en Polonia de donde me escapé y anduve por unos sitios desérticos evitando el contacto con las personas, no se podía tener confianza en los alemanes porque enseguida te denunciaban. Pero me cogieron otra vez y me dijeron que, como prisionero, tenía que aceptar el castigo por la agresión que los franceses habíamos hecho a Alemania. ¡Si era todo lo contrario! Me mandaron a un campo donde estábamos muy vigilados y con malos tratos, incluso asesinaron a varios prisioneros de guerra.

Junto al campo estaba la cantera de granito, Wiener Graben, que sirvió para la construcción de los edificios oficiales de Berlín y para tallar las estatuas más representativas del nacionalsocialismo. Su explotación produjo a las SS unos beneficios de once millones de marcos de la época. Una escalera en pendiente, bautizada como la «trituradora de hombres», daba acceso a la cantera y se decía que cada uno de sus peldaños había sido construido con sangre española.

Francisco Comellas. Deportado a Mauthausen.

La escalera ésta tiene 186 escalones e imaginaos por un momento, en la pendiente que hay, que uno caiga desmayado y la piedra va rodando para abajo y entonces los que va a coger si es uno de los primeros. Los crímenes que ha habido aquí, en la cantera... aquí tenéis que tener en cuenta que estaba todo lleno de raíles con vagonetas, había montones inmensos de piedra, había gritos, había palos, había desmanes muy grandes y la gente a la noche, con la poca ración que tenía, un litro de sopa muy clara, y tenían que subir, pues ya muchos ya no podían subir la cantera. El agotamiento físico era muy acelerado y calculaban que un preso normalmente podía vivir tres meses.

Luis García Manzano. Deportado a Mauthausen.

Lo que era horroroso en aquellos tiempos en que nevaba en el invierno es que la escalera estaba roja de sangre. La nieve no era blanca y eran decenas de hombres que yacían en la escalera muertos o heridos y a los que estaban heridos los liquidaban igualmente los SS. Era un momento también en que cogían a algunos, los llevaban hacia el precipicio que tiene sesenta y cinco metros de altitud y los tiraban abajo. Eran momentos de espanto y de mucho miedo.

Francisco Comellas. Deportado a Mauthausen.

Al despertarnos abríamos la ventana y veíamos a seis, siete, cuatro, ocho que se habían tirado durante la noche a la alambrada eléctrica porque no tenían ganas de vivir un día más.

Con ocasión de una desinfección general que se realizó en el campo, el 22 de junio de 1941, durante la que tuvieron que pasar muchas horas desnudos en el patio, los españoles fueron los primeros en organizar la resistencia clandestina en Mauthausen. En 1943, a ejemplo de los españoles, cada nacionalidad tenía su grupo clandestino y se formó entonces un Comité Internacional.

Igualmente, la organización militar española sirvió para la puesta en marcha del Aparato Militar Internacional, en vistas a una futura liberación del campo. De esta forma pudieron llevar a cabo muchos sabotajes en el trabajo, sustraer armas y municiones, alimentar a los más débiles y enfermos, evitar que se les inyectara una dosis letal de bencina o se les enviara a las cámaras de gas o al siniestro *komando* de Gusen, a tres kilómetros del campo central de Mauthausen. Allí se mandaba a morir a los que eran considerados «ineptos» para la producción. Sin apenas comida ni vestido llegaban a vivir como máximo un mes. La mayoría de los españoles que perecieron fueron rematados en ese lugar. En un solo día murieron cincuenta.

Los españoles fueron objeto de un odio especial por parte de los SS pero con el tiempo, la entereza, la cohesión, el espíritu de solidaridad y la habilidad para adaptarse a toda clase de trabajos de los republicanos, hizo que inspiraran un extraño respeto a sus opresores. En el momento de la derrota de Alemania, ésta fue la despedida del jefe segundo del campo, Bachmayer, a uno de los españoles.

JOAN DE DIEGO. Deportado a Mauthausen.

Y entonces, este Bachmayer me llama y me dice: «Joan —porque me llamaba Joan—, yo me voy.» Y yo le dije: «Mi comandante, yo me quedo.» Dice: «¿Qué piensas de esto?» Y entonces yo le respondí estas palabras: «Para ustedes la noche, para nosotros la luz.» Se sacó el guante, me tendió la mano y me dijo estas palabras: «Que tengas suerte, español.» Cogió la moto, se marchó a su casa, mató a su mujer, mató a sus dos hijos y se suicidó.

Ante el avance aliado, los SS abandonaron el campo y fueron sustituidos por la policía urbana de Viena que venía huyendo de los rusos. El Aparato Armado de los deportados se hizo con el mando e impidieron el regreso de los SS. El 5 de mayo de 1945 llegó una avanzadilla del Ejército americano y se encontraron que sobre el portón de piedra que daba acceso al campo había colgada una pancarta de veinte metros en la que estaba escrito en castellano, ruso, inglés y francés: «Los españoles antifascistas saludan a las fuerzas liberadoras.» La habían hecho precipitadamente los españoles con las sábanas que habían robado a los SS.

La foto de la pancarta sobre el portón de Mauthausen fue hecha por el fotógrafo comunista Francisco Boix, que con Antonio García estaba destinado en el laboratorio fotográfico. Con la ayuda de sus otros compañeros lograron sacar del campo los clichés que incriminaban a los SS de las matanzas, torturas y visitas de los altos jerarcas. A los más jóvenes se les permitía salir a trabajar en empresas de la zona y fue así como los clichés llegaron a las manos de la señora Poitner, resistente de los grupos clandestinos austríacos, que los escondió tras una piedra del muro de su casa. Estas fotos se convirtieron en prueba clave en los juicios de Nuremberg.

«Como soy fotógrafo, trabajé en el laboratorio revelando las películas y las fotografías sobre la vida en el campo», explicaba Francisco Boix. En el tribunal de Nuremberg le preguntaron: «¿Reconoce entre los acusados a alguno que visitara Mauthausen mientras usted estaba internado?» Francisco Boix, sin dudar, señaló con el dedo al ministro de Armamento y Municiones, y afirmó: «Speer.»

¿Te dio la mano? ¿En noche de luna?
¿Sin pistola? ¿Sin faca?
¿Mano limpia, cordial, de hermano?
¿O verdinegra, de las grandes
que sacan los muertos como símbolos?

JOSÉ MORENO VILLA

CAPÍTULO XII
El «lobby» republicano en Inglaterra

El mismo día en que se firmaba el Armisticio, Juan Negrín había logrado salir de Francia por Burdeos en un pequeño barco griego, bajo las bombas alemanas, que lo llevó a Inglaterra. El insigne traumatólogo Josep Trueta, que también se encontraba allí, cuenta:

> Negrín desembarcó en Southampton con un bagaje personal que dejó boquiabiertos a los aduaneros británicos. Del contenido de aquellas maletas nació la Sociedad Luis Vives, teóricamente destinada a promover la educación de los jóvenes exiliados españoles residentes en Inglaterra.

Juan Negrín disponía de cuantiosos fondos económicos que habían sido depositados en el extranjero para financiar a través del SERE el traslado y subsistencia de muchos que se fueron a América, para mantener en Londres las instituciones republicanas y para las becas «Juan Luis Vives» en estudios medios, profesionales y superiores de jóvenes exiliados, que lograron financiar entre trescientos y cuatrocientos becarios. Ayudado por el eficaz ex embajador de la República en Londres, Pablo de Azcárate, que se autodefinía como «guerrillero de la diplomacia», montó en Londres una oficina y un Instituto Español en el que se impartían clases de español y se daban conferencias.

Inglaterra había reconocido al régimen de Franco en febrero de 1936 y no reconocía al gobierno republicano español en el exilio. Negrín resultaba un huésped incómodo para el *premier* conservador Churchill, que a su vez lo utilizaba como arma arrojadiza ante los devaneos de Franco con Hitler. Por su parte, Juan Negrín, a pesar del desmentido de la Diputación Permanente de las Cortes, seguía considerándose presidente del gobierno republicano en el exilio y hacía todo lo posible por mantener la legalidad republicana ante el gobierno británico, además de mantener muy buenas relaciones con los otros gobiernos en el exilio, como el francés de De Gaulle, el polaco, el checoslovaco, etc.

JUAN MARICHAL. Escritor en el exilio.

Negrín fue un gran patriota y lo que hizo en Inglaterra durante la guerra fue mantener la llama española de la esperanza. Negrín en Inglaterra era seguido por detectives del duque de Alba, que era el embajador de Franco, y los ingleses hicieron todo lo que pudieron para que se fuera a México, pero él persistió a quedarse representando a la España republicana, no aceptó ninguna oferta del lado soviético.

El duque de Alba, y también duque de Berwick, además de ser par de Inglaterra y tener muchas simpatías entre la aristocracia, estaba muy bien considerado por el gobierno británico por su decidida anglofilia. Alba, a pesar de representar al gobierno de Franco, se cuidó muy mucho de pasar información sensible sobre los aliados que luego pudiera ser utilizada por los alemanes. Se ocupó más bien en espiar a los exiliados españoles. A tal fin contrató a un antiguo policía de Scotland Yard llamado Sharpe. Esto es lo que Alba informa a Serrano Suñer, ministro de Exteriores, el 21 de agosto de 1941:

> Los rojos residentes en Londres se agitan estos días como lo han hecho siempre cuando parecía inminente que tomara España una decisión. Negrín sigue recibiendo en su casa, para los *weekends*, al embajador ruso y sigue visitándole con frecuencia cuando viene a Londres. Hace dos semanas y estando el representan-

te comunista en casa de Negrín, fueron a visitar a Azcárate, y permanecieron largas horas en su casa.

Los ingleses pusieron impedimentos para recibir grandes cupos de refugiados españoles. Sin embargo invitaron a profesionales de gran valía. Desde su cátedra de Literatura Española en Oxford, Salvador de Madariaga, ex ministro de la República y representante de España ante la Sociedad de Naciones, muy introducido en los medios diplomáticos europeos, desarrolló una intensa actividad antifranquista. Una vez acabada la guerra lanzó en 1946 el famoso libro: *General Franco, márchese usted*. También desde su cátedra de Oxford, el doctor Josep Trueta, experto en el tratamiento de las fracturas de guerra, salvó muchas vidas consiguiendo que fueran muy pocas las amputaciones. Durante la batalla de Inglaterra desarrolló en Londres un plan de atención y evacuación de heridos, víctimas de los bombardeos. A Oxford igualmente se trasladó el librero y editor Joan Gili i Serra, que fundó The Dolphin Book Company, donde se publicaron en versión bilingüe importantes textos de García Lorca.

Otros españoles colaboraron con los servicios de propaganda aliados, como el periodista Manuel Chaves Nogales, o con los informativos de la BBC, como el escritor Arturo Barea, el catalán Josep Manyé, que para que su familia no sufriera represalias franquistas figuraba como Jorge Marín. Rafael Martínez Nadal adoptó el sobrenombre de Antonio Torres, en homenaje a su gran amigo García Lorca, y hasta el mismísimo coronel Segismundo Casado, cuyo sobrenombre era el de Coronel Padilla, hablaba para las emisiones en español.

Los vascos, siempre muy buenos organizadores, fueron los más numerosos y cohesionados en el exilio inglés, nucleado en torno a la Eusko Etxea (Casa Vasca) de Londres, lugar de encuentro del exilio, sobre todo de los catalanes. Las relaciones entre Bilbao e Inglaterra eran muy antiguas, el tráfico marítimo de mineral de hierro y carbón, las acerías y la construcción naval, y el intercambio de productos manufacturados y de consumo, habían creado sólidos vínculos comerciales y financieros. La oligarquía y burguesía vascas, con grandes fortunas y poder político, tenían intereses y negocios en Inglaterra. Los fondos económicos depositados en la *city* sirvieron para sostener, junto con las aportaciones de los potentados vascos de América, a las instituciones y actividades del gobierno nacionalista. Destaca entre éstos el naviero Ramón de la Sota. Los catalanes veían con envidia tanta holgura económica, como relata su representante Carles Pi-Sunyer.

> Constituían uno de los grupos más activos. El jefe de la legación vasca era José Ignacio de Lizaso, un hombre correcto, cordial, con buenas relaciones y que sabía tocar muchas teclas.
> Costumbre de los vascos ha sido jugar a la vez varias cartas. Cierto es que para hacerlo tenían en sus manos valiosos ases: disponían de medios económicos en un grado que nos daba verdadera envidia. A su lado siempre teníamos que hacer el papel de parientes pobres. Habían salido antes de España y esto, junto a su buena situación económica, les había permitido establecer contactos útiles y buenas relaciones. Finalmente hay que reconocer, en su honor, que tenían un bien merecido prestigio internacional. En una guerra como la nuestra, en que hubo tantos horrores, ellos habían dado ejemplo de una actitud más humana y civilizada. Todo ello les situaba en una posición favorable de la que sabían aprovecharse.

Ante la ausencia del presidente vasco José Antonio Aguirre, el ex ministro de la República, Manuel de Irujo, se ocupó desde Londres en reorganizar las instituciones desbaratadas por la invasión nazi en el continente europeo. El 11 de julio de 1940 se fundó el Consejo Nacional de Euskadi, presidido por Irujo.

JUAN CARLOS JIMÉNEZ DE ABERASTURI. Historiador.

> Aguirre, que estaba en París y había acudido a visitar a su familia, quedó sumergido ante la invasión nazi y quedaron rotas las comunicaciones entre el exilio vasco de los diferentes países: los que estaban en Londres, al frente de cuya delegación se encontraba el ex ministro Irujo, los que estaban en América y otros que

estaban en el sur de Francia, pero lo peor era que no se sabía nada de lo que le había ocurrido al presidente Aguirre. Se pensaba que había sido detenido por los nazis, que había sido entregado a España, que quizá había sido asesinado, no se sabía nada y se daba una desorganización total, política y administrativamente, las estructuras del gobierno vasco habían desaparecido... Irujo, que era una personalidad política de bastante relieve y prestigio en el extranjero, se vio obligado a plantear qué hacer, porque se daba por supuesto que Franco iba a entrar en la guerra a favor de los nazis, y entonces decidió junto con los vascos que estaban allí, y en contacto con los catalanes, crear el Consejo Nacional de Euskadi, que supliera esta ausencia de instituciones vascas para tener una representación política ante las potencias occidentales, fundamentalmente ante Gran Bretaña. Empezó también a organizar delegaciones del Consejo Nacional en países latinoamericanos mientras se esperaba que apareciera Aguirre... El presidente Aguirre fue protagonista de una verdadera odisea. En mayo del 40 había ido a un pueblecito que se llamaba Lapin en la frontera belga a visitar a su familia. Comenzó la ofensiva alemana y se tuvo que esconder, estuvo de un lado para otro, sufrió varios bombardeos alemanes, su propia hermana murió en uno de ellos. Cuando la situación se estabilizó y los nazis dominaron el país, intentó regresar a París pero ya le era imposible, intentó irse a Inglaterra, pero no pudo. Optó por esconderse en un convento en Bélgica y esperar. Mientras tanto, las autoridades franquistas estaban persiguiendo a muchos exiliados en Francia. El cónsul de Panamá en Bruselas, Guardia Jaén, le dio una identificación falsa como súbdito panameño. Con esta cobertura, Aguirre trató de salir de la Europa nazi, sobre todo a Inglaterra o a América. Intentó marcharse por Rusia antes de que entrase en la guerra, por Grecia o por Yugoslavia, antes de que los nazis las ocuparan, pero al no conseguirlo se marchó a Alemania, primero a Hamburgo y luego a Berlín. En Alemania vivió varios meses con la identidad falsa, esperando los visados y los pasajes para ir a Suecia. Pasaba el día refugiado en las iglesias, yendo al cine o quedándose encerrado en la pensión. Incluso tuvo que presentarse a la Gestapo, que no le reconoció, tuvo que relacionarse con algunos personajes del consulado franquista, que tampoco le reconocieron porque él iba con bigote y gafas. Pero tenía el apoyo de los círculos diplomáticos latinoamericanos. La embajada panameña le nombró cónsul en un país de Extremo Oriente y con excusa de que primero tenía que ir a América, logró que le dieran el visado para marchar a Suecia, que era un país neutral. Trajo a su familia que estaba en Bélgica y se fueron a Gotemburgo. El presidente sueco, socialdemócrata, le echó una mano y al final logró el visado para Norteamérica, pero no tenía pasaje porque había miles de refugiados que estaban intentando huir de Europa. Al final consiguió los pasajes en un barco que iba a Río de Janeiro y de allí se fue a Nueva York. Su odisea había comenzado en mayo del 40 y terminado en noviembre del 41...

Mientras tanto, Manuel de Irujo, desde Londres, había conseguido que las autoridades británicas reconocieran el pasaporte vasco que emitía el Consejo Nacional de Euskadi y negociaba con ellas el reconocimiento de la independencia del País Vasco tras la victoria aliada, reclamando para la futura República vasca, además de Navarra, amplios territorios de Aragón, La Rioja y parte de Castilla la Vieja. Para presionarles en este sentido, los servicios vascos de espionaje colaboraron estrechamente con los aliados.

EUGENIO IBARZÁBAL. Escritor, periodista, ex portavoz del gobierno vasco.

El primer contacto que tuvieron las redes de información vascas fue con la Resistencia francesa y con las organizaciones británicas. Pero como las organizaciones americanas fueron haciéndose más fuertes, al final la vinculación era con las organizaciones americanas.

JUAN CARLOS JIMÉNEZ DE ABERASTURI. Historiador.

Cuando Aguirre llegó a América se planteó hacer algo que tuviera beneficio político ante una potencia aliada, en este caso

EE. UU., que era la más poderosa. Entonces reorganizó las redes de información al servicio de los americanos y empezó a desarrollarlas sobre todo por los países de Latinoamérica donde había una gran presencia vasca. Empezó a tener contactos con el FBI, que tenía entonces la exclusiva en los países de Latinoamérica, y al mismo tiempo con la OSS, el Servicio Americano de Información Militar, que era el antecedente de la CIA y que se creó en diciembre del 41 cuando EE. UU. entró en la guerra. Jugando un poco entre los dos consiguió un apoyo político importante para las actividades vascas nacionalistas en el exilio y consiguió una financiación, consiguió dinero... Pero, sobre todo, pensando en el final de la guerra, ya que se daba por supuesto que ganarían los aliados y entonces se tendría en cuenta la aportación vasca a la victoria y se les apoyaría políticamente en el momento de liquidar a Franco.

La comunidad catalana en Inglaterra era mucho más reducida que la vasca. Por lo general era gente de alto nivel cultural y profesional, muy influyentes, como hemos visto, en el ámbito académico y cultural británico. El ex ministro de la República y antiguo alcalde de Barcelona, Carles Pi-Sunyer, que estaba en Londres desde abril de 1939 representando al presidente Companys, resucitó el Consell Nacional de Catalunya que éste había establecido en París. En sus *Memòries de l'exili*, Pi-Sunyer justifica su actuación:

> Fue en la hora más difícil, más incierta, más arriesgada, cuando nos lanzamos a constituir el Consell Nacional de Catalunya. Así debía ser. Es la hora del hundimiento de Francia, del ataque aéreo a Inglaterra, de la intensificación de los bombardeos. Aquel momento crucial en el curso de la historia en que únicamente quedaba combatiendo por la afirmación de un vivir libre y digno la voluntad huraña de Inglaterra.

Tanto la legitimidad política del Consell como las tesis federalistas e incluso independentistas de Pi-Sunyer fueron contestadas desde el sur de Francia por Josep Irla, que, como presidente del Parlament de Catalunya, era el presidente en funciones de la Generalitat y por Josep Tarradellas, nacionalistas de actitudes más moderadas.

JOAN VILLARROYA I FONT. Historiador.

El núcleo de catalanes exiliados en Londres, bajo la batuta de Carles Pi-Sunyer, que había sido alcalde de Barcelona y conseller de Cultura de la Generalitat, formó un organismo con el mismo nombre que el que había creado Companys, el Consell Nacional de Catalunya, pero al margen de las estructuras de los partidos. Era un tipo de consejo en el que había figuras individuales, presidido por el propio Pi-Sunyer y tenía el apoyo de los exiliados en Inglaterra y el de los núcleos que ya habían marchado a América, México, Chile, etc. Este consejo intentó unas vías propias de actuación a la hora de negociar con Francia e Inglaterra el futuro de Cataluña, pero esto es lo que rechazaba como partido Esquerra Republicana. Los dirigentes de este partido, que se habían quedado en Francia, fueron perseguidos pero tuvieron la suerte, a diferencia de Companys, que cayó en la zona ocupada por los alemanes, de estar en la de Vichy, con lo cual fracasarían los intentos de detenerlos, como fue el caso de Tarradellas, que para su seguridad marcharía a Suiza.

Distancias
En la vida hay distancias.
El hombre emite su aliento,
el limpio cristal se empaña.
El hombre acerca sus labios
al espejo...,
pero se le hiela el alma.
(Pero... se le hiela el alma.)
Distancias.
En la vida hay distancias.

JUAN JOSÉ DOMENCHINA

CAPÍTULO XIII
La Rusia de Stalin

Josif Vissarionovic Dzugasvili, Stalin, nació en 1878 en Georgia, hijo de un zapatero. Fue seminarista en Tiflis, de donde fue expulsado por sus ideas revolucionarias. Encuadrado en las filas bolcheviques intervino activamente en la Revolución rusa, escalando puestos y, en la dura lucha por el poder, llegó a secretario general del Comité Central del partido. Desde ese pedestal se impuso como sucesor de Lenin, eliminando a sus rivales, Trotski, Kámenev, Bujarin y muchos otros, máximos dirigentes del Soviet Supremo. Puso en marcha sus sangrientas e implacables «purgas», que costaron la vida a más de veinte millones de rusos y castigaron a cientos de miles de presos políticos, sospechosos de oponerse a su dictadura. Militares, mariscales y generales, intelectuales, funcionarios, obreros y campesinos fueron enviados a los siniestros campos de concentración del gulag en Siberia y en los confines de la URSS, en condiciones miserables, privados de todos sus derechos.

Con una Unión Soviética en plena crisis económica y social, el «Zar Rojo», odiado y temido, paranoico, murió en 1953 en la soledad, encerrado en su dacha acorazada de las afueras de Moscú.

CARMEN PARGA. Viuda del general Manuel Tagüeña. Nacida en El Ferrol, la guerra civil interrumpe sus estudios de Historia en la Universidad de Madrid. Casada con Manuel Tagüeña, le acompaña al exilio en la Unión Soviética. En Moscú da clases a los niños de la guerra. Tras la segunda guerra mundial son destinados a la Yugoslavia de Tito y cuando Stalin rompe con éste, se trasladan a Checoslovaquia, donde pasan siete años antes de poder emigrar a México, donde actualmente reside. En el período checo, mientras su marido se hace médico, ella da clases de español en la universidad, dejando tras de sí un importante grupo de hispanistas. «Cuando salí de España, me di cuenta de que mi único capital era el idioma y me convertí en maestra de español de todo el que se me cruzó por el camino y eso que durante mucho tiempo estuve sin gramática ni diccionario.»

El pueblo ruso era muy hospitalario, generoso y bueno, sacrificado por un régimen horrendo. La Rusia de Stalin era una Rusia tremendamente desgraciada porque Stalin fue un opresor bárbaro, un dictador típico, pero bestial, o sea, tenía una táctica: un día caía un político acusado de antiestalinismo o de algún problema y al día siguiente caían su familia y sus amigos, al otro la familia y los amigos de los amigos de los amigos, y, como una mancha de aceite, la opresión llegaba a gente que al final ni sabía por qué le habían detenido, porque tenía la cabeza ya tan lejos que ya no sabían. O sea, que no era nada fácil vivir en aquel régimen, y eso unido a que como su ambición era crear el mejor ejército del mundo, el más potente, el más fuerte, pues para eso sacrificaba al pueblo de una manera bestial y el hambre y las necesidades eran fantásticas. Sí, creó un ejército muy fuerte pero con un pueblo arruinado, maltratado, en fin, una cosa bestial. Yo creo que no fue casual que Lenin en su testamento escribiera que por favor no dejaran que Stalin se hiciera dueño del partido comunista, ya lo conocía y lo olía... Enseguida nos dimos cuenta del horror que era aquello y del peligro en que vivía toda la gente e hicimos lo que hace todo el mundo en todas las dictaduras: disimular y callar. Nunca se nos ocurrió hacer propaganda en contra de Stalin, que era el amo y señor. Las dictaduras se caracterizan porque no educan a los pueblos, al contrario, los deforman y los corrompen porque o los compran o los deforman, de tal manera que nadie se atreve a decir lo que realmente piensa. Yo no sé si tuve la suerte o la desgracia de que sobre todo las rusas confiaran en mí. Mi marido se ponía negro porque yo llegaba a casa y le contaba: «Fíjate, la vecina del tercero me ha dicho que su hijo desapareció de la universidad, que no saben dónde está y que es el tercer joven de la familia que desaparece.» Y mi marido me decía: «¿Pero por qué te cuentan esas cosas que no cuentan a nadie?» «Pues no sé —le decía—, pero si yo me encuentro con una vecina y le digo: "¿Qué tal, señora, cómo le va?", y ella me abraza y me dice que horrible, y me cuenta todo un novelón, ¿qué quieres que le diga? "Cállese, no me cuente nada porque no me interesa saberlo." No, yo la consuelo si puedo.» Llevo con cierto orgullo el que les inspirara confianza. Pero fue una vida tristísima, con gente muy desgraciada. Mi único hermano fue a la Universidad de Moscú a estudiar historia. Aprendió muy bien el ruso, hasta componía poemas en ruso, y se casó con una muchacha rusa, y él sabía unas historias horribles, porque sus compañeros de la facultad se las contaban. Yo trataba de calmarlo para que no se metiera en líos y le decía: «Mira, no le eches la culpa al régimen, en todos los países del mundo, nadie que se mete con el Estado es bien recibido, sino que es perseguido.» Y él me decía: «Sí, ya lo sé, en cualquier país del mundo es castigado todo el que lucha contra el Estado, pero aquí no necesitas luchar, te basta con pensarlo.»

Tal era el ambiente que se vivía en la Rusia de Stalin en donde se exiliaron, aparte de los niños de la guerra, unos 3 500 españoles: dirigentes y cuadros del PCE y del PSUC catalán, cuadros militares, maestros, aviadores, marinos, periodistas, escritores, científicos, casi todos ellos con sus familias. Pero para la mayoría no fue fácil su destino según cuenta en sus memorias el marido de Carmen Parga, Manuel Tagüeña:

Me interesó mucho la situación de la emigración española dentro de la URSS. Quitando a los funcionarios, altos y bajos, de los distintos organismos de la Komintern y los seleccionados para las academias militares y la Escuela Política, todos los españoles habían sido destinados a fábricas, donde la inmensa mayoría lo estaba pasando muy mal. Mal preparados para competir en el trabajo a destajo, los sueldos eran ínfimos y el Socorro Rojo

Internacional (MOPR) tenía que completarlos hasta los trescientos rublos, considerados indispensables para sobrevivir. Todo eran quejas, problemas y luchas internas en los colectivos españoles de las fábricas. La palabra «responsable» comenzaba a sonar con desprecio y a veces hasta con odio. El responsable era la persona nombrada por el partido para dirigir los colectivos. En general actuaba como un pequeño dictador, pero aun aquellos que trataban de ayudar, tropezaban con las dificultades y la escasez reinante.

Manuel Tagüeña se convirtió en mando del Ejército de la República, y se distinguió en la batalla del Ebro por causa mayor, ya que su vocación era otra: licenciado en Ciencias por la Universidad de Madrid, la guerra civil le sorprendió impartiendo clases como profesor de instituto. En Rusia a los militares de carrera como el coronel de Artillería Antonio Cordón se les envió a la Academia Vorochilov y los que como Tagüeña procedían de la milicia fueron enviados a estudiar en la prestigiosa Academia Frunze: Juan Modesto, que terminó la guerra civil con el grado de general; Enrique Líster, cantero de oficio y jefe del famoso Quinto Regimiento de Madrid; Valentín González *el Campesino*, que muy pronto abandonó los estudios, Artemio Precioso y otros.

ARTEMIO PRECIOSO. **Comandante del Ejército republicano.**

Yo estaba incluido en una lista que estaba destinada a la Academia Frunze, lo cual significaba para algunos de los que estábamos allí una gran realización de los sueños: ser militar profesional en la URSS. Pero a diferencia de los demás, yo no deseaba ser militar y lo manifesté varias veces, pero me dijeron que era la decisión del partido, y eso no se podía cambiar tan fácilmente.

Manuel Tagüeña añade:

Nos instalamos en el hotel Nacional y aquella misma noche vinieron a verme Líster y Artemio Precioso, con flamantes uniformes del Ejército: estaban en el curso de la Academia Frunze a la cual tenía que incorporarme yo... La Academia Superior del Ejército Rojo M. V. Frunze, se llamaba así en honor de un héroe de la guerra civil rusa, fallecido en 1925 cuando era comisario del Pueblo de la Defensa. El edificio era inmenso y en él centenares de oficiales y jefes de todas las armas seguían tres años de estudios en escala de batallón, regimiento y división, preparándose tanto para las responsabilidades del mando como para el trabajo de Estado Mayor.

CARMEN PARGA. Viuda del general Manuel Tagüeña. México.

Mi marido fue elegido para hacer un curso en la Academia Frunze, que era la Escuela Superior del Ejército Rojo, y entró con un grupo de españoles, los que más se habían destacado en la guerra civil, y los más capaces, los más inteligentes. Los que aprendieron más rápidamente el ruso, fueron luego nombrados maestros de la Academia Frunze, y allí estuvimos hasta que empezó la guerra.

Cuando Hitler invadió la Unión Soviética, los militares españoles no recibieron mando en el ejército, a no ser en unidades internacionales, principalmente a causa de la barrera del idioma.

CARMEN PARGA. Viuda del general Manuel Tagüeña.

Cuando empezó la guerra, los españoles se ofrecieron para ir al frente, pero Stalin era un hombre «optimista» y dijo que entrarían en el ejército cuando el Ejército Rojo llegara a París, por ejemplo. Él pensaba que todo iba a ser muy fácil. Luego en París entraban ellos y entraban en España de igual forma.
Gracias a lo cual no fueron al frente, los conservaron esperando que llegara el momento... Como no llegó ese momento, mi marido, Tagüeña, pasó toda la guerra dando clases de táctica y estrategia a los oficiales más jóvenes que iban al frente. Primero

en Moscú y luego, cuando había peligro de que los alemanes tomaran Moscú, la Academia se trasladó a Asia Central, a Tashkent.

Al acabar la guerra mundial, muchos de ellos fueron destinados a los países satélites de la URSS, como fue el caso de Manuel Tagüeña y de Artemio Precioso, destinados a Yugoslavia, para adiestrar al improvisado ejército de milicianos del mariscal Tito.

ARTEMIO PRECIOSO. Comandante del Ejército republicano.

De pronto llegó la orden para que un grupo, no todos, de la Frunze se debía preparar para salir a Yugoslavia. Nos metieron en un avión en un día de frío tremendo, íbamos verdaderamente helados y, tras una breve parada en Rumanía, aterrizamos en Belgrado donde nos esperaban algunos amigos que habían estado en la guerra de España.

CARMEN PARGA. Viuda del general Manuel Tagüeña. México.

Logramos salir de Rusia porque Tito necesitaba un ejército. Tito tuvo el mérito de que supo luchar contra Hitler con las milicias, pero éstas eran muy débiles, porque la mayoría de la gente que estaba en peligro y había acudido para salvar su vida al territorio libre de los nazis que había preservado Tito no eran militares ni servían para el ejército. Cuando terminó la guerra, Tito pidió a los rusos que le enviaran gente para ayudarle a formar un ejército, y entonces mandaron a un grupo de españoles que eran profesores en la Frunze y también a un grupo de militares rusos, y ahí caímos, que nos parecía un paraíso viniendo de Rusia. Eso de ir al mercado y ver patatas, ver manzanas y cosas así, nos decíamos: «¡Pero qué lujo, qué lujo!»

Otros muchos españoles combatieron en las filas soviéticas contra el invasor, sobre todo en unidades guerrilleras, tras las líneas enemigas. Más de setenta fueron condecorados a título póstumo porque la mayoría cayó en la lucha.

ARTEMIO PRECIOSO. Comandante del Ejército republicano.

Fueron incorporaciones que se producían por iniciativa propia, porque conocían a fulano o habían combatido con mengano en España. Entre éstos hay que destacar a Francisco Gullón, que era un español que se incorporó al grupo de guerrilleros, tuvo acciones heroicas y recibió la orden de Lenin.

Manuel Tagüeña añade:

Nuestros compatriotas no rehuían esa arriesgada participación en la guerra, al contrario, la aceptaban con todo entusiasmo; sin embargo, era evidente que los mandos soviéticos utilizaban esos magníficos combatientes como carne de cañón, sin tener en cuenta lo que habían sido o pudieran ser algún día en nuestra patria... Por aquellos días recibimos la noticia de que Francisco Gullón había vuelto de la retaguardia enemiga y se encontraba herido en un hospital de Leningrado. Ya sabíamos por *Pravda* que le habían concedido la orden de Lenin, una de las más altas condecoraciones soviéticas, por su actuación como guerrillero en el frente sur, al oeste de Rostov, durante el invierno de 1941-1942. Estaba allí al mando de un grupo de españoles, la mayoría antiguos obreros de la fábrica de tractores de Jarkov. Luego había combatido detrás de las líneas alemanas en el frente de Kalinin y más tarde al suroeste de Leningrado, donde pasó seis meses con sus guerrilleros, sufriendo las mayores penalidades, ya que el mando soviético había perdido el enlace con ellos y dejó de mandarles víveres, pertrechos y, lo que era peor, ropa de abrigo para poder aguantar el durísimo invierno. Pero como el destacamento olvidado seguía volando trenes y atacando a las guarniciones alemanas, los rusos enviaron radistas que establecieron el contacto y dieron orden a Gullón de volver a territorio propio, lo que tuvo que hacer a través de las líneas del frente, junto con otro español, únicos supervivientes del grupo primitivo de nuestros compatriotas. El paso lo hicieron de noche en medio de un gran tiroteo. Gullón fue herido en el vientre, pero la bala se desvió en la hebilla metálica de su cinturón reglamentario y no penetró mucho. Al fin pudieron llegar a una unidad soviética que se hizo cargo de ellos... Además de la orden de Lenin, le propusieron para héroe de la Unión Soviética.

También participaron en la guerra los aviadores republicanos, la mayoría muertos en combate.

ARTEMIO PRECIOSO. Comandante del Ejército republicano.

En todos ellos destacó la iniciativa, dentro de la autonomía que les daban sus jefes. Fue una página verdaderamente gloriosa y hay que leer los libros que algunos han escrito para entender la aportación que han tenido los aviadores españoles en la aviación soviética. Algunos de ellos fueron jefes de escuadrilla y todos merecen ser destacados por su gran valor personal, su instinto del riesgo y sus acciones heroicas.

No todos merecieron semejante gloria. Como otros muchos españoles, algunos pilotos sufrieron las consecuencias del régimen de Stalin, según el testimonio de Manuel Tagüeña.

Algunos pilotos españoles, que se habían negado a trabajar y que vivían cómodamente en las afueras de Moscú en una Casa de Reposo, fueron enviados a Siberia. También fueron a parar allá algunos otros compatriotas, acusados de actividades antisoviéticas, como el maestro Bote, que acostumbraba a criticar las dificultades materiales con que trabajaba.

A un batallón, dependiente del Comisariado del Pueblo del Interior, formado exclusivamente por españoles, se le confió la guardia del Kremlin en los aciagos días del ataque alemán en octubre de 1941.

Algunos más jóvenes, que hablaban el ruso, fueron admitidos en el Ejército Rojo, como fue el caso del hijo de la escritora Margarita Nelken, exiliada en México, Santiago de Paul Nelken, oficial de Ingenieros, muerto a los veintitrés años al mando de su batería, en 1945, o del hijo de la Pasionaria, Rubén Ruiz, que estudiaba en una academia militar y que, con el grado de teniente, murió en la batalla de Stalingrado a los veinte años, en septiembre de 1942, siendo declarado a título póstumo «Héroe de la URSS», con derecho a mausoleo individual en la avenida de los Héroes de Stalingrado.

ARTEMIO PRECIOSO. Comandante del Ejército republicano.

Su situación era especial. Vivía aislado y, llevado por sus deseos de empuñar las armas, presionó mucho a su madre para ir al frente. De allí vuelve herido pero presiona para regresar al frente y, en esa segunda incorporación, es cuando muere heroicamente en la batalla de Stalingrado.

Ante la grave enfermedad del secretario general de los comunistas españoles, José Díaz, se desató entre los dirigentes que estaban en Moscú la lucha por el poder. Manuel Tagüeña cuenta lo que percibían los que no estaban en el núcleo.

Nuestra situación se agrava por el hecho de que las más altas jerarquías estuvieran sin cabeza efectiva. Oficialmente, José Díaz seguía siendo el secretario general, pero su aspecto era poco tranquilizador. Dolores Ibárruri había perdido su sonrisa y aparecía siempre muy preocupada... Jesús Hernández fue nombrado representante del PCE en la Komintern, donde fuera recibido con todos los honores y todo parecía indicar que era el elegido por las más altas jerarquías para hacerse cargo de la vacilante dirección de nuestro partido... Resultaba difícil creer en la versión oficial de una úlcera de estómago, operada con éxito, y comenzábamos a sospechar que padecía cáncer. Esto parecía explicar todo: su rápida salida de España, la apresurada intervención quirúrgica, la larga convalecencia y la agravación posterior. También así se comprendía la lucha entablada entre los dirigentes que estaban en el secreto de que el jefe del partido tenía los días contados. Tenía que ser muy doloroso para José Díaz ver cómo se disputaban su herencia sin esperar a que desapareciera. Dolores Ibárruri, por su carácter y por su ligazón con Francisco Antón, vivía muy aislada de la emigración; en cambio, Jesús Hernández desarrollaba una gran actividad y tenía su casa siempre llena de gente que buscaba su ayuda o su comprensión.

José Díaz, secretario general del PCE, conocido popularmente como *el Panadero de Sevilla*, se suicidó el 21 de marzo de 1942, a los cuarenta y seis años, arrojándose por la ventana de un sanatorio de Tiflis.

SANTIAGO CARRILLO. Ex secretario general del PCE.

José Díaz tenía un cáncer que le habían operado ya tres veces, una en España y dos en Moscú, y el cáncer se le reprodujo. Yo recuerdo que cuando salgo en junio del 40 de la Unión Soviética para América, estuve el último día con Díaz. Aparentemente estaba bien en ese momento, le habían operado recientemente. Me dijo: «Si vuelven los dolores se acabó.» Volvieron los dolores, era la guerra, en el 42, a él lo situaron en un sanatorio, en Tiflis, y el hombre tuvo tales dolores que, en vez de soportarlos, se tiró por una ventana y se mató. Lo que pasa es que durante mucho tiempo no se explicó que se había suicidado. En el Partido Comunista el suicidio era un acto de debilidad. Cuando había terminado la guerra, y te torturaban, debías resistir y aguantar y que el secretario general del partido se suicidase era algo que no se podía admitir.

ARTEMIO PRECIOSO. Comandante del Ejército republicano.

La versión oficial es bastante verosímil: en su convalecencia, con los grandes dolores que tenía físicos y morales, pues una noche de desesperación se tiró por la ventana y se mató. Ésa fue la versión que nos llegó.

Manuel Tagüeña, desde Georgia, describe cómo recibieron la noticia del suicidio:

> El 21 de marzo recibió Modesto un telegrama comunicándole el fallecimiento de José Díaz en Tiflis. Dimos por supuesto que había muerto víctima de su enfermedad y pasó algún tiempo hasta que llegaron a nosotros los primeros rumores de que se había suicidado. Aunque trataron de ocultarlo cuidadosamente, la capital de Georgia estaba llena de evacuados, entre ellos muchos niños españoles, que supieron que se había tirado a la calle desde un balcón... ¿Qué indujo a José Díaz a tomar esta determinación? En primer lugar debieron ser los atroces dolores que sufría, falto de medicinas, aislado por completo de la emigración y la dirección y, por tanto, desorientado sobre la marcha de los acontecimientos. Seguramente terminaría de quebrantar su moral conocer las terribles penalidades que estaban pasando los españoles y muy particularmente los niños enviados a la URSS para salvarlos. A medida que el riguroso secreto se fue diluyendo por las inevitables indiscreciones, se supo que había dejado varias cartas que pasaron al agente del NKVD que siempre lo acompañaba. El que nunca se hayan publicado hace creer que José Díaz dejó escrito algo que estaba en desacuerdo con la ortodoxia comunista.

Jesús Hernández, que había sido el director del órgano de comunicación del partido *Mundo Obrero* y ex ministro en los gabinetes de Largo Caballero y de Negrín, se enfrentó abiertamente por el liderazgo del partido a Dolores Ibárruri, que vivía alejada de la comunidad española, escandalizado por su relación con Francisco Antón, veinte años más joven que ella.

ARTEMIO PRECIOSO. Comandante del Ejército republicano.

> En aquella época, una dirigente de la categoría que se daba a Dolores Ibárruri era una persona muy aislada. De vez en cuando, la veíamos en un mitin donde ella mostraba sus magníficas dotes de oradora para agitarnos y contarnos cosas de España que parecían bastante inverosímiles.

SANTIAGO CARRILLO. Ex secretario general del PCE.

Pasionaria, al final de la guerra civil —su marido estaba en Euskadi— se unió con otra persona y vivió con esa persona en Moscú, un «crimen» que cometemos decenas de miles y millones de españoles: cambiar de marido. En esa época había una división en la dirección del partido. Jesús Hernández, al morir Díaz, trataba de hacerse con la dirección y hubo un enfrentamiento con Dolores y una campaña contra ella que realizaban Hernández, Castro y otros que estaban en la posición de que Pasionaria no fuera la dirigente del partido, para serlo ellos. La verdad es que esa campaña no estaba justificada. Cierto que la emigración española vivía con dificultades, incluso los dirigentes, menos Hernández, que tenía el tratamiento de corresponsal extranjero en Moscú y que le daba derecho a comprar cosas en las tiendas especiales a las que no tenía derecho la mayoría. Escribía para periódicos en Latinoamérica sobre la marcha de la guerra y los soviéticos le proporcionaban un nivel de vida que sólo tenían allí unos pocos corresponsales muy importantes. Hernández con eso corrompía a alguna gente, que utilizaba contra Pasionaria. Esa campaña contra Dolores ha sido una cosa innoble e injustificable. A partir de esa campaña, Dolores se separó de su segundo compañero y ya no tuvo ninguna relación más de matrimonio o de amor con nadie. Fue una víctima de aquello.

ARTEMIO PRECIOSO. Comandante del Ejército republicano.

No hay duda de que eso no se comunicó oficialmente, pero los hechos trascendieron y sus relaciones con Francisco Antón eran evidentes. Hubo un tiempo en que Antón era dirigente del partido... La relación de la Pasionaria con Francisco Antón causó en cierto modo escándalo, porque las costumbres españolas de aquella época eran muy severas y ella adoptó esa actitud, no tratando de esconderla, sino que siempre que podía la exhibía. La actitud de ella hacia Antón era sincera: una mujer de su edad, enamorada y correspondida por Francisco Antón, que pasaba por ser un gran galán dentro del partido, pues eso debía de satisfacerla mucho en su intimidad.

Las luchas internas fueron enconadas, según nos relata Manuel Tagüeña:

> En las alturas seguía la lucha por el puesto de secretario general. Casi todos los comunistas españoles refugiados en Rusia estaban con Jesús Hernández, porque era al que habían visto tratando de resolver sus problemas y se sabía que era partidario de que salieran de la Unión Soviética la mayoría de nuestros compatriotas. En cambio eran muy pocos los que estaban incondicionalmente con Dolores Ibárruri... La pérdida de su hijo Rubén había sido para ella un golpe muy duro que la encerró más en sí misma. Aislada de la mayoría de los militantes, tuvo que sufrir mucho al verse desplazada, cuando parecía su herencia segura, por haber sido nombrada por Stalin al lado de José Díaz como arquetipo del «temple bolchevique». Además cometió el error de creer que las quejas de los españoles sobre la situación general eran exageradas y utilizadas por Jesús Hernández para crearse popularidad... Jesús Hernández, debido a su simpatía personal, inteligencia y audacia, fue durante mucho tiempo el candidato de Manuilski y Dimitrov para la secretaría general del partido español. Como tal lo trataron hasta mediados de 1943, alentando sus ambiciones. Seguramente influyó en esto el hecho de que la más característica aspirante al puesto fuera una mujer, ya que la tradición soviética y de la Komintern no reconocía capacidad al sexo femenino, más que para puestos secundarios o decorativos.

Dolores Ibárruri acabó ganando la batalla. Consiguió alejar a su rival a México y Jesús Hernández fue expulsado del partido por haber realizado una «labor fraccional para apoderarse de la secretaría general y por sus actividades antisoviéticas, al proponer la salida de la URSS de los emigrados españoles», pasando así a la categoría de traidor y enemigo del pueblo. Ese mismo año de 1943 Dolores Ibárruri, *la Pasionaria*, fue elevada a la secretaría general del partido sin haber mediado proceso democrático alguno.

ARTEMIO PRECIOSO. Comandante del Ejército republicano.

Se hizo una reunión del Comité Central y fue elegida secretaria general sin que hubiera un Congreso, porque realmente en la emigración resultaba muy difícil poderlo celebrar... Se nos puso a todos los que entonces estábamos en el partido ante un hecho consumado. Ella ya mandaba lo que podía y lo que no podía, y fue algo que se aceptó como una verdad inevitable.

Manuel Tagüeña relata cómo fue presentada la nueva secretaria general a los cuadros más representativos del PCE en Moscú.

Nos citaron a gran parte de los miembros del partido español que estábamos en Moscú para la cena en honor de los tres generales (Líster, Modesto y Cordón, recientemente ascendidos a generales del Ejército Rojo). Del hotel Lux partimos en autobuses especiales hacia Kuntsevo, la antigua residencia de verano de los jefes de la Komintern. El ambiente estaba al principio tan glacial como los campos nevados que rodeaban la finca. Todos se preguntaban el motivo de aquella celebración... Pronto estuvo todo claro: se trataba de presentar a Dolores como jefe del partido ante los militantes más destacados, aunque no se pronunció todavía la sagrada palabra de secretario general... Pasionaria lanzó claras y duras amenazas para los que se le siguieran oponiendo... Corrió la noticia y el terror por toda la emigración... Sólo pisaban terreno firme los pocos que se habían sostenido fieles a la Pasionaria cuando ésta se encontraba aislada. Los que la habían combatido directa o indirectamente, que era la mayoría, o los que simplemente se habían mantenido al margen, todos estábamos a su merced si ella decidía sacar a relucir su actuación pasada.

A pesar de todos los sufrimientos y horrores que hubieron de soportar bajo el régimen de Stalin, los exiliados españoles encontraron en el pueblo ruso una gran solidaridad y amistad, según nos cuenta Manuel Tagüeña.

En la Unión Soviética, el solo nombre de España despertaba la simpatía y el cariño, porque desde tiempo inmemorial nuestro país es allí una nación de leyenda, con bellas mujeres, personificadas por Carmen, la de la ópera, y valientes soldados que lucharon como guerrilleros contra Napoleón, y que acababan ahora de combatir casi tres años contra los fascistas. A lo largo y a lo ancho de toda Rusia, el ser español era como una especie de pasaporte, y por eso los excombatientes de las Brigadas Internacionales, no sólo los latinos, sino hasta los alemanes y los polacos, se presentaban como españoles.

No es lo que está roto, no.
La caja del pensamiento:
lo que está roto es la idea
que la lleva a lo soberbio.

EMILIO PRADOS

CAPÍTULO XIV
La liberación de Francia

A finales de 1943 empezó a cambiar el signo de la guerra mundial. Los reveses en el inmenso frente ruso, las derrotas en el norte de África, el desembarco aliado en Sicilia y el bombardeo sistemático de Alemania habían minado la potencia de las armas de Hitler. Fuerzas aliadas, inglesas y norteamericanas principalmente, mandadas por el general Eisenhower en el mayor desembarco de la historia, lograron abrir cabezas de playa en la costa de Normandía y en la península de Contentin el 6 de junio de 1944. Tras cuarenta y ocho horas de combate, con grandes pérdidas humanas, consiguieron consolidar sus posiciones, desembarcando 326 000 hombres, 54 000 vehículos y 140 000 toneladas de material que les permitieron desencadenar una devastadora ofensiva. Así comenzaba la batalla de Francia, en la que darían su vida cinco mil españoles, y que también significaría el comienzo de la caída de Hitler.

En esta batalla tuvo un papel muy importante la Resistencia francesa al impedir que los alemanes tuvieran capacidad suficiente de movilidad y de recursos para rechazar el desembarco. Se multiplicaron los boicots en los envíos de gasolina para los transportes, los tanques y los blindados, en el suministro de víveres para la tropa, se cortaron carreteras y se volaron vías férreas.

En esos días definitivos de junio, la Resistencia del sur de Francia, en la que los españoles constituían una fuerza decisiva, libró a campo abierto combates importantes con los alemanes.

Mientras los aliados desembarcaban en Francia, también por el Mediterráneo, el 15 de agosto, la Agrupación de Guerrilleros Españoles (AGE), que en esos momentos contaba con unos diez mil combatientes efectivos, hostigaba a las tropas alemanas en retirada y se ponía a las órdenes de los mandos nombrados desde Londres para las Fuerzas Francesas del Interior (FFI).

ANTONIO ALONSO, «COMANDANTE ROBERT». Jefe de Estado Mayor de la Tercera Brigada de guerrilleros españoles.

Empezamos a coger armas de las patrullas alemanas que había que liquidar, no había otro remedio. Yo conocía a una maestra que organizaba las redes de evasión a España para aviadores y toda esa gente y esta señora me dio a conocer a un armero de la Escuela de Gendarmería de Pamiés y que nos arreglaba las armas. Un día me mandó recado para que fuera a verle por la noche. Era para presentarme a un señor que se llamaba Richard y era un capitán francés, responsable de todo el armamento que se tiraba por paracaídas. Buscaba un maquis serio, porque había tenido problemas con los maquis franceses, y este armero le había dicho: «Los más serios son los españoles porque han hecho la guerra de España, están muy bien organizados.» Richard nos dio el encargo de recoger las armas que lanzaban en paracaídas. Nos avisaban cuándo iba a ser el *parachutaje* con mensajes personalizados desde Londres, había uno para cada departamento. Decían por la radio: «El pollo está asado» y ése, por ejemplo, era para nosotros... Recibimos dos *parachutajes* muy buenos. Cuando nos avisaban, yo iba a los tajos del partido y le decía al responsable, un tal Rovira: «Me hacen falta veinte, treinta hombres» y les faltaba tiempo para subir. En uno de estos *parachutajes* yo tenía una reunión política y no pude acudir... Cuando llegué a las cinco de la mañana pregunté a los compañeros cómo había ido y me dijeron que bien, pero que «había habido carne». Yo me asusté. Entonces me explicaron que con las armas venían «varios kilos de carne», es decir, varios hombres de la operación interaliada que querían verme. «Dicen que vienen a tomar contacto con el capitán Robert», me dijeron mis compañeros.

Entonces no teníamos grados sino cargos; se era jefe de Estado Mayor, jefe de Brigada, comisario político, etc. Fuimos a verles y cuando el general Béjart me dio la mano (me había tenido que teñir el pelo de rubio y aunque tenía veinticinco años todavía no tenía barba) vi en su rostro la decepción, como diciendo: «¿Éste es el capitán Robert?» Creo que venían engañados, sabían que venían a un maquis español pero pensaban que estábamos mandados por un oficial francés, militar de carrera... Les llevamos al maquis y todo se desarrolló muy bien. Era el 8 de agosto. Como a los cuatro días les indiqué que más arriba había un maquis francés y les dije que por qué no iban a pasar unos días con ellos, para que no se creyesen que los queríamos acaparar. Me dijeron: «Robert, no hemos venido a Francia para estar en un maquis comunista.» En el maquis francés los mandos eran comunistas, pero los demás eran chicos jóvenes que habían subido a unírseles; en cambio, en el nuestro casi todos eran del partido y tuve que advertir a la gente que no hablasen delante de ellos sobre cosas del partido. Un día Béjart me dijo: «Prepara un parte de operaciones porque vamos a atacar Foix mañana.» Entonces mando a un enlace al 2.º Batallón, que estaba allí cerca, y otro al 3.er Batallón, para que al día siguiente, el 19 de agosto, se encontraran a las cinco de la tarde a las puertas de Foix. Béjart se había ido a ver al maquis francés, que decían que habían liberado la villa de Pamiés, que no la habían liberado sino ocupado porque allí ya no había alemanes ni nada, y fuimos a verles para invitarles a liberar Foix, y no vinieron. El 3.er Batallón tampoco pudo venir porque se había encontrado con una columna alemana que venía de Bayona y el 2.º Batallón, como tenía los camiones que funcionaban con carbón de leña, no pudo arrancarlos y llegó a las siete de la tarde, con retraso. A las cinco de la tarde atacamos nosotros solos, los del 1.er Batallón. A las nueve de la noche se rindieron los alemanes... Al día siguiente, 20 de agosto, nos avisaron de que bajaba por la carretera de Andorra una columna alemana que venía en apoyo de Foix, sin saber que se habían rendido. Fueron dos destacamentos nuestros y con ellos un grupo de franceses y los detuvieron en el sitio de Prayols. La batalla duró dos horas, porque estaban desmoralizados los alemanes...

El 21 de agosto supimos que otra columna alemana, la misma con la que se habían enfrentado nuestra gente del 3.er Batallón y los franceses, se dirigía a Foix. Salimos a su encuentro, a unos 35 kilómetros.

Esta vez, la batalla duró dos días y al final se rindieron porque nos creían mucho más numerosos, como estábamos por todas partes y bien armados... Era una columna de mongoles, del Turkestán, mandados por oficiales alemanes, que habían sido hecho prisioneros del Ejército Rojo y los habían enrolado. Hicimos 1 350 prisioneros... En Foix la gente estaba llena de pánico. Habían pasado dos días y no sabían si iban a ganar los alemanes. Cuando llegamos a Foix con los prisioneros, a las tres de la mañana, toda la gente se echó a la calle: las mujeres con el camisón de dormir, los hombres en pijama... fue inolvidable.

París se sublevó el mismo día de la liberación de Foix, el 19 de agosto. El jefe de la Resistencia de la ciudad, coronel Henri Rol-Tanguy, dio la orden: «*Aux armes, citoyens.*» La lucha se extendió por toda la urbe. Entre los combatientes había cuatro mil españoles, algunos iban a morir en la liberación de París, como el jefe de la zona norte de Francia, el guerrillero José Barón, cuando atacaba a los alemanes en la plaza de la Concordia.

El general Leclerc, que comandaba la Segunda División Blindada bajo las órdenes del general americano Bradley, urgió al mando a acudir en socorro de París. Los aliados dudaban, la liberación de la capital de Francia no entraba dentro de sus prioridades, ya que su objetivo era el ataque inmediato a las fronteras alemanas para acorralar a Hitler. Sin esperar respuesta, el día 21, Leclerc envió a un destacamento hacia la capital, obligando a decidirse a los americanos. El día 24 entraban en París por la Porte de L'Étoile, entre aclamaciones, abrazos y besos de miles y miles de parisinos, ciento veinte hombres y veintidós blindados, algunos de los cuales llevaban pintados los nombres de «Madrid», «Guernica», «Guadalajara», «Teruel», «Belchite», «Don Quijote»... Pertenecían a la 9.ª Compañía, la de «los españoles», que era la vanguardia del general Leclerc al que venían acompañando desde los campos de batalla africanos.

Los españoles tomaron el ayuntamiento, el Hôtel-de-Ville, donde se instaló el Consejo Nacional de la Resistencia y quedó al mando de los hombres que lo defendían el teniente español Granell. Participaron también decisivamente en el ataque al Cuartel General de la Gestapo, instalado en el hotel Majestic. Uno de los españoles, Pacheco, fue el primero en ocuparlo con sus hombres e hizo, él mismo, doce prisioneros. Dos jornadas después entraba en París el general Charles de Gaulle con los miembros del Comité Nacional de Liberación. Le escoltaban por los Campos Elíseos carros blindados tripulados por españoles.

El mismo día en que comenzó la liberación de París, el 23 de agosto, ocurría un hecho de armas, protagonizado también por españoles, y conocido como «la batalla de la Madeleine», en el departamento del Gard, que ha quedado en los anales de la Resistencia. El alto mando ordenó al comandante Cristino García, al frente de la 3.ª División española, interceptar a una columna alemana que se batía en retirada. Los de la 21 Brigada, compuesta por dinamiteros que habían trabajado en las minas de la zona de Cévennes, entre ellos algunas mujeres, a las órdenes de su jefe, Gabriel Pérez, tomaron un cruce de carreteras y un puente de ferrocarril en el lugar llamado de la Madeleine. Cuando la columna alemana, compuesta por 60 camiones y varios blindados ligeros, se acercaba al puente del ferrocarril, éste saltó por los aires. La columna no pudo retroceder porque las minas le habían cortado la retirada. El parte de guerra del Estado Mayor de la Resistencia, del 23 de agosto decía:

> Treinta y dos guerrilleros españoles, apoyados por cuatro franceses, después de haber volado el puente y cortado la carretera en el lugar conocido como la Madeleine, libran combate contra mil quinientos alemanes. Después de tres horas de lucha, la columna enemiga se rinde, dejando más de mil prisioneros en nuestras manos y trescientos muertos y heridos sobre el terreno. Nuestros guerrilleros han tenido tres heridos.

No fue fácil la rendición de los mandos alemanes, que no reconocían la autoridad de los guerrilleros españoles. Decían que sólo lo harían ante oficiales del ejército francés. Finalmente, a los españoles se les ocurrió acudir a la comandancia de la Gendarmería en la localidad de Anduze, a bastantes kilómetros de allí, con dos oficiales alemanes donde formalizaron la rendición. Mientras tanto, su jefe, el teniente general alemán, Konrad Nietzsche, se suicidó.

En esta zona recóndita del departamento de Gard, a 25 kilómetros al norte de Nimes, una pequeña lápida, al borde de una carretera, recuerda el glorioso hecho de armas atribuido a la Resistencia francesa. Entre los franceses caídos «por la libertad de Francia —1939-1945—» aparece al final el nombre de Cristino García, jefe del maquis.

Antonio Alonso, «Comandante Robert». Jefe de Estado Mayor de la Tercera Brigada de guerrilleros españoles.

> Hace poco hemos inaugurado una estela en uno de esos pueblos en memoria de los guerrilleros españoles. La Alcaldía ha puesto en esa estela: «Aquí comenzaba el territorio de los guerrilleros españoles y de aquí salió el Primer Batallón para liberar Foix.» Por eso estoy corriendo de acá para allá para que no nos roben nuestro patrimonio de lucha, estoy luchando para que no nos roben la memoria de todo lo que hemos hecho. Poco a poco las organizaciones francesas están escribiendo libros, son ellos los que liberaron Foix con algún español, mira cómo se cambia la historia... Claro, yo cuando intervengo, les pongo en su lugar, como aún hay testigos vivientes de la época, franceses... y ésta es la lucha continua que tengo allí con ellos.

Los guerrilleros españoles del sur de Francia habían hecho unos doce mil prisioneros alemanes y disponían de todo tipo de armas. En esos momentos, unos quince mil estaban preparados para entrar a liberar España en cuanto sus mandos comunistas les dieran la orden. Sus órganos de difusión, sus boletines y Radio España Independiente, estación Pirenaica, hablaban continuamente de la invasión que se estaba preparando. Entre septiembre y octubre de 1944, unos siete mil republicanos pasaron los Pirineos con el fin de provocar un levantamiento popular y la huida de Franco. El 19 de octubre, entre tres mil quinientos y cuatro mil hombres penetraron en el valle de Arán dirigidos por Vicente López Tovar, jefe de la 204 División de Guerrilleros y teniente coronel de la Resistencia francesa. Apenas lograron mantenerse allí nueve días, ya que el gobierno franquista, en estado de alerta, había movilizado a unos setenta mil soldados. Incomunicados entre sí y sin el apoyo que se suponía de los habitantes del valle, hubieron de retirarse en desbandada, dejando a unos sesenta muertos e incontables prisioneros.

Antonio Alonso, «Comandante Robert». Jefe de Estado Mayor de la Tercera Brigada de guerrilleros españoles.

> Llegamos por encima de Bosost, sólo se veía el campanario porque había niebla... Oigo que Tovar dice: «La 521 Brigada tenía que haber atacado ya, no se oye nada.» Yo llevaba a cuarenta hombres con lanzagranadas, armados hasta los dientes, y le digo: «¿Quiere que baje con mis hombres a ver qué pasa?» Y me dice que sí y yo le pregunto: «Si no veo a nadie, ¿quiere que ataque?» Y me dice: «¿Con cuarenta hombres?» Un guía catalán, que yo ya conocía, le dice a Tovar: «Dele carta blanca.» Entonces Tovar me dice: «Tú verás cómo está la situación, pero si encuentras la Brigada, te haces cargo de ella.» Bajo y empiezo a encontrar a gente durmiendo bajo la manta. Uno tenía dos galones de teniente y le despierto. Venían conmigo de escolta un grupo del Ariège, que era de órdago. Le digo: «Oye, camarada, ¿de qué Brigada sois?» «De la 521.» «¿Qué Batallón?» «El 2.º» ¿Dónde está el jefe del Batallón?» «Allí, un poco más abajo.» Le digo: «Vete a buscarlo» y me contesta: «Vete tú.» Entonces, uno de mis escoltas le coge y le dice: «Levántate y cuádrate delante del jefe de tu Brigada.» Dice: «El jefe de la Brigada es Espada.» Le digo: «No, camarada, ahora el jefe de la Brigada soy yo, lo siento pero es así.» Viene conmigo, despertamos al jefe del Batallón y le digo: «Oye, Sierra, ¿por qué no habéis atacado? Teníais orden de atacar.» «Sí, me contesta, pero el 1.ᵉʳ Batallón tenía que atacar por la otra parte y estábamos esperando a que atacara.» Digo:

«Sí, y el 1.er Batallón estará esperando a que ataquéis vosotros y así nos podemos pasar un año. ¡Ale! Moviliza a la gente y para abajo...» Pero a eso no le podemos llamar una batalla. Estaba un destacamento de guardias civiles y algún carabinero. Un guardia civil murió y también una señora que quizá iba a misa y se encontró con una bala perdida. Hicimos prisioneros y los llevamos a un pueblo que se llama Les y les encerramos en el cuartel. Le mando un parte a Tovar que decía: «Tovar, puedes bajar a Bosost, ya no hay tiros.» No veas cuando me lo encontré. Me dijo: «¿Por quién me tomas?» Nunca me llevé bien con él. Yo tenía órdenes de presentarme delante de Viella, y mientras yo tiraba para arriba, hubo en las Burdas una batalla terrible de la que ni nos enteramos. Fue la 410 Brigada, que era la que estaba en Toulouse y la mandaba un anarquista; allí murieron once o doce compañeros. Nosotros enganchamos en una vaguada a una compañía de ametralladoras con mulos, los pillamos por sorpresa y cogimos 220 prisioneros que llevamos al cuartel de Les con los otros. Continuamos el proceso y en una casa abandonada establecí mi estado mayor. Venían con nosotros ocho prisioneros para pelar patatas, hacer la comida. Yo había bajado a Bosost para comprar café y ron, porque llovía y a la gente que estaba de guardia tras la roca les subía comida, café y ron y esta Brigada, que al principio no me acogió bien porque su jefe había sido destituido, cuando vieron que me ocupaba de ellos me empezaron a estimar. Mando una patrulla para que se acerque un poco más a Viella y se encuentran con una barricada y vuelven y me dicen: «Hemos llegado hasta la chicana y no hay nadie.» Entonces digo: «Vamos a ver si podemos apoderarnos de la chicana y ponernos allí de guardia.» Un asturiano que estaba en mi Brigada desde el Ariège me dice: «Si hay alguien sacamos el pañuelo blanco para parlamentar.» Yo le digo: «No, si oyes ¡alto! Todo el mundo a la cuneta.» Tomé a veinte hombres, diez a cada lado, a diez metros de distancia cada uno, y el asturiano en medio, tenía una cabeza bien dura, y cuando estábamos a unos cincuenta metros de la barricada oímos: «¡Alto!», y acto seguido una ráfaga. Nos tiramos a la cuneta y el asturiano quedó muerto en medio de la carretera con el pañuelo blanco en la

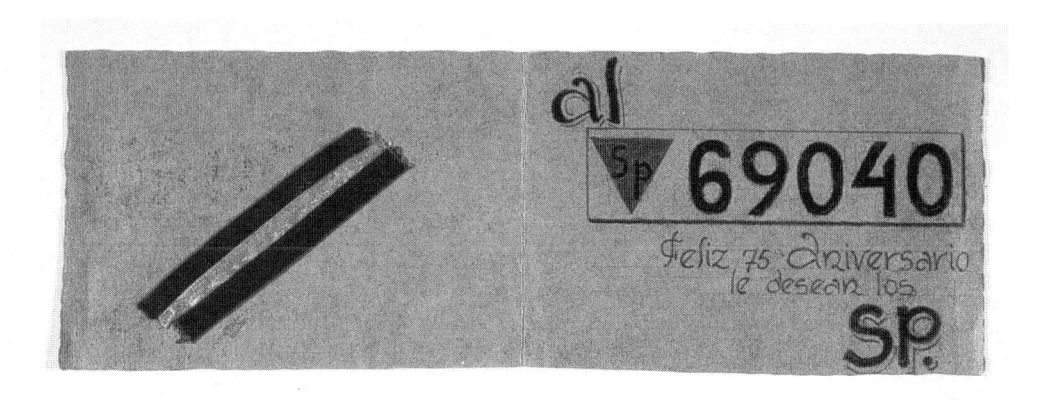

Tarjeta de felicitación a Largo Caballero en su 75 aniversario hecha por sus compañeros españoles también presos en Sachsenhausen-Oranienburg, 15 de octubre de 1944.
Arriba, anverso. Abajo, reverso.

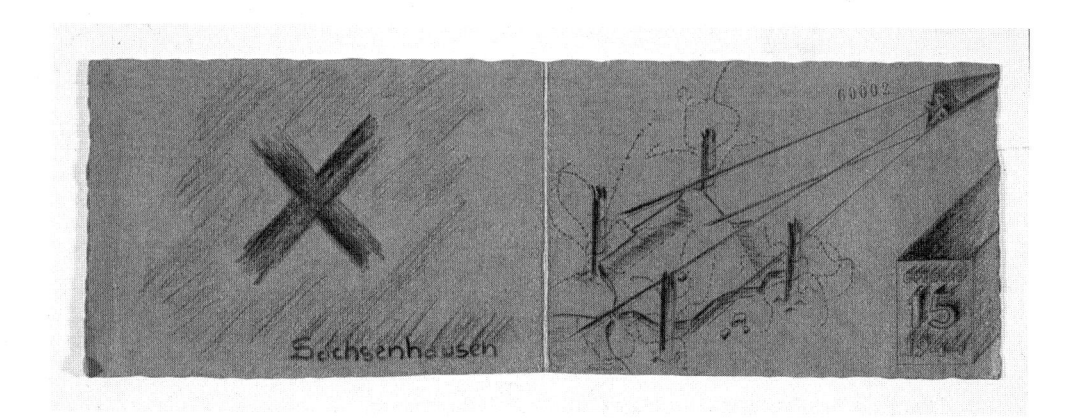

Neus Català, presa en Ravensbrück.

Liberación de Mauthausen, 7 de mayo de 1945. En la pancarta se lee: «Los españoles antifascistas saludan a las fuerzas libres.»

Recibimiento en Toulouse a José Antonio Aguirre, presidente del gobierno autónomo de Euskadi entre 1936 y 1937.

Líster, Modesto y Cordón, generales del Ejército Popular Yugoslavo, junto a otros altos mandos de dicho ejército. Foto tomada en Belgrado en 1944.

Dolores Ibárruri junto a su hijo Rubén.

Tercer pleno del PCE en Praga, en 1957. De izquierda a derecha: V. Uribe, J. Rejano, Líster, Dolores Ibárruri, y J. Moix.

Guerrilleros españoles de las Fuerzas Francesas del Interior desfilan por las calles de Montauban en 1944.

Monumento erigido en Annecy, en el cual se lee: «A los españoles muertos por la libertad en las filas del ejército de la Resistencia francesa, 1940-1945.»

Guerrilleros de la 7.ª Brigada rinden honores a la bandera de la República española en Albi.

Placa de homenaje a los republicanos españoles víctimas del nazismo en las islas del Canal de La Mancha.

Entierro de Francisco Largo Caballero en París (1946).

Las Cortes de la República española reunidas en el salón de sesiones de la Cámara de los Diputados de los Estados Unidos de México en 1945.

Diego Martínez Barrio, presidente de la República española, Francisco Giral, Fernando de los Ríos y diputados españoles en el exilio tras la reunión de las Cortes en noviembre de 1945.

Gobierno Giral en Francia en 1946.

María Zambrano, retratada por Gregorio Toledo (1935).

León Felipe.

Severo Ochoa.

José Gaos.

Juan Ramón Jiménez y Zenobia Camprubí en Puerto Rico.

Francisco Ayala.

Ramón J. Sender.

Llegada de Pedro Salinas a Santo Domingo.

Luis Jiménez de Asúa.

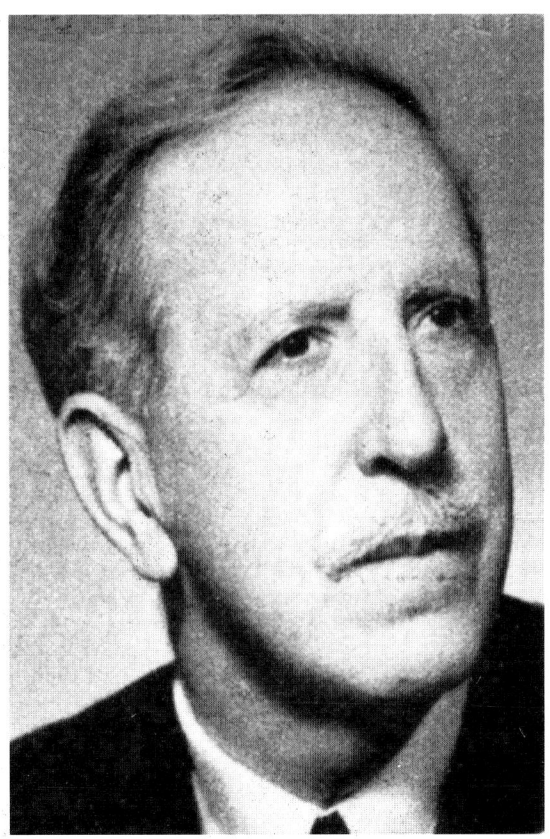

Américo Castro.

Colegio Madrid, fundado en 1941 en Ciudad de México por exiliados españoles.

Félix Gordón Ordás y Lázaro Cárdenas en el Acto Homenaje a Lázaro Cárdenas celebrado el 14 de abril de 1957. Al fondo se puede ver a Cuauhtémoc Cárdenas.

Alumnos del colegio Madrid en 1952.

Orquesta formada por refugiados españoles en la Unión Soviética.

Niños de Morelia. La leyenda de la foto añadía: «Con el puño en alto, los pequeños españoles saludan a México. "Ayuda".»

Fernando Valera, presidente del Gobierno de la República española en el exilio, José López Portillo, presidente de México, y José Maldonado, presidente de la República española, en el acto en que anunció la cancelación de relaciones diplomáticas entre México y la República española.

mano. Hubo que volver para atrás. Comuniqué al mando lo que había pasado y las órdenes que recibí fueron la de replegarnos a Canejou y allí estuvimos tres o cuatro días hasta que nos ordenaron bajar hasta los camiones para evacuar a Francia. Al pasar por Les entré en el cuartel y les dije a los prisioneros: «Nos retiramos para volver con más fuerzas y armas. No hemos venido para hacer represalias, el que quiera se puede venir con nosotros.» Los soldados se vinieron, todos, en cambio los carabineros y guardias civiles ninguno... Pero fue un fracaso y el mayor fracaso fue el moral, porque nos habían dicho que el pueblo español nos estaba esperando con los brazos abiertos y la sensación que tuve era que íbamos allí como aguafiestas, a quitarles la tranquilidad, a llevarles la represión, no nuestra, sino por parte del régimen franquista. Por eso, en vez de ser bien acogidos fue al contrario, y si lo hicieron fue por miedo. Fue una decepción, no había nada preparado en España... Nos habían metido en la cabeza que en España nos iban a recibir muy bien por el hecho de ser refugiados, como si no hubieran sufrido más ellos allí.

SANTIAGO CARRILLO. Ex secretario general del PCE.

El Partido Comunista Español nunca tomó esa decisión, la tomó Jesús Monzón, que había estado en la dirección del Partido Comunista en Francia durante la ocupación y que en ese momento estaba en Madrid, en el grupo clandestino del partido como un dirigente, y este hombre, al liberarse Francia, envía una carta a los que estaban dirigiendo el partido allí, ordenándoles que abran un frente en los Pirineos porque existen condiciones para un levantamiento general en España contra Franco y que abrir ese frente será la chispa que encenderá ese gran movimiento. Los que están en Francia en ese momento sólo piensan en liberar España. Han estado combatiendo en Francia, pero siempre con el objetivo de volver a llevar la lucha a España. Montan una incursión por el valle de Arán, repito, sin tener en cuenta para nada las condiciones que había en España y sin tener en cuenta que esa aventura podía significar el aniquilamiento de los miles de guerrilleros que participaran en ella. Yo llego a Francia cuando se produce esa incursión y, en cuanto llego a Toulouse, me reúno con la dirección del partido español, me dan la carta de Jesús Monzón, la leo, y les digo que eso que han hecho es un error, una locura, y que hay que salir del valle de Arán porque en París, en una reunión con los dirigentes del partido francés, me entero que un regimiento del Ejército francés tiene la orden de marchar hacia la frontera para cerrarla. Por eso, en cuanto llego, reúno a los jefes de las unidades guerrilleras que hay allí y les planteo que hay que retirarse. La verdad es que allí, ellos, sobre el terreno, se habían dado cuenta de que tenían enfrente a un enemigo muchísimo más poderoso y que podían estrellarse. Por eso no me fue difícil convencerles de retirarse. Se retiraron, pero de todas formas eso produjo una cantidad considerable de bajas.

La decidida participación de los españoles en la liberación de Francia trocó el recelo inicial de los franceses respecto a los «indeseables» que en el 39 les habían invadido el país por una abierta simpatía y solidaridad con ellos. En decreto del 15 de marzo de 1945 se concedía el estatuto de refugiado político a todos los que habían tenido que huir de la España franquista.

José Martínez Cobo. Dirigente del PSOE en el exilio. Francia.

Cuando los refugiados llegan a Francia son los rojos, rojo es sangre, los rojos, y pasan cuatro años. Esos cuatro años, los españoles, las españolas, no hay que olvidar nunca a las españolas... los hijos han estado en la vida diaria de los franceses, han demostrado que saben trabajar, que saben sufrir, que saben educar a los hijos, que saben luchar por la libertad de Francia con los guerrilleros y que no son los sanguinarios, que hay gente que ama a la libertad, que tiene principios, que tiene moral, que tiene educación, y cuando en 1944, 1945, la gente puede hablar de los refugiados de manera pública y sin freno y sin miedo, ya no son los rojos, son los republicanos. Hay una ilustración que creo que es la ilustración más evidente de este hecho: cuando muere Azaña en Montauban en el 40, su entierro es un entierro mísero, no hay nadie y es el presidente de la República española el que ha muerto. Está su féretro sobre un carro, sin una flor, sin nada. Es algo humillante. Y en el 46, después de la guerra, cuando muere Francisco Largo Caballero en París, el entierro es un entierro oficial, con un millón de personas en la calle, con la banda de la policía municipal de París abriendo la ceremonia... Yo me atrevería a decir que los exiliados cambian la visión que Francia tiene de España.

CARMEN RODRÍGUEZ. Militante socialista. Francia.

Vino la liberación y me casé el 14 de abril, elegimos ese día para hacer homenaje a la República española. El alcalde de aquí, de Oloron, que nos casó, era de derechas, naturalmente, pero nos hizo un reconocimiento. Aquí se ponen la banda de la República francesa y él se puso en el ojal un ramito de flores con los colores de la República española. Como éramos españoles, tuvo ese detalle que agradecimos.

Vivir en una frontera,
pero en tierra mía, quiero,
no, como aquí, forastero
en una raya extranjera.

JOSÉ MARÍA QUIROGA PLÁ

CAPÍTULO XV

La esperanza del regreso

La segunda guerra mundial dejó más de sesenta millones de muertos y desaparecidos, treinta y cinco millones de heridos y cientos de miles de mutilados, huérfanos, viudas, más de seis millones de desplazados por la traza de las nuevas fronteras, prisioneros de guerra, refugiados, apátridas, obligados a un éxodo gigantesco, buscando un nuevo hogar entre ciudades y pueblos arrasados, enterrados en sus propios escombros. Se perdieron las cosechas, se abandonaron tierras cultivadas, las redes de comunicaciones, puentes, ferrocarriles, puertos, estaban destruidos, así como muchas instalaciones industriales. La guerra sólo había traído la muerte, el dolor, el hambre y la miseria.

El triunfo de los aliados alentó las esperanzas del exilio al quedar aislado el régimen franquista.

En abril de 1945 se celebró en San Francisco, con carácter fundacional, la Conferencia de las Naciones Unidas. A propuesta de la delegación mexicana, presidida por Luis Quintanilla, se aprueba por aclamación la condena al régimen franquista y su repudio como miembro de las Naciones Unidas (20 de junio de 1945). En la Conferencia de Potsdam, los dirigentes de Estados Unidos, Rusia e Inglaterra, Truman, Stalin y Attlee, reconocían y denunciaban la ayuda que el nazismo había prestado a Franco para la toma violenta del poder.

Todo parecía estar a favor de una pronta restauración de la democracia en España. Las Cortes Republicanas se reunieron en la ciudad de México el 17 de agosto de 1945, en el Salón de

Cabildos de la plaza del Zócalo, declarado para la ocasión por el gobierno mexicano del presidente Manuel Ávila Camacho, como «territorio español». El nuevo presidente de la República, Diego Martínez Barrio, encargó la formación del gobierno al catedrático José Giral, de Izquierda Republicana, con el objeto de que fuera reconocido más fácilmente por los aliados. Unos diez mil jefes y oficiales del Ejército republicano estaban dispuestos a reemprender la lucha en España. En México se preparaban militarmente muchos hijos del exilio, pues esperaban las armas que la Unión Soviética todavía debía a la República y que nunca llegaron. Ésa fue la principal causa de que Stalin no reconociera las instituciones republicanas en el exilio, para no verse obligado a devolver parte del oro con que se habían pagado íntegramente las armas.

JOSÉ DOBLA. Niño de la guerra. México.

Yo estuve en un batallón que se hizo de jóvenes españoles allá en México D. F., un escuadrón de jóvenes maquis que íbamos a pelear en contra de Franco y nos daban instrucción militar española, pero se deshizo eso.

En febrero de 1946 se trasladaron a París las instituciones republicanas y los gobiernos vasco y catalán para desarrollar una intensa actividad diplomática. El llamado «gobierno de la esperanza» de Giral, en el que incluso tenían cabida los comunistas, que no estaban de acuerdo con que Juan Negrín hubiera sido desplazado del poder, fue reconocido por gran número de países y organismos internacionales.

SANTIAGO CARRILLO. Ex secretario general del PCE.

Se llamó el «gobierno de la esperanza», pero en realidad ese gobierno era muy débil, su fuerza estaba en el exilio, en España tenía muy poco apoyo, muy poca fuerza y fue un intento, yo creo que plenamente justificado, pero que hubiera podido dar mucho más de sí si hubiera durado, un intento de unir a todo el exilio, y también en aquella época el gobierno Giral tenía la voluntad de intentar acuerdos hasta con las fuerzas monárquicas que estaban en España en oposición a Franco, es decir, hubo la idea de que de ahí podía lograrse una unión más amplia que tuviera ya consecuencias efectivas en aquel momento en que el régimen de Franco era muy discutido internacionalmente, que había una presión objetiva debida a la victoria de las fuerzas antinazis, pero que por nuestra propia división, la división de los republicanos, no supimos aprovechar.

A finales de 1946 (13 de noviembre del 46), la Asamblea de las Naciones Unidas, por acuerdo mayoritario, condenó al régimen de Franco y recomendó la retirada de sus embajadores de Madrid. En España fueron «los años del hambre» que el pueblo hubo de sufrir en carne propia. El acuerdo de la Asamblea comenzaba así:

> La Asamblea General, convencida de que el gobierno fascista de Franco en España, que ha sido impuesto por la fuerza al pueblo español, con el apoyo de las potencias del Eje, y que ha prestado una ayuda material a las potencias del Eje durante la guerra, no representa al pueblo español y hace imposible, en tanto que permanezca en el poder en España, la participación del pueblo español en los asuntos internacionales con los otros pueblos de las Naciones Unidas.

En esos meses, apoyados por los laboristas ingleses en el poder, los socialistas, encabezados por Indalecio Prieto, iniciaron conversaciones con los monárquicos del conde de Barcelona, que en marzo de 1945, en su «Manifiesto de Lausanne», reclamaba la vuelta de la democracia y la restauración monárquica en España. Prieto, en México, pronunció un importante discurso (17-XII-1946), en el que propugnaba la unión de los socialistas con los monárquicos. En París dimitió el gobierno Giral y se formó el gobierno del socialista Rodolfo Llopis, que había sido subsecretario de Largo Caballero. En julio de 1947, la Asamblea de Delegados del PSOE en el exilio tomó la decisión de retirarse del gobierno republicano para entablar conversaciones con los monárquicos. Inmediatamente dimitió Rodolfo Llopis al tiempo que Indalecio Prieto se reunía con el representante del conde de Barcelona, Gil Robles, y con el ministro de Exteriores británico, el laborista Bevin. De estas conversaciones salió un acuerdo que se ha dado en llamar Pacto de San Juan de Luz (agosto de 1948) para la vuelta de la democracia a España. Días antes, el conde de Barcelona se había entrevistado con Franco en el yate *Azor* para hablar de la educación de sus hijos en España. El Pacto de San Juan de Luz acabó frustrándose, sobre todo por la falta de decidido apoyo por parte de los ingleses y las otras democracias. En noviembre de 1950, Indalecio Prieto presentó su dimisión como secretario general del PSOE.

> Mi fracaso es completo. Soy responsable de haber inducido a nuestro partido de fiarse de poderosos gobiernos democráticos que no merecían esta confianza, como acaban de demostrarlo. Por mi culpa, mi partido ha sido víctima de una ilusión que me ha deslumbrado.

Había comenzado la guerra fría y, a pesar de las condenas al régimen de Franco, las democracias occidentales preferían que en España hubiese un dictador de derechas antes que un gobierno revolucionario o comunista. En el contexto de la guerra fría las Naciones Unidas revocan la condena al régimen de Franco el 4 de noviembre de 1950.

La Argentina de Perón ya había sido la primera en levantar el embargo en agosto de 1947 y no tardaron en imitarle el Vaticano, ávido por conseguir un Concordato beneficioso que se firmó en agosto de 1953. Ese mismo año, Estados Unidos firmó con Franco un acuerdo para establecer bases militares en la Península a fin de controlar el Mediterráneo. En diciembre de 1955 la España de Franco fue admitida en la ONU. Regresaron los embajadores a Madrid y comenzó el declive de las instituciones republicanas en el exilio, que fueron quedándose sin recursos económicos y sin representatividad internacional.

Únicamente México y la Yugoslavia del mariscal Tito permanecieron fieles a sus compromisos. Cundió el desánimo entre los exiliados ante la evidencia de que Franco sólo se iría «con los pies por delante».

Francisco Ayala. Escritor exiliado.

Estando en Argentina, yo daba unas clases en una universidad de provincias y en ese viaje entró en el autobús don Niceto Alcalá Zamora con una hija, tan caído, tan abatido, en su aspecto físico, en su expresión, que a mí me dio pena, no quise acercarme a saludarlo. Se bajó y se fue, pero para mí fue una sombra de la España que había sucumbido sin remedio.

Los ciento veinticinco mil refugiados españoles que habían quedado en Francia comenzaron a rehacer sus vidas, sin perder nunca la esperanza de regresar a su patria. La mujer tuvo en ese exilio un papel fundamental.

Conchita Lacuey. Alcaldesa de Floriac, y diputada socialista en la Asamblea Francesa. Sus padres, socialistas santanderinos, salieron al exilio por la frontera catalana y padecieron los rigores del campo de concentración de Argelès-sur-Mer. Se instalaron en Burdeos, donde rehicieron su vida. Conchita, nacida en Francia, alcaldesa de esta pequeña localidad junto a Burdeos y también diputada socialista en la Asamblea francesa, ha sido la más votada en su circunscripción.

Desgraciadamente perdí a mi padre antes de la muerte de Franco, que no tuvo la suerte ni de ver el primer congreso del PSOE en España. Siempre tuvo la esperanza de volver porque estaba muy metido en el partido... Aquí se celebraban los congresos socialistas y venían los «invisibles», es decir, la gente que venía de España a los congresos en el exilio, y mi padre ya sabía que había gente que podía garantizar una democracia en España. Mis padres siempre estuvieron en ese ambiente y nunca perdieron la esperanza de poder regresar, por eso me da mucha pena que mi padre no haya podido volver a España y ver a una España en libertad. Tenía un verdadero ideal, unos valores que nos transmitió: que el hombre tiene que ser respetado por lo que hace, no por lo que es. Reconozco que mis padres han debido de sufrir mucho, porque marchar de su país donde ha habido una guerra civil es lo peor que puede ocurrir... para mis padres ha sido muy duro perder su patria. Ellos han sido siempre españoles, agradecían mucho a Francia por acogerles, pero su país ha sido siempre España. Ha habido mucha gente que no se han nacionalizado franceses, se han quedado como refugiados políticos, que era algo muy importante para ellos... No se marcharon de España por razones económicas sino políticas, para poder tener libertad y yo pienso que eso es muy duro; dejarlo todo, perderlo todo, volver a empezar, explicar a los hijos que han tenido aquí que España merecía esa libertad, que teníamos que querer al pueblo español, darle la posibilidad de tener democracia y libertad... Siempre hablaban de España con mucho amor... Cuando fui por primera vez a España al Congreso Socialista, en el 76 en Madrid, fue para mí un momento muy fuerte porque pensé en mi padre.

ABEL MARIACA. Exiliado socialista. Burdeos, Francia.

Cuando los refugiados llegamos aquí, a Burdeos, había una cantidad bastante importante de españoles, algunos habían venido durante la guerra del 14 y otros un poco más tarde, y cuando nosotros llegamos aquí no nos querían mucho y los franceses también nos miraban mal porque creían que llegábamos aquí como los otros españoles, porque no podíamos comer, y, claro, con el paso del tiempo se dieron cuenta de cómo éramos, refugiados políticos, no como los otros, y entonces nos acogieron mucho mejor. No buscábamos hacer dinero porque pensábamos volver a España, mis padres siempre me lo dijeron. Trabajaron aquí para comer pero no querían hacer nada porque pensaban que al final de la guerra volveríamos a España, y la mala suerte es que Franco siguió allí y nos hemos tenido que aguantar aquí cuarenta años. La mayoría no ha vuelto a España porque ha pasado mucho tiempo y han hecho aquí su vida... Si hubiera sabido que íbamos a estar aquí tanto tiempo, me hubiera nacionalizado francés porque he perdido muchas buenas ocasiones de trabajo... Yo me integré rápidamente con los chicos del barrio y también se portaban bien con mi madre, porque veían que estábamos pasando hambre, y mi madre trabajaba para poder mantenernos a los dos, todavía no había llegado mi padre. Pero después tuvo que trabajar para mantenernos a los tres hasta que mi padre pudo arreglar los papeles y empezar a trabajar.

José Martínez Cobo. Dirigente del PSOE en el exilio. Francia.

Desde hace un tiempo hay una recuperación de la mujer en las luchas sociales y políticas durante la República, la guerra y el exilio, pero por lo general se habla de figuras políticas como Federica Montseny, la Pasionaria, etc., y no se habla de las mujeres anónimas, de las que nadie se acuerda, a las que nadie conoce, que son las esposas, las hijas o las hermanas de los exiliados políticos, de los guerrilleros, de todos esos hombres que estaban viviendo su ideal y que muchas veces no tenían en cuenta las necesidades económicas de la familia y se vivía en una situación precaria, en lugar de buscar un trabajo que garantizase una renta confortable. En esos momentos era muy posible encontrar trabajo en Francia, donde había un desarrollo muy importante, estaba todo por reconstruir. Esas mujeres eran las que tenían que asegurar el diario. Muchas de ellas no tenían inclinación o afiliación claramente política, para ellas era un deber permitir que los hijos, los maridos, los hermanos vivieran lo que yo llamaría su locura política, su ideal político, que era la actitud del exiliado, sin buscar cargos o emolumentos, y la pueden mantener durante años porque existe una complicidad silenciosa de las mujeres. En ese cambio de la sociedad francesa respecto a los exiliados, de «rojos» pasaron a ser «republicanos», han influido mucho las mujeres españolas que han demostrado que no eran esas mujeres que ellos imaginaban, esclavas del hombre, sin formación, sin cultura, la cultura que necesita el ser humano para poder adaptarse y progresar. Yo creo que no se ha rendido justicia a esas mujeres anónimas sin las cuales, estoy convencido, el exilio político no hubiera durado más que unos años. El exilio republicano es el exponente de una extraordinaria generación que por desgracia se ha perdido para España y España ha tenido que vivir ese profundo vacío de esa generación del 36, una generación que año tras año ha sido preparada para una gran ilusión, para una gran esperanza que se ha frustrado, pero el exilio ha dado oportunidad a que una parte de esa generación demuestre que en realidad eran capaces de transformar a España y para bien.

Queda, sin embargo, el testimonio de la larga lucha de la República por preservar las libertades y la legitimidad democrática. Luis Araquistain, embajador de la República en París, dijo de los exiliados: «Somos una admirable Numancia errante que prefiere morir gradualmente a darse por vencida.»

Hemos perdido a España. Miradla, sí, perdida,
lejana a nuestro aliento e imposible a las manos,
pero viva en su muerte, en su larga agonía,
gritando en sus heridas lo firme de su sangre.

FRANCISCO GINER DE LOS RÍOS

CAPÍTULO XVI
La canción se fue a América

Hay dos Españas: la del soldado y la del poeta. La de la España fratricida y la de la canción vagabunda. Hay dos Españas y una sola canción. Y ésta es la canción del poeta vagabundo:

> *Franco, tuya es la hacienda,*
> *la casa,*
> *el caballo*
> *y la pistola.*
> *Mía es la voz antigua de la tierra.*
> *Tú te quedas con todo y me dejas desnudo*
>   *y errante por el mundo...*
> *Mas yo te dejo mudo... ¡mudo!*
> *Y ¿cómo vas a recoger el trigo*
> *y a alimentar el fuego*
> *si yo me llevo la canción?*
>   LEÓN FELIPE

La canción se fue a América y dio sus frutos gracias a esos miles de españoles, intelectuales, científicos, escritores, artistas y profesionales en los países de acogida. A su vez, muchos de ellos descubrieron en el exilio americano la universalidad de la cultura española que proclamaron en sus escritos, como pertenecientes a lo que dieron en llamar la «España Errante, la España Peregrina».

A pesar de tener siempre dispuestas las maletas, lo provisional se fue haciendo permanente y los exiliados echaron raíces sin perder su identidad española. José Gaos, que creó en México la escuela más brillante y variada del pensamiento filosófico americano, opuso su condición de «desterrado» a la de «transterrado», cuya «raíz que se bifurca y crece en dos tierras distintas»:

> Por fortuna, lo que hay de español en esta América nos ha permitido conciliar la reivindicación de los valores españoles y la fidelidad a ellos con la adhesión a los americanos.

Aurora Molina. Actriz. México.

> Tengo dos raíces, o sea, soy española y soy mexicana y no puedo prescindir de ninguna de las dos.

Francisco Ayala. Escritor en el exilio.

> Yo jamás me hice ilusiones de que el exilio fuera una situación transitoria, jamás. Estaba persuadido de que era un punto terminal y luego otra vida, la que fuera, cada cual según sus posibilidades y su talento, pero otra vida distinta. En cambio, otra gente, lo cual siempre me parecía lamentable, estaba soñando con la vuelta a una España que ya no existía, era un sueño verdaderamente increíble. Cualquier país, digamos, hispanoamericano, aun el más modesto, se parecía más a la España que había sido que a la España que ahora era. Me imagino que los que estaban en España se reirían, estaban pasando hambre en términos generales.

Argentina

En la Argentina hay que recordar la intensa actividad intelectual y cultural de los exiliados. Luis Jiménez de Asúa, uno de los principales redactores de la Constitución del 31 y presidente de la República en el exilio durante 1962-1970, y Claudio Sánchez

Albornoz, catedrático de Historia Antigua y Medieval, ministro de la República y presidente del gobierno republicano durante 1962-1970, pudieron dedicarse a la enseñanza universitaria en Buenos Aires.

Es famosa la polémica sobre el origen de España entre los medievalistas Claudio Sánchez Albornoz y Américo Castro, residente este último en EE. UU. También hay que destacar a Francisco Ayala, catedrático de Derecho Político y escritor, que alterna sus trabajos sobre política y sociología con sus actividades literarias; promovió la revista argentina *Realidad*. En Buenos Aires igualmente desarrollaron su labor artística el dramaturgo Alejandro Casona, la actriz Margarita Xirgu, el poeta Rafael Alberti y su mujer María Teresa León, las escritoras Rosa Chacel, Elena Fortún... Manuel de Falla, en su exilio «moral» en la Córdoba argentina, compuso, a modo de testamento, su *Atlántida*. Fue enorme la actividad editorial de nuestros exiliados a través de la Editorial Sudamericana y de la Losada y la periodística a través del *Pensamiento Español* y la revista literaria *Ínsula*.

Dado el considerable número de emigrados desde el XIX de vascos, catalanes y gallegos, aparecieron diversas publicaciones en sus respectivas lenguas, como la editorial vasca Ekin, fundada por Andrés María de Irujo, la catalana Catalunya y revistas gallegas donde publicaba el dibujante Alfonso Rodríguez Castelao. Los gallegos eran los que tenían mayor presencia, desde antiguo, en Argentina, con un colectivo de más de cuatrocientas mil personas. El Centro Gallego de Buenos Aires contaba en 1939 con sesenta y tres mil socios. Rodríguez Castelao fue el indiscutible guía y apóstol del nacionalismo gallego, siendo el presidente del Consello de Galiza cuando se creó en 1944.

SANTIAGO CARRILLO. Ex secretario general del PCE.

Pasé un tiempo en Buenos Aires y allí estaban el general Rojo, Jiménez de Asúa, Castelao, Sánchez Albornoz, estaba también Alberti... El ambiente en Buenos Aires no era diferente al de otros sitios del exilio, había divisiones muy claras. En la Argentina, uno de los problemas que se planteaba en la emigración era el gran peso que tenía la «Galeuzca», que en tiempos de la República era un compromiso entre nacionalistas vascos, catalanes y gallegos y yo sé que, por ejemplo, el general Rojo tuvo problemas porque no estaba de acuerdo con la orientación de la Galeuzca; consideraba que el nacionalismo pesaba demasiado allí y que no eran bastante solidarios con la causa general de entonces, y eso debía de afectar a las figuras de la emigración que había allí. Alberti no tenía esos problemas porque, a parte de que era comunista, era un poeta, un escritor, y tenía el respeto y la consideración de mucha gente que no era comunista sino más bien anticomunista. Allí, el predominio era el de los gallegos; el Centro Gallego de entonces era una verdadera potencia en Buenos Aires. Tenía una inclinación republicana y ayudaba a los españoles emigrados allí. De todas maneras, en Argentina no hubo nunca una emigración política de masa, fueron personalidades, no fue nunca un centro político de la emigración española.

Cuba

JOSÉ RAMÓN FERNÁNDEZ. Vicepresidente del gobierno cubano. Nacido en Santiago de Cuba, es hijo de asturianos, «fervientes admiradores de la República» que emigraron a Cuba antes de la guerra civil y que estuvieron en muy estrecha relación con los exiliados españoles.

> Aquí los exiliados tuvieron una influencia positiva. Vinieron con las armas del talento y no con las armas de la conquista, y esto es respetado y agradecido por todos. Es el caso de Herminio Almendros, literato, un maestro del idioma cuyos libros de texto del español, desde la primaria hasta el nivel medio, e igualmente los textos de química de López Rendueles, se mantienen en vigor hoy todavía. Ambos tuvieron un papel importante en la reforma de la educación.

A pesar de las reticencias de las instituciones para recibir exiliados españoles, aun los que estuvieron de paso, dejaron huellas indelebles, como fue el caso de María Zambrano, discípula de Ortega y Gasset y el poeta Juan Ramón Jiménez, que más tarde conseguiría el Premio Nobel de Literatura.

JORGE DOMINGO CUADRIELLO. Investigador del Instituto de Literatura y Lingüística de La Habana.

María Zambrano realizó aquí una meritoria labor en cuanto a la divulgación de las corrientes filosóficas mediante charlas, conferencias y a través de los Cursos de Verano en la Universidad de La Habana, en la Institución Hispano-Cubana de Cultura, en el Liceo, en el Centro de Altos Estudios que tenía el Ministerio de Educación. También colaboró en la consolidación del grupo de poetas, «Orígenes», cuya tarea fue reconocida por Lezama Lima, la principal figura del grupo. Publicó mucho en la prensa, en la revista de *Orígenes* y dejó algunos textos verdaderamente trascendentales como «El sentido de la derrota», en la revista *Bohemios*: «[...] Pues todo lo vencido y derrotado está llamado a renacer si ha sabido mantenerse fiel a sí mimo, si ha sabido entregarse... Por eso me arrepiento a medias de algo que un día dije a uno de los más grandes escritores que Francia tiene hoy día. Le había conocido hacía unas horas alrededor de una mesa a la que nos sentábamos ese número de personas que hace una conversación perfecta —raro gozo en esta época de reuniones multitudinarias y de soledad—; amaba a España con honda y un poco desesperada pasión, y llevado de esa pasión llegó a decirme: "Porque, señora, usted sabe, yo también soy español." Y le dije: "No, no es posible; para ser español hace falta estar vencido." Pareció vacilar un momento y enseguida repitió en voz alta la frase para hacer partícipes a los demás de lo que aceptaba como una especie de condena a la que no acababa de resignarse; pues, ¿no estaría él, acaso, un poco vencido?... Me arrepiento, porque no sólo para ser español, sino para ser hombre, hace falta estar vencido o... merecerlo; vencer, si se vence, con la sabiduría de los derrotados que han ganado su derrota.»

GERMÁN AMADO BLANCO. Ex viceministro primero de Comercio Exterior del gobierno de Cuba.

Mucho español vino a Cuba con la idea de quedarse pero no encontró ambiente, la facilidad de poderse desenvolver económicamente. Uno de los casos fue el de Juan Ramón Jiménez. Estoy convencido de que si hubiese encontrado la posibilidad de una cátedra en la universidad, conferencias, una serie de seguridades, se habría quedado en Cuba. A él le gustaba muchísimo Cuba, no se quería ir a EE. UU. Incluso no conocía el idioma ni tenía interés en aprenderlo.

JORGE DOMINGO CUADRIELLO. Investigador del Instituto de Literatura y Lingüística de La Habana.

Creo que en la decisión de Juan Ramón Jiménez de marcharse de Cuba intervienen algunos factores; la nula oportunidad que tuvo de ejercer un magisterio real, de impartir clases, pero también eso se ve en el Diario de Zenobia Camprubí, donde queda claro que, desde el primer momento, Zenobia quería trasladarse a EE. UU., donde tenía otros familiares. A través de este diario se ve que Zenobia en Cuba nunca se llegó a sentir verdaderamente bien, se sentía un tanto extraña y seguro que ella influyó mucho para que Juan Ramón Jiménez se marchara de Cuba, rumbo a EE. UU.

Otros, como profesores que eran, se dedicaron a la enseñanza, pero en puestos subalternos cuando no en academias particulares creadas por ellos mismos. A diferencia de casi toda América, el sistema oficial educativo de Cuba excluía, como en los países europeos, al extranjero. Sin embargo fueron estos republicanos españoles quienes influyeron en la formación de los futuros dirigentes de la revolución cubana y también participaron en la lucha contra el dictador Batista. En septiembre de 1943 se celebró, por iniciativa de Fernando Ortiz y con el apoyo de la Universidad de La Habana, una importante reunión de profesores universitarios en el exilio a la que acudieron de todas partes de Iberoamérica y que representaban la mitad de los catedráticos de las universidades españolas antes del comienzo de la guerra civil. Su manifiesto fue la base de la Junta de Liberación Española que se creó en México.

ALFREDO GUEVARA. Dirigente de la revolución cubana. Compañero de Fidel y de Raúl Castro desde la universidad, ha sido embajador de Cuba ante la UNESCO y fundador y presidente del Instituto Cubano del Arte e Industria Cinematográficos (ICAIC), fundador del movimiento del Nuevo Cine Latinoamericano. Presidente del Festival Internacional del Nuevo Cine Latinoamericano (La Habana).

Mi generación entra en la Universidad de La Habana, la única que había en el país, cuando la guerra civil española había terminado, pero había dejado hondas repercusiones en la juventud cubana. Era una época en la que no se podía hablar de una familia que no tuviera antecedentes en España, un porcentaje altísimo de la población cubana vivió en su niñez o en su adolescencia con los acontecimientos que llevaron al derrumbe de la República española. Pero esto encontró otro eco y fue la llegada de los refugiados españoles... Tuvimos la suerte de que algunas grandes figuras del pensamiento seleccionaran Cuba o que muchos de esos grandes profesores que se fueron a México pasaran por Cuba. Don Fernando Ortiz, que fue uno de los grandes antropólogos, etnólogos y ensayistas, recogió en la revista que dirigía, *Ultra*, muchos trabajos de estos profesores y organizó el Congreso de Profesores Españoles en el exilio... Nosotros tuvimos profesores españoles, no tan importantes como María Zambrano, pero que jugaron un papel más directo, que influyeron en nuestra generación porque se preocuparon por Cuba, por los problemas políticos de Cuba, como fue el caso de Gustavo Pittaluga o de Fernando de los Ríos, que escribió sobre José Martí... Existían dos grandes organizaciones: una comunista, que descansaba en la Casa de la Cultura, y la otra era el Círculo Republicano Español. A mí me tocó vivir entre las dos porque como allí uno encontraba a estas grandes figuras... Existía también el Casino Español de

La Habana. Todo estaba en el Paseo del Prado, que en aquella época era una de las principales avenidas del esplendor habanero. Entonces uno saltaba del Casino, que era el lugar de los burgueses ilustrados, a la Casa de la Cultura y al Centro Republicano Español, y en esos sitios toda una generación giraba hablando con esos profesores, esos intelectuales, con esas figuras... Mi interés está en reivindicar y revalorizar lo que significa el legado de la República española en todos los terrenos, hasta en el constitucional, en todos los terrenos, en las ciencias, en las artes, en la literatura y en la política, en el desarrollo de nuestro pensamiento, de nuestra voluntad revolucionaria.

JOSÉ RAMÓN FERNÁNDEZ. Vicepresidente del gobierno cubano.

López Rendueles, padre del actual Jefe de Estado Mayor General de nuestras Fuerzas Armadas Revolucionarias, fue un destacado químico, e incluso participó, no como combatiente de fusil pero sí como asesor en química del 2.º Frente Oriental que mandaba el hoy general del Ejército, Raúl Castro, ministro de las Fuerzas Armadas. A ese frente se unió López Rendueles con su familia y participó durante los últimos meses en la lucha contra la tiranía batistiana, en la lucha y la derrota definitiva.

El comandante Alberto Bayo, español nacido en Cuba y que dirigió el desembarco en Ibiza a comienzos de la guerra civil, se unió a las fuerzas revolucionarias de Fidel Castro.

MIGUEL MARÍN. Oficial del Ejército revolucionario cubano. Hijo de un reconocido pintor aragonés, llegó a México en 1942 cuando tenía dos años. Tras escarceos en el mundo de la escena y la comunicación, se adhiere a la revolución cubana cuando cuenta diecinueve años y en ella milita durante los diecisiete años siguientes. Actualmente reside en México D. F.

A través de mi padre conocí al general Alberto Bayo, que acababa de entrenar al Movimiento 26 de julio en un rancho de

Chalco. Entonces, inmediatamente, me emocionó la idea de ir a combatir a Batista. Los cubanos me contaban lo que era Batista: la muerte de los estudiantes, la vida de los burdeles, de las citas, del narcotráfico, y decidí unirme al Movimiento... Ya el *Gramma* había salido, pero el general Alberto Bayo me dijo que me tenía en cuenta y quiso que me fuera con él. Me fui como si fuera un exiliado más a Cuba, como si fuera un combatiente más. Allá estuve en La Cabaña, con el comandante Ernesto Che Guevara, que me dio el grado de primer teniente, pero en comisión de servicios con el general Bayo, que era militar de carrera y por eso fue que Fidel le pidiera que los entrenase.

República Dominicana

Al término de la segunda guerra mundial no llegaban a un centenar los emigrados que permanecían en la República Dominicana, ya que se habían trasladado a otros países de Iberoamérica con la ayuda de la JARE y los cuáqueros. La razón fue principalmente económica; más de dos terceras partes se vieron sin trabajo ni recursos y las colonias agrícolas que se crearon fueron un fracaso por no estar preparados los españoles, en su mayoría obreros industriales, empleados y profesionales, para el penoso cultivo del campo en el duro clima tropical. Llama sin embargo la atención el papel dominante de los exiliados en organismos oficiales, incluido el Ejército, elegidos a dedo por el dictador vitalicio. Tal fue el caso de Manuel Peña Batlle, «obligado» por Trujillo a desempeñar los cargos de ministro del Interior, de Relaciones Exteriores y de presidente de la Cámara de Diputados. El paso del exilio por la República Dominicana dejó un importante rastro en la industria, el comercio, la economía e incluso la agricultura, pero especialmente en el ámbito intelectual y artístico. Para ello contó con dos grandes aliados, Rafael Díaz Niese, director general de Bellas Artes, y Julio Ortega Frier, rector de la Universidad de Santo Domingo, quien acogió a la mayoría de los catedráticos e impulsó la reforma educativa con las directrices de la Escuela Libre de Enseñanza. Se crearon de nueva planta la Orquesta Sinfónica Nacional, dirigida por Enrique Casal Chapí, la Escuela Nacional de Bellas Artes y el Instituto Geográfico y Geológico, a cuyo frente se pusieron los españoles Manolo Pascual y Ramón Martorell, respectivamente. Los pintores del exilio, especialmente Vela Zanetti, influyeron decisivamente en la pintura dominicana.

Carlos Vélez. Secretario de la Agrupación del PSOE de México D. F.

La República Dominicana fue un lugar de paso para muchos republicanos españoles que no tenían dónde ir. Resulta que se fundaron una serie de colonias agrícolas con españoles que, frecuentemente, no tenían nada de agricultores o tenían una experiencia muy distinta a la de un país tropical y fueron un fracaso; mucha gente se enfermó de paludismo y otras enfermedades. Lo conozco bien porque durante algún tiempo fui ayudante en un consultorio que tenía la JARE en Santo Domingo. La mayoría trató de salir de Santo Domingo. Pero hubo gente que de alguna manera se acomodó en esa sociedad tan rara, tan deprimente, tan tremenda como era en la época de Trujillo, donde el que no estaba con él estaba contra él y los eliminaba, no porque tuviesen ideas comunistas o socialistas, incluso lo hizo con sus propios hermanos, cuando pensaba que trataban de quitarle algún beneficio económico... no tenía ningún miramiento con nadie. A Trujillo no le importaban mucho las ideas, lo que le importaba era tener gente muy servicial o servil a su alrededor que no le afectara a sus intereses económicos y, por supuesto, que no fuera a tramar algo para derribarlo del gobierno. Eso es lo que yo creo que era la sociedad dominicana en esos años. Posteriormente, Trujillo persiguió a gente que le había atacado y que, de algún modo, representaban enemigos políticos para él. Pero también tengo que decir que si hubo un país, me refiero al pueblo, que recibió con los brazos abiertos a los republicanos españoles, fue el dominicano. Todos los españoles que pasamos por allí guardamos un recuerdo muy tierno, muy afectuoso de cómo nos recibieron. Los dominicanos siempre han tratado de ser españoles en contraste con los haitianos, que son negros y franceses.

El dictador Leónidas Trujillo persiguió y asesinó más tarde a algunos españoles que habían pasado por República Dominicana. A José Almoina, nombrado primero preceptor de su primogénito y luego su secretario personal, cuando éste se trasladó a México, fue atropellado en el Distrito Federal en mayo de 1960 por un coche del que se bajaron dos pistoleros para rematarle. El caso de Alfredo Pereña, desaparecido en 1959, hizo que el Vaticano interviniera y que México retirara a su embajador, pero todo fue inútil.

MERCEDES GILI. Viuda de Alfredo Pereña. México.

Mi marido era abogado y aquí, en México, como todo el que llegaba decía que era abogado, no había manera de encontrar un trabajo bueno y tuvo que trabajar en lo que pudo hasta que, finalmente, encontró trabajo en unos laboratorios que se llamaban Hormona, cuyo dueño era un judío, también emigrado, que tenía de empleados a todos los emigrados españoles porque sabía que nadie trabajaba como ellos. Mi marido llegó a ser gerente de exportación y todos los años tenía que hacer un recorrido por las sucursales del Caribe. En el 59 iba a realizar su último viaje porque después iban a nombrar a otra persona, fue justamente cuando Fidel Castro subió al poder y, al parecer, Trujillo esperaba una invasión. Nosotros estábamos tan al margen de la política, tan alejados de lo que pasaba, que nunca pensamos lo que le podía pasar a él, que no tenía nada que ver en política, porque mi marido siempre dijo: «Yo, la política en mi tierra. Cuando vuelva haré política, aquí nada.» Pues llegó a Santo Domingo y lo cogieron, lo torturaron y no sabemos más. Nosotros tardamos tres años en saber lo que le había pasado. El gobierno de México intervino, yo pude hablar con el presidente de la República, que era López Mateos, que me dijo: «Señora, voy a mandar a Santo Domingo a mi policía particular, le traerá noticias.» Este hombre fue y cuando volvió me dijo: «Señora, le puedo decir que su marido entró pero no sé si está muerto o está en un campo de concentración, no lo he podido averiguar.» Así estuvimos tres años hasta que finalmente asesinaron a Trujillo, por suerte, y entonces fui a Santo Domingo y nada más llegar al aeropuerto y entregar mi pasaporte me dicen: «¡Ah, Pereña! ¿Es usted su viuda?» Entonces fui a hablar con el procurador y me dijo: «Mire, señora, su esposo entró y su esposo está muerto. Pero no le puedo decir ni quién, ni dónde»... Él tenía un aspecto muy intelectual, había ido cada año a Santo Domingo, entonces podía ser sospechoso... además refugiado español, que eso es siempre malo, ¿no? Después supimos que efectivamente lo detuvieron, que lo torturaron y se les fue la mano, como no tenía nada que decir se les fue la mano y lo mataron y, probablemente, lo echaron a los tiburones.

Por último, el caso de Jesús Galíndez, delegado del Gobierno Vasco en Nueva York, que desapareció a la salida de su universidad, en marzo de 1956, y fue trasladado en un pequeño avión hasta Santo Domingo. Con este asesinato, el dictador Trujillo no sabía que estaba firmando su propia condena de muerte, que habría de cumplirse cinco años más tarde, en 1961, ya que uno de los tres que lo mataron era el hermano del capitán De la Maza, que había custodiado a Galíndez en su traslado y fue posteriormente asesinado por el dictador para garantizar su silencio.

EUGENIO IBARZÁBAL. Escritor, periodista, ex portavoz del gobierno vasco.

Jesús Galíndez era un abogado nacido en Madrid, alavés de familia, que terminó colaborando con el gobierno vasco. Él tenía una gran simpatía por todo lo latinoamericano; había vivido en varios países centroamericanos y sudamericanos y ahí chocó con todo lo que significaba el mundo de la dictadura de Trujillo. En ese momento, Galíndez tenía muchas relaciones con EE. UU. Se instaló allí y elaboró una tesis doctoral sobre Trujillo totalmente crítica con semejante personaje. Entonces recibió varias amenazas pero él continuó, y hubo un momento en que literalmente desapareció. A partir de ahí todo fueron conjeturas, y el FBI, con el que Galíndez colaboraba, intervino para saber qué es lo que había ocurrido. El hecho es que poco a poco todas las personas que intervinieron en el secuestro, porque fue secuestrado y llevado a la República Dominicana, terminaron siendo asesinados y, en algún caso, se suicidaron.

Venezuela

Venezuela fue el destino de muchos vascos y catalanes. Al principio del exilio casi la tercera parte de los que allí emigraron. Augusto Pi Sunyer fue contratado por el Ministerio de Educación de Venezuela para reorganizar la enseñanza médica. Fundó en Caracas el Instituto de Medicina Experimental y está considerado el padre de la actual medicina.

CARMEN DE AZCÁRATE. Venezuela.

Mi padre, Justino de Azcárate, líder político, que había sido subsecretario de Gobernación de la República, temiendo por su vida, se entregó en Burgos y terminó en 1936 en la cárcel Nueva de Valladolid, donde pasó catorce meses hasta ser canjeado por el falangista Raimundo Fernández Cuesta, preso en la zona republicana. Nos llevaron escoltados hasta la frontera francesa y de allí nos fuimos a París, donde pasamos dos años muy escasos de recursos. A veces comíamos en casa del doctor Marañón... El embajador de Venezuela en Francia, Manuel Egaña y el escritor Uslar Pietri organizaron nuestro traslado y llegamos al puerto de La Guaira, donde nos recibieron el doctor Sánchez Covisa, dermatólogo de fama internacional, y su familia, que nos dieron cobijo en su casa. Fuimos muy bien acogidos. Mi padre comenzó a trabajar en el instituto de Administración y Hacienda y luego en el ministerio de Fomento. Después fue director de la Fundación Mendoza, filántropo y gran personaje venezolano, y regresó a España a la muerte de Franco como senador real y luego senador por León, su patria chica. Sintiéndose muy venezolano, no se nacionalizó y quiso seguir siendo español en el exilio. Mis hermanos Juan Cayo, Isabel y yo tenemos la doble nacionalidad y vivimos a caballo entre Venezuela y España... No fueron muchos los republicanos españoles en Venezuela. Hay que destacar la influyente colonia de origen vasco y los médicos.

Recuerdo a Jesús Sahagún, a Santiago Ruerta, a Augusto Pi Sunyer, creador del instituto de Fisiología... En la enseñanza dejó su impronta Pedro Fraser, pedagogo y escritor.

Colombia

También en Colombia se afincaron médicos de renombre, como Antonio Trías Pujol, y muchos catedráticos y enseñantes, como Luis de Zulueta, ex ministro de la República que vivió en Bogotá, donde fue profesor de la Escuela Normal Superior. Muchos universitarios pudieron encontrar ocupación en instituciones oficiales o en centros privados de enseñanza, algunos pertenecientes a órdenes religiosas.

JULIÁN DE ZULUETA Y CEBRIÁN. Hijo del ministro de Estado de la República Luis de Zulueta y sobrino de Julián Besteiro. Médico de la Organización Mundial de la Salud, gran especialista en paludismo, ha recorrido los cinco continentes en misiones internacionales para combatir las enfermedades tropicales. Es presidente de la Fundación Giner de los Ríos y miembro de otras instituciones científicas y sociales. Vive en Ronda (Málaga).

Mi padre, Luis de Zulueta, era discípulo muy próximo de don Francisco Giner. Fue catedrático de Pedagogía en Madrid y diputado a Cortes en varias legislaturas como uno de los líderes del Partido Reformista de Azaña. Fue también ministro de Estado durante dos años y luego embajador en Alemania y en el Vaticano... Yo terminé el bachillerato en junio de 1936, en el Instituto Escuela de la Institución Libre de Enseñanza, y los cinco hermanos nos fuimos a Roma para las vacaciones de verano, donde nos cogió el alzamiento militar. Con la connivencia de los fascistas de Mussolini, los agentes de Franco habían ocupado la embajada española ante el Quirinal y el entonces cardenal Pacelli, luego Pío XII, llamó a mi padre y le aconsejó que por su seguridad abandonase Italia. Salimos con lo puesto y pasamos el invierno del 36 en París, sin recursos... Mi padre había sido mediador internacional en el conflicto fronterizo entre Colombia y Perú por la posesión de Puerto Leticia y mantuvo muy buenas relaciones con el presidente de Colombia Olalla Herrera, quien reclamó a mi padre y en el 37 nos instalamos en Bogotá. Yo estudié medicina en la Universidad Nacional, con premio extraordinario de fin de carrera, y me especialicé en medicina tropical, fiebre amarilla y paludismo. Después hice estudios de genética en Cambridge, donde me casé y volví a Colombia, en un programa del gobierno y la Fundación Rockefeller, y trabajé en Villavicencio (Los Llanos) y en la Sierra de la Macarena, estudiando las enfermedades endémicas de estas regiones prácticamente inexploradas. En 1952 salí de Colombia y he recorrido medio mundo en campañas de la OMS para prevenir y erradicar el paludismo y la fiebre amarilla con nuevos tratamientos, insecticidas, medicamentos y vacunas... Mi padre trabajó en Colombia como pedagogo, investigador, escritor, conferenciante y también articulista en *El Tiempo* de Bogotá por su vieja amistad con su propietario, Eduardo Santos, que llegó a ser presidente de la nación. Hubo pocos exiliados en Colombia, pero muy relevantes. Recuerdo a don José Prats, socialista, luego senador real en la España democrática. También a Antonio Trías, médico, catedrático de la Universidad de Barcelona, al doctor Cuatrecasas, botánico, que luego se fue a Estados Unidos, al embajador de la República, Ureña, que se quedó, a Ots Capdequi, profesor de Universidad, a Martínez Dorrién...

Puerto Rico

En Puerto Rico dejaron su impronta tres figuras eminentes: Juan Ramón Jiménez, quien, tras permanecer varios años en

EE. UU. se estableció y murió en la isla, negándose a volver a España por «no vivir con la cerviz doblada». Igualmente pasaron allí sus últimos años el violoncelista Pau Casals, y también el poeta Pedro Salinas, cuyos restos reposan, por voluntad propia, en el viejo cementerio de San Juan. A partir de 1942, tras el triunfo electoral del Partido Popular, las puertas de la Universidad de Puerto Rico se abrieron para muchos extranjeros y, principalmente, para los republicanos españoles dispersos ya por toda América.

Francisco Ayala. Escritor en el exilio.

Cuando se puso bastante enojosa la dictadura peronista encontré la posibilidad de ir a Puerto Rico, que fue un centro de acogida bastante bueno en aquellos años, no sólo para los republicanos sino también para algunos neutrales que, por la incomodidad de aquella España, preferían buscar otro acomodo. Después de Puerto Rico me fui a EE. UU., donde realmente pasé el resto de mi vida.

Estados Unidos

A partir de la segunda guerra mundial, el idioma español adquirió singular preponderancia, incrementándose la enseñanza de la lengua y literatura hispanas en Estados Unidos. El gran medievalista Américo Castro, desde 1941 hasta su jubilación docente en 1953, en la Universidad de Princeton, «redescubrió» el concepto de España como crisol mestizo y singular de las Tres Culturas. También enseñaron los poetas Pedro Salinas en Wellesley College y en la Johns Hopkins University de Baltimore, y Jorge Guillén en Wellesley College, así como los escritores Ramón J. Sender en las universidades de Nuevo México y California, y Francisco Ayala en varias universidades americanas, especialmente en la City University de Nueva York, donde estaba también el dirigente socialista y antiguo embajador de la República en Washington, Fernando de los Ríos, daba clases en la New School for Social Research, que acogía a intelectuales europeos, sobre todo a judíos perseguidos por el nazismo. El que luego fuera premio Nobel de Medicina, Severo Ochoa, discípulo de Juan Negrín, estuvo trabajando en el departamento de Bioquímica de la Escuela Médica de Nueva York. En esa época, la Gran Manzana era el centro de las actividades culturales de los exiliados. También Juan Ramón Jiménez pasó varios años en EE. UU., donde su mujer, Zenobia Camprubí, fue profesora de español.

JUAN MARICHAL. Escritor en el exilio.

Cuando los norteamericanos permitieron que la frontera pudiera ser cruzada por los españoles rojos, entonces hice gestiones y me ofrecieron una beca en la Universidad de Princeton, ya que el profesor con quien yo quería estudiar era Américo Castro. Con él pasó algo muy divertido porque tenía una muy enhiesta barba, era un famoso conquistador, no de tierras, sino de damas, y los profesores españoles en México me felicitaron por lo de la beca y me dijeron: «Mucho cuidado, don Américo es muy colérico, tenga mucho cuidado con lo que dice...» Yo tenía dinero sólo para hacer el viaje en autobús desde México a Princeton y no me bajé prácticamente en las diversas escalas. Cuando descendí del autobús me encuentro con un señor sin barba, muy sonriente, que me pregunta: «¿Ha comido usted algo?» y yo le dije: «No, no he comido nada desde las cinco de la mañana.» Ése era don Américo que, al rasurarse la barba, perdió su cólera, y fue muy bueno conmigo y con los estudiantes españoles que allí estaban... Nos daban becas para enseñar el español a los soldados, pero más tarde, cuando don Américo publicó *España en su Historia*, empezaron a llegar especialistas, seguidores de su obra... Allí estuve poco tiempo. Desde que EE. UU. nos abrió la frontera empezaron a venir profesores, no sólo de literatura sino de otras disciplinas muy distintas y se crearon focos en EE. UU., como por ejemplo los que fueron a Minnesota, los llamábamos «los minnesotas» porque estaba allí Paco Grande con su equipo, es decir, que fue un beneficio para EE. UU...

DÁMASO ALONSO. Director de la Real Academia de la Lengua.

Mi última entrevista con Juan Ramón Jiménez tuvo lugar en Washington, no recuerdo el año exacto pero no fue mucho tiempo antes de la muerte de Juan Ramón. Aquella vez a mí me había invitado Aurelio Valls, poeta y diplomático que estaba trabajando en la embajada española de Washington, y fui a su casa y me encontré que había un grupo grande de españoles a los que había invitado para tomar el té; estaba Jimena Martínez Pidal y su marido, y estaban también Juan Ramón Jiménez y su mujer Zenobia. A mí me tocó estar sentado al lado de Juan Ramón, que estuvo callado, atento a todo, hablando muy escasamente, y yo lo miraba, habían pasado tantos años, treinta quizá, desde que lo había conocido por primera vez, que me quedé muy admirado y me dije: ¡Lo que hace la edad! ¡Lo que hacen los años! Este hombre, tan crítico y certero de las gentes y las cosas, sólo ahora la edad le ha dulcificado. Pero al cuarto de hora, Juan Ramón y Zenobia se levantaron y se fueron. Yo me quedé pensando: «Qué poco tiempo le he visto.» Pasó como otro cuarto de hora y empezó a sonar el claxon de un coche bajo la casa. Vino a avisarme la criada porque Juan Ramón quería ayudarme a retirar mi maleta del aeropuerto y llevarla en el automóvil de ellos. Yo dije que no, no queriendo molestar, pero volvió la criada diciendo que don Juan Ramón insistía e insistía.

Comprendí entonces que Juan Ramón quería aislarme del grupo de españoles para hablar de la situación de la literatura y explicarme él sus opiniones sobre la literatura española. Bajé a verles y Zenobia me preguntó si conocía Washington y yo le dije que había estado ya antes pero que lo había visto muy de prisa. Ella me dijo: «¡Ah! Pues se lo voy a enseñar.» Y entonces entré en el automovilito de los Jiménez. Era un automóvil pequeño, todo lleno de golpes, como arrugado, que rodando por las calles de Washington entre largos coches de suntuosa hojalata, producía casi conmiseración. Guiaba Zenobia e íbamos detrás Juan Ramón y yo. Retiramos la maleta del aeropuerto y fuimos dando vueltas por Washington. Zenobia me decía: «Esto es la Casa

Blanca, éste es el monumento a Lincoln», pero en realidad yo no podía oír las explicaciones de Zenobia porque Juan Ramón había tomado la palabra y estaba hablando de los poetas, refiriéndose uno a uno de los de la generación de 27 y encontrando, para cada uno, un punto especial de ataque sutil y certero, y, en realidad, los iba descabezando a todos, quedando él como el único poeta considerable de la España del momento. Después de revisar a Salinas, a Guillén, a Federico García Lorca, a Alberti, a Gerardo Diego y hasta al mismo Vicente Aleixandre, al que en realidad, creo yo, Juan Ramón no conocía personalmente y que era la fama última que había crecido en España, pues terminó con todos ellos uno a uno. Entonces oteó el horizonte y encontró tres grandes figuras internacionales: Paul Valéry, T. S. Elliot y Rilke, y los fue descabezando uno a uno y quedó como gran poeta único y universal. Así era en realidad Juan Ramón Jiménez, eso era lo que había en el fondo de su espíritu; una vanidad narcisista verdaderamente extraordinaria, lo cual se manifiesta muchas veces en su propia poesía.

¡Inteligencia, dame
el nombre exacto de las cosas!
... Que mi palabra sea
la cosa misma.
Creada por mi alma nuevamente.
Que por mí vayan todos
los que no las conocen, a las cosas;
que por mí vayan todos
los que ya las olvidan, a las cosas;
que por mí vayan todos
los mismos que las aman, a las cosas...
¡Inteligencia, dame
el nombre exacto, y tuyo,
y suyo, y mío, de las cosas!

JUAN RAMÓN JIMÉNEZ

CAPÍTULO XVII
México, la patria del exilio

México, has abierto tus puertas y tus
manos al errante, al herido, al desterrado, al héroe.

Pablo Neruda

Los cerca de veinte mil exiliados que acabaron recalando en México, sin dejar de ser españoles, se sintieron también profundamente mexicanos. A principios de 1940, el gobierno de Cárdenas concedió la nacionalidad a todos los republicanos españoles que lo desearan, y la pidieron más de un setenta por ciento. Los «refugiados», como eran llamados para distinguirlos de los «gachupines» de la emigración económica, eran vistos por los mexicanos como derrotados pero no vencidos, pródigos en compartir lo que sabían. No se dedicaban a la política y, en algunos, la nostalgia podía llegar al patetismo. El español del éxodo y del llanto fue también el del trabajo, la iniciativa y la creación.

Pilar Villalba. Viuda de Tapia. México.

Alguien ha dicho que antes los españoles, los gachupines, cuando llegaban ponían en cada esquina una tienda de abarrotes, o sea, de ultramarinos, y desde que llegamos los refugiados, siempre nos hemos llamado así, en cada esquina había una librería.

CONCHA RUIZ FUNES. Historiadora. México.

Siempre se ha dicho que el exilio republicano a México fue un exilio formado por intelectuales. Es evidente que no, el grueso del exilio que llega a México, de entre 19 000 y 20 000, llegarían unos 4 000, 5 000, como mucho, de intelectuales, y hay que contar entre éstos a maestros, etc. El grueso del exilio que llegó a México fue muy representativo de la España de la época, o sea, una gran cantidad de campesinos, una gran cantidad de obreros, de profesionales liberales, de funcionarios, de burócratas, que llamamos aquí a los trabajadores del Estado, y luego una gran cantidad de mujeres que en su mayoría no tenía profesión y venían siguiendo a sus hombres. La mujer, desde mi punto de vista, desarrolló un papel fundamental, que fue el de conservar para los hijos la identidad de exiliado. Es la que mantuvo en el interior de las casas y muy en relación con las escuelas que fundaron los exiliados en México este concepto de ser republicano español y, por ende, exiliado español. Si la segunda generación tenemos una identidad de exiliados y de republicanos es gracias a la labor que hicieron las mujeres en el interior de las casas.

El economista e historiador mexicano, Daniel Cosío Villegas, que en 1934 había fundado una de las editoriales más importantes de Iberoamérica, el Fondo de Cultura Económica, y que en 1937 se encontraba como embajador de México en Portugal, logró que el presidente Cárdenas fundara en 1938 La Casa de España en México para acoger a intelectuales españoles e integrarlos en los altos centros de cultura mexicanos, mientras se decidía la suerte de la República española que algunos ya daban por perdida. Cosío recuerda en sus *Memorias* los argumentos que hizo llegar al presidente.

> Con el triunfo de los militares queda afuera, desamparado, sin recursos, sin país, un puñado de españoles de primera fila, valores científicos, literarios, artísticos y, por añadidura, de ejemplar calidad moral. Entre los más conocidos están Claudio Sánchez

Albornoz, embajador aquí, en Lisboa, el más grande medievalista español y una de las más firmes autoridades del mundo; Américo Castro; Enrique Díez Canedo; Fernando de los Ríos; Menéndez Pidal, el gran filólogo; Zulueta, ministro de Estado, embajador en el Vaticano y gran pedagogo...

Lázaro Cárdenas designó para presidir la Casa de España a Alfonso Reyes, el intelectual mexicano de más autoridad, que había vivido en carne propia el exilio, al tener que salir huyendo de la persecución de la dictadura de Porfirio Díaz, y que mantenía estrechos vínculos con intelectuales españoles que se fraguaron durante su estancia de diez años en Madrid (1914-1924): Américo Castro, Azorín, Valle-Inclán, Unamuno, Orte-ga y Gasset, Manuel Azaña, Juan Ramón Jiménez... Daniel Cosío Villegas fue nombrado segundo de a bordo, como secretario del patronato y de La Casa. La mayoría de los intelectuales aztecas, entre los que figuraba Octavio Paz, colaboraron activamente.

PILAR VILLALBA. Viuda de Tapia. México.

Trabajé en La Casa de España con Alfonso Reyes y con Cosío Villegas que era el secretario y que luego fue el director del Fondo de Cultura. En ese momento, La Casa de España estaba en la misma oficina que el Fondo de Cultura. Alfonso Reyes era una persona fantástica que vivió mucho tiempo en España, porque se tuvo que ir de aquí cuando la revolución. Conocía a muchos de la Junta de Ampliación de Estudios, era muy amigo de Enrique Díez Canedo y tuvo un papel muy importante en la fundación de la Casa de España, aunque la idea fue, según creo, de Cosío Villegas. Estábamos en un piso de la calle Madero y había como veinte o treinta miembros que eran catedráticos, escritores, y el compromiso era de dar cursos y hacer un libro, que editaba el Fondo de Cultura. La idea fue ayudar a los intelectuales que salían de España en plena guerra. Al principio fueron pocos, luego fueron ampliando y casi todos daban clase en la UNAM y en las universidades de los estados, y también ayudaron a otros muchos, como al pintor cordobés Rodríguez

Luna, que sin ser miembros, eran como suplentes. La Casa de España hizo una gran labor. Decían que por qué tenía que llamarse «Casa de España» que debía ser la «Casa de México», total, que al final se transformó en el Colegio de México.

El poeta León Felipe, que ya residía en la capital azteca desde comienzos de 1938 y estaba casado con una mexicana, se sumó de inmediato al proyecto. El filósofo José Gaos fue el primero que llegó directamente de Europa, en agosto de 1938. Rector de la Universidad de Madrid y catedrático en la Facultad de Filosofía y Letras, había trabajado activamente en la organización del Pabellón Español en la Exposición Universal de París en 1937 para el que fue pintado el mural del *Guernica* de Picasso. Creó, en esta institución, un seminario de Historia de las Ideas, además de publicar un importante ensayo sobre el pensamiento hispanoamericano. También en la Casa de España en México encontró cabida nuestro naturalista, para entonces nonagenario, Ignacio Bolívar. María Zambrano, tras su paso por Cuba y Puerto Rico, fue comisionada por la Casa de España para que impartiera en la Universidad del estado de Michoacán, en la ciudad de Morelia, feudo de la familia Cárdenas, un curso sobre Sociología y otro sobre Introducción a la Filosofía. A finales de la presidencia de Cárdenas, en 1940, la Casa de España en México se convirtió en el Colegio de México para garantizar su continuidad, convirtiéndose en la institución cultural más importante de México, premio Príncipe de Asturias, en 2001, en Ciencias Sociales.

Durante los primeros años del exilio fueron surgiendo, por iniciativa de los propios exiliados, otros centros culturales y asociaciones con objeto de ayudar a los expatriados. Los españoles estuvieron presentes en todos los sectores de la actividad cultural y productiva de México. El SERE de Juan Negrín y la JARE de Indalecio Prieto proporcionaron ayudas a los refugiados y crearon empresas para darles trabajo: laboratorios químico-farmacéuticos (Industrias Químicas Americanas), fundiciones (Vulcano) o industrias gráficas, como la Editorial Séneca, puesta en marcha por José Bergamín en enero de 1940, que desarrolló en los años siguientes una ingente labor divulgadora de autores occidentales clásicos y contemporáneos que trascendió a toda América a la vez que publicaba a los autores del exilio que pudieron, de esta forma, dar a conocer su obra literaria. La Editorial Séneca, además del apoyo del SERE, contaba con el de la Junta de Cultura Española, fundada en París en marzo de 1939 y presidida por José Bergamín, que tenía por objeto «asegurar la propia fisonomía espiritual de la cultura española... y la de unir y ayudar en sus trabajos a los intelectuales españoles expatriados». Lanzó la revista *España Peregrina* en cuyo primer número publicó el «Manifiesto del Exilio».

CONCHA RUIZ FUNES. Historiadora. México.

El exilio «no intelectual» fue un exilio muy dispuesto a trabajar, entonces encontraron trabajo enseguida, pasaron un período muy corto de situación económica muy precaria, pero ya en los años 42-43 estaban todos ellos perfectamente incorporados al mercado de trabajo mexicano. Se dio una gran solidaridad entre ellos y recibieron también cierta ayuda por parte de los antiguos residentes. Esto se dio entre las nacionalidades españolas: los catalanes se volcaron con los catalanes exiliados, les proporcionaron trabajo y les acogieron en sus industrias y negocios; los vascos también tuvieron una solidaridad impresionante con los suyos, no sucedió tanto con los gallegos... Al mismo tiempo que se incorporaron al trabajo, al modus vivendi, se aglutinaron de una manera impresionante, lo cual hizo que tuvieran muchas dificultades de adaptación... Tenían la posibilidad de integrarse en el Orfeó Català, en el Centro Vasco, en la Casa de Valencia, en la de Andalucía, y por ser un grupo donde había políticos importantes, inmediatamente lo que hicieron fue reorganizar los partidos políticos. Entonces, su vida cotidiana, fuera del trabajo, se orientaba siempre hacia las actividades de estas organizaciones, formadas por ellos mismos. Se fundaron los tres colegios, y esto hizo que los hijos estuviéramos metidos en una dinámica del exilio, también con profesores y personal exclusivamente exiliado. Todos estos factores hicieron que el exilio en México adoptara una actitud que yo considero endogámica.

FRANCISCO BAREA. Ex presidente del Centro Republicano Español de México.

Los que no eran intelectuales se dispersaron mucho porque, en primer lugar, y es notable, muchas personas fueron a trabajar a laboratorios químicos. También al principio se formaron las industrias Vulcano, que eran metalúrgicas, y que a los pocos años desaparecieron, pero sí se crearon obreros y empresarios de diferentes ramos y que en el campo de la industria prosperaron bastante: en electrónica, en la fabricación de muebles y otros artículos; una fábrica de loza, San Isidro, bastante buena; otra de productos domésticos, Acros, aceros esmaltados, bastante en construcción... Los sindicatos nos abrieron totalmente las puertas en sus diferentes ramas. En definitiva, no hubo dificultades para encontrar trabajo ni hubo ningún tipo de discriminación. Hubo alguna resistencia al principio por parte de los antiguos residentes españoles, que en su mayoría, no en su totalidad, no diría que eran de tendencia franquista, sino que sencillamente por un espíritu patriotero se pusieron al lado de Franco porque veían que el «Imperio español» de Franco era muy importante para ellos. Sí hubo con ellos algunas disputas, rencillas, que con el tiempo se terminaron.

Manuel Andújar, José Ramón Arana, José Puche Planas y Anselmo Carretero, editores de una de las mejores revistas del exilio, *Las Españas*, promovieron la creación de un centro donde «se cultivara el mundo de las ideas con espíritu abierto y plural, y para defender y divulgar la cultura española». El Ateneo Español de México se constituyó el 4 de enero de 1949 y muy pronto adquirió peso importante en la vida cultural y política de la capital. En él funcionaron secciones de artes plásticas, ciencias físico-matemáticas, ciencias biológicas, humanidades, literatura, teatro, cine y música. En las actividades del Ateneo participaron la mayoría de los intelectuales y artistas españoles allí residentes, como el poeta Luis Cernuda, quien, tras su peregrinaje por Inglaterra y EE. UU., acabó recalando en México, donde murió; el músico Rodolfo Halffter; los escritores Ramón J. Sender, que vivió en México y EE. UU., y Max Aub, que pudo librarse del siniestro campo de concentración de Djelfa, en Argelia, adonde consiguió enviarle el embajador franquista Lequerica, y también el cineasta Luis Buñuel, que con su admirable película, *Los olvidados*, inició el período más interesante de su cinematografía.

Anselmo Carretero. Historiador. México.

La revista *Las Españas* la fundaron Andújar, Arana y Pepe Puche. Yo entré en la revista cuando el primer número estaba en la calle... Queríamos que llegase a España, decir en ella lo que no se podía decir en España y también queríamos unir a la emigración española. El Ateneo Republicano Español lo fundó el grupo de *Las Españas* con otras gentes y aportó la revista. No estaba pensado para un mestizaje hispanomexicano, todo lo contrario, sino como un baluarte de la emigración cien por cien española.

Leonor Sarmiento. Presidenta del Ateneo Español de México.

La fundación del Ateneo provino sobre todo del grupo de *Las Españas* de Anselmo Carretero y los demás. El acta de constitución se firmó en la Editorial Séneca, en la oficina de Bergamín, y fue en el año 49. Sintieron la necesidad de tener un lugar donde reunirse, sobre todo los intelectuales, cuando se perdió la esperanza de regresar pronto a España, porque las maletas estuvieron mucho tiempo sin deshacerse. Aquí se reunieron todos los refugiados políticos de Sudamérica —Argentina, Chile, etc.— que pasaban por México. El Ateneo agrupó a todos los intelectuales, representó un lugar donde reunirse, discutir, hablar de España, y además también hubo mucha participación de intelectuales mexicanos. Había conferencias, mesas redondas, se pasaban películas, el Teatro Español de México salió del Ateneo porque aquí era donde ensayaban, muchas exposiciones de pintura que se hacían todos los meses...

Unos trescientos médicos se agruparon alrededor del doctor Márquez, ex decano de la Facultad de Medicina de Madrid, quien «avaló» sus titulaciones y creó el Ateneo Santiago Ramón y Cajal, que acabó incorporándose al Ateneo Español de México. Extraordinario fue el número de educadores, desde catedráticos a maestros, que enseñaron en México. La mayor parte de los trescientos catedráticos, que representaban a la mitad de los docentes de las doce universidades españolas de entonces se instalaron en México a cumplir su labor pedagógica, científica y humanista, encontrando acomodo en la UNAM, el Instituto Politécnico y en colegios y escuelas elementales.

AÍDA PÉREZ FLÓREZ. Hija del exilio. Arquitecta. Llega a México cuando tiene cuatro años.

> En la universidad se nota mucho también la influencia del exilio. Muchísimos compañeros míos que eran antiespañoles, por las cosas de la Conquista y por estos cuentos que hay aquí, con los maestros (catedráticos) del exilio aprendieron a querer a España. En la universidad se les reconoce mucho su labor. Yo estudié arquitectura, pero en cualquier facultad de la universidad ha habido maestros del exilio que le dieron mucho lustre y que hicieron que mucha gente en México cambiara su idea de lo que era el español.

AMAPOLA ANDRÉS. Médica cirujano. México.

> En la Universidad Nacional Autónoma de México tuvimos unos maestros maravillosos. Creo que son seis o siete los rectores que han muerto aquí, y su influencia fue extraordinaria, ya venían calificadísimos de España. Tuve la suerte de ser muy querida por mis maestros... Cuando entré en la universidad era una chica muy joven, iba a cumplir diecisiete años, venía de provincias y no conocía la capital, y fíjate qué emoción cuando al segundo día de clase el maestro de Anatomía, que era el coco de la carrera, me señala y me dice que diga la lección. Empiezo a hablar y me dice: «Perdone, pero por estar escuchando sus preciosos ce-

ceos no me he enterado de nada. ¿No me quiere repetir la lección?» Pregunta a otra y da la casualidad de que también era refugiada; entonces exclamó: «¡Qué alegría! Resulta que tenemos aquí a toda una invasión republicana.»

DORITA PASCUAL. Maestra. Llegó a México cuando tenía veintisiete años acompañando a los niños de Morelia. Su amigo César García Lombardía, entonces presidente de la Federación de Trabajadores de la Enseñanza de UGT, le invitó a hacer ese viaje junto con otras diez maestras más. «Todas ya han fallecido, yo tengo noventa y cuatro años.» Durante más de treinta años ejerce de maestra en los barrios populares de la capital mexicana donde reside.

Cuando era principio de curso y los niños se iban a inscribir, decían a sus mamás: «A mí apúnteme con la maestra Dorita que lleva la ortografía en la boca», y es que yo nunca pronuncié la ese; yo no decía «sapato» sino zapato, ni «calsado» sino calzado, siempre pronuncié la zeta muy bien.

Para atender y educar a los hijos del exilio, el SERE creó el Instituto Luis Vives y la JARE el prestigioso Colegio Madrid, considerado en la actualidad el mejor colegio de secundaria en México; el Patronato Cervantes también estableció colegios en distintos estados, con directores y maestros españoles.

AZUCENA RODRÍGUEZ FERNÁNDEZ. Hija del exilio. México. Su padre, Marcial Rodríguez González, compositor y profesor de música, educó y transmitió a varias generaciones de hijos del exilio, que pasaron por el Instituto Luis Vives y el Colegio Madrid de México, la música, las canciones y las danzas españolas. Organizó todos los festivales de fin de curso con «los vestidos lo más apegados posible».

Estudié en el Instituto Luis Vives, desde el jardín de infancia hasta el último año de preparatoria. El Instituto Luis Vives fue mi segunda casa, la mayoría de mis compañeros eran hijos de exiliados y también había chicos mexicanos, el Luis Vives es la continuación de la Institución Libre de Enseñanza, entonces muchos mexicanos metieron a sus hijos allí por las ideas de libertad, las ideas progresistas, y convivimos muy bien los niños españoles y los mexicanos.

Aída Pérez Flórez. Hija del exilio. Arquitecta. México.

Empecé la escuela en el Colegio Madrid, desde el *kinder* hasta bachillerato, todo el tiempo estuve allí y de ahí me fui a la universidad. Lo importante del Colegio Madrid es que nos transmitieron todos los ideales de libertad, de democracia; todos los maestros eran exiliados, era el «colegio del exilio», entonces tenían las mismas ideas que tú tenías en casa con tus padres. Nos transmitieron un amor por todos esos ideales por los que luego todos nosotros hemos luchado, estando en un país que no era el nuestro, hemos estado en todas las luchas por la democracia en España, porque eso fue lo que nos transmitieron nuestros mayores. Incluso tengo compañeros mexicanos que se interesaron por la política y ahora ocupan puestos importantes, porque en el Colegio Madrid les despertaron esas inquietudes... Francisco Barnes, que fue rector de la universidad hasta hace muy poco; Francisco Labastida, que fue candidato a la presidencia; Silva Herzog, que fue ministro de Hacienda; Jorge Tamayo, que ha tenido varios puestos importantes también...

María Luisa Mediavilla Salvatierra. Hija del exilio. México.

Mi padre, en cuanto le dieron el puesto, nos mandó llamar a Torreón y allí estuvimos en el Colegio Cervantes, para españoles, que todavía existe y que es el mejor colegio de México. ¡Qué escuela! Y era gratuito... Aquí primero estuvimos en el Colegio Madrid, que tampoco cobraba y no sólo eso: nos daban comida, merienda, zapatos, ropa, suéters y transportación de la casa a la escuela y de la escuela a la casa, porque ningún refugiado traía ni un quinto.

AMAPOLA ANDRÉS. Médica cirujano. México.

Nos reunimos con nuestro padre en Torreón. Yo fui al Colegio Cervantes, que fundó la emigración republicana. Tuve unos excelentes maestros en Torreón y allí estudié desde cuarto de primaria hasta la preparatoria inclusive, que es el bachillerato de aquí.

Hay que destacar también la importante labor de la Academia Hispano-Mexicana, que comenzó siendo un colegio de secundaria para terminar convirtiéndose en universidad.

GUADALUPE ALCARAZ. Su padre, Lorenzo Alcaraz, de Izquierda Republicana, tras luchar en la guerra civil, se trasladó a México dejando a sus seis hijos en España. Allí fundó con Ricardo Vinós la prestigiosa Academia Hispano-Mexicana. De todos sus hijos, sólo Guadalupe se fue a México para ayudarle. Vive actualmente en México.

Mi padre fundó con otro socio, Ricardo Vinós, la Academia Hispano-Mexicana, adonde fueron casi todos los hijos de refugiados más intelectuales. Fue una escuela que se distinguió por eso, porque a ella fueron los de más alto nivel intelectual. Fue una escuela que tuvo mucho prestigio y grandes alumnos, claro, tenían la enseñanza de la escuela y la enseñanza de su casa y se destacaron en muchas cosas. Entre ellos tenemos al premio Nobel de Química de México, al premio Príncipe de Asturias, gente muy destacada en todo: poetas, matemáticos, antropólogos como Santiago Genovés, etc. Al cabo de los años murió mi padre y nosotros hemos continuado con la escuela, que todavía funciona y, es más, se ha convertido en universidad.

Los hijos del exilio, aportando, con mucho sacrificio, dinero y trabajo personal, lograron realizar un largometraje, *En el balcón vacío*, que aún hoy sigue siendo la película de culto para los republicanos de México y que, a pesar de la buena acogida por parte de la crítica internacional, resulta totalmente desconocida en España. Todos los componentes de la película eran hijos del exilio, con la excepción de algunos actores, como el escritor colombiano Álvaro Mutis y los también escritores mexicanos Salvador Elizondo y Juan García Ponce, quien resumió así el contenido del filme.

> La historia es, simplificando, la de la nostalgia de la infancia, una nostalgia exacerbada por el exilio, que agrega al alejamiento en el tiempo un alejamiento material... En *En el balcón vacío*, el destierro real de lugar se transforma de manera natural en símbolo e imagen del otro destierro, el que es producto del tiempo y nos separa continuamente del yo que fuimos.

Dirigida por Jomí García Ascot e inspirada en los recuerdos de su mujer, María Luisa Elío, quien a su vez interpretó la parte adulta de la protagonista, la película se rodó durante casi un año, entre 1961 y 1962, a lo largo de cuarenta domingos.

MARÍA LUISA ELÍO. Escritora. México.

Cuando llegamos a México de Cuba, mi marido estaba en un estado de depresión feroz. Yo, que soy muy depresiva y al mismo tiempo muy optimista, le dije: «En estos momentos tú estás deprimido porque quieres hacer cine, pues vamos a hacer cine», y él me dijo: «¿Con qué?» «Con el dinero del desayuno y con todos nuestros amigos que nos van a ayudar.» Y así fue, ahí es donde todos los refugiados españoles nos juntamos porque estábamos pensando en lo mismo, que era en la guerra de España. Ésa fue una experiencia extraordinaria... La película es un pensar y pensar mío durante años en aquella niñez, en aquella España y, ya en un extremo de soledad y de angustia, sale esa otra parte de la película que yo no había vivido, pero que cuando vuelvo a España, esa fantasía se ajusta exactamente a la realidad. Después, en un libro mío, *Tiempo de llorar*, lo resumo en una frase, con la que empieza el libro: «Ahora me doy cuenta de que regresar es irse», es decir, la imposibilidad del regreso. Cada vez que voy a España yo quiero volver a ser niña, quiero estar con papá, quiero estar con mamá, quiero estar con mis dos hermanas, quiero jugar en el parque, y no están mis padres, no están mis hermanas y el parque está solo; ésa es la realidad.

En *En el balcón vacío*, una de las secuencias más emotivas refleja uno de los recuerdos más vívidos de su inspiradora durante la guerra civil.

María Luisa Elío. Escritora. México.

Estábamos en Elizondo ya detenidas pero las tres niñas teníamos permiso para salir, mi madre no tenía permiso, luego lo tuvo para salir por las tardes, y uno de estos días en que mis hermanas ya mayorcitas jugaban con sus amigas, yo me encontraba sola en la calle, yo, que había estado tan protegida y, de pronto, me encontraba tan sola, era tan raro, y vi a unos niños que corrían y jugaban y me fui detrás de ellos. Llegaron a una explanada donde había al fondo una casona que tenía una ventana con unas rejas y un hombre apoyado en ellas. Los niños le gritaban: «¡El rojo! ¡El rojo!» Y le tiraban piedras. Debía de ser de las Brigadas Internacionales. Era un hombre con barba, con una cara muy grata. Se quitaba las piedras con la mano. Yo le miré y me dije: «Es como papá, que le llaman rojo, debe de ser muy bueno.» Y este hombre se debió de dar cuenta de que yo le miraba y él me miró y, de pronto, la escena fue sonreírme él y sonreírle yo, y así estuvimos un enorme rato hasta que fue oscureciendo y yo le sonreí y me fui. Entonces conseguí que me regalaran un cigarrillo para ir a llevárselo, pero ya no estaba y pregunté: «¿Dónde está el rojo?», y me contestaron: «Pum, pum, lo mataron.»

Concha Ruiz Funes. Historiadora. México.

En toda esta primera generación del exilio hay un gran sentimiento de «gracias, México». Yo creo que hay que agradecer, indudablemente, pero si México proporcionó una serie de posibilidades al exilio, también éste aportó otras cosas a México, en su justo término. A mis padres, México les aportó tanto como ellos aportaron a México... Pero siempre, a lo largo de estos setenta años, el gobierno mexicano ha hecho un homenaje al exilio español el 14 de abril. Ha sido como una especie de herencia. Este homenaje lo inició Lázaro Cárdenas, y eso que los presidentes que sucedieron a Cárdenas, para nada eran «cardenistas» y, sin embargo, año tras año, sexenio tras sexenio, se hizo el homenaje al exilio español... El gobierno mexicano no reconoció al gobierno franquista hasta el presidente López Portillo, que ya no era el gobierno franquista sino el gobierno monárquico. Fue una deferencia para todos los exiliados que vivían en México, y para ellos fue de gran importancia.

El 14 de abril de 1957, en un acto de homenaje de gratitud de la emigración española de México al general Lázaro Cárdenas, éste y el entonces presidente de la República española, Diego Martínez Barrio, manifestaron:

> Al llegar ustedes a esta tierra nuestra entregaron su talento y sus energías a intensificar el cultivo de los campos, a aumentar la producción de las fábricas, a avivar la claridad de las aulas, a edificar y honrar sus hogares y a hacer, junto con nosotros, más grande a la nación mexicana. En esta forma han hecho ustedes honor a nuestra hospitalidad y a nuestra patria.
>
> Lázaro Cárdenas

> Permítame, general, una afirmación. Me parece que a la generosidad mexicana han correspondido los emigrados lealmente. Sus realizaciones técnicas, culturales y de simple trabajo manual están impregnadas de amor a México. Los emigrados amamos a este país con el caudaloso y violento amor que amamos al nuestro, sin distinguir ya entre uno y otro porque, si para la gran mayoría, España es el sepulcro de los padres, México ha sido la cuna de los hijos.
>
> Diego Martínez Barrio

CAPÍTULO XVIII
¿Qué fue de los niños de la guerra?

Los niños de la guerra tienen en la actualidad más de setenta años. Los que permanecen en sus patrias de acogida, Bélgica, Rusia, Inglaterra y México, no son ni refugiados políticos ni emigrantes económicos: no son nada y exigen su reconocimiento por parte del gobierno español como víctimas que fueron de la guerra civil.

EMETERIO PAYA. Niño de la guerra. México.

El gobierno español nos tiene abandonados. Fuimos enviados al exilio permanente y hemos sido olvidados. Unos en Bélgica, otros en Rusia, Inglaterra, en diversas partes del mundo, y los niños de la guerra que estamos en México, todos estamos olvidados por el gobierno español. No se nos pensiona porque no se nos considera «españoles contributivos» y yo quisiera saber cómo un niño que ha sido enviado al extranjero puede contribuir con maldita la cosa. Se alega que muchos de nosotros hemos adquirido la nacionalidad mexicana, por una razón muy sencilla, por gratitud a esos países de acogida que nos han dado todo cuando nosotros no teníamos nada... Todos los niños de la guerra hemos envejecido fuera de España. Muchos de nuestros compañeros están en mala situación, hay algunos que están en una situación muy crítica y no se nos hace caso, no hay ninguna respuesta.

El gobierno de Franco, ya desde julio de 1938, había creado una Delegación Extraordinaria de Repatriación de Menores, dependiente del Ministerio de Asuntos Exteriores, que en el año 1941 pasó al Servicio Exterior de la FET y de las JONS. Este organismo en 1949 establecía que de un total de 32 037 niños que habían salido, 20 266 habían sido repatriados.

La mayoría de los que volvieron a España a reunirse con sus padres o familiares, perseguidos y vejados por los vencedores, sufrieron al igual que ellos grandes penalidades, frío y hambre, y se vieron sometidos en las escuelas a una reeducación fascista y católica que violentaba sus más profundas convicciones. Quienes no encontraron a ningún familiar, por estar muerto, en la cárcel o en el exilio, fueron metidos en orfelinatos y otras instituciones del régimen «que no eran precisamente colonias de vacaciones, sino verdaderos centros de rehabilitación franquista», según Emilia Labajos en su libro *Los niños españoles refugiados en Bélgica*:

> Rusia y México se opusieron a devolver a los niños y fueron muy pocos los que regresaron. Quienes quedaron, sobre todo en Bélgica e Inglaterra, fue porque los padres habían muerto, estaban en prisión o en algún campo de concentración francés. O bien porque el padre estaba muerto o prisionero y la madre no podía responder a las necesidades de los hijos.

Francia

En Francia, que fue el destino principal de los niños de la guerra, en marzo de 1939, había alrededor de setenta mil niños españoles, que fueron devueltos en su mayoría a España por ser considerados «indeseables» al no tener medios de subsistencia. Otros tuvieron la suerte de reencontrarse con sus padres, pero en medio de las durísimas condiciones de los campos de concentración. Hasta 1943, según Pierre Marques en *Les enfants espagnols réfugiés en France*, el cincuenta por ciento de los niños internados en los campos de concentración eran niños españoles. Algunos habían nacido en esos campos. Emilia Labajos, niña de la guerra, se pregunta:

> ¿Quiénes eran aquellos cincuenta y cuatro niños españoles capturados por los nazis en Francia y enviados al campo de exterminio de Mauthausen para ser sometidos a experimentos de alimentación? Algunos republicanos supervivientes de este infierno han dado testimonio de esta atrocidad. ¿QUÉ HA SIDO DE ELLOS?

Bélgica

De los 5 130 niños enviados a Bélgica, quedaron allí 1 280. Poco antes de la invasión alemana, en mayo de 1940, las autoridades belgas presionaron para que se agilizase su repatriación. Casi todas las familias de acogida actuaron prudentemente, poniendo la condición de tener noticias fidedignas de los padres de los niños a través de la Cruz Roja o de las instituciones que se los habían confiado.

TINA SANGRONES. Niña de la guerra. Bélgica.

> Muchos volvieron, pocos se quedaron, los que no tenían a sus padres. Yo sabía que mi madre había muerto, pero mi padre todavía ahora sigue desaparecido, nunca hemos podido recibir la noticia de dónde había muerto o de si había muerto.

ARACELI LLANO. Niña de la guerra. Bélgica. Casada con José María Astorga, niño de la guerra. Asturiana, sale al exilio a los ocho años por Cataluña en enero del 39. Su madre muere en un bombardeo. En la frontera, su padre y dos hermanos mayores son enviados a los campos de concentración. Ella y sus cuatro restantes hermanos son acogidos por los belgas.

> Yo siempre he estado en contacto con mi familia en España, es decir, mis padres adoptivos les daban noticias mías, y no que-

rían que olvidase a mi verdadera familia, ni que olvidase la lucha de los republicanos, ni todo lo que había pasado y me han educado en la fraternidad, en el laicismo y en el librepensamiento. No fue una nueva influencia porque en España mis padres eran ya librepensadores y, por lo tanto, yo seguí y he seguido con la misma visión... el socialismo y el librepensamiento.

Se dieron algunos casos de adopciones, por lo general de huérfanos de guerra.

EMILIA LABAJOS. Niña de la guerra. Bélgica.

En general ha sido una acogida muy positiva, cariñosa, a veces demasiado. Ha habido niños que no fueron devueltos a España porque la familia de acogida se había encariñado y como empezó la segunda guerra mundial y si eran muy pequeños... Aún hoy en día no conocen su verdadera identidad.

Un número significativo de los que volvieron a España al cabo de los años regresaron a Bélgica para establecerse en ella de por vida, huyendo de la subdesarrollada y mediocre España de Franco, por más que añoraran su origen.

FRANCISCO SANTÍN. Niño de la guerra. Bélgica.

Tengo setenta años y he vivido, en dos etapas, doce años en España, en el período de la República y otros siete años con el gobierno de Franco. He pasado toda mi vida aquí y yo añoro Bilbao, pero agradezco a este pueblo belga por la manera que nos ha tratado, que me ha permitido expansionarme, hasta darme un perfil humano, una cierta personalidad en los medios sociales, y jamás puedo decir que han hecho una diferencia conmigo.

El destino de la mayoría de los que permanecieron fue el mismo que el de los hijos de las familias obreras que los habían apadrinado: no tuvieron acceso a estudios superiores, sino que, tras el período de escolarización y una breve capacitación profesional, se pusieron muy pronto a trabajar, más aún si se tiene en cuenta que compartían con sus familias de acogida los rigores de la guerra mundial.

Emilia Labajos. Niña de la guerra. Bélgica.

La mayoría de nosotros, para llegar a lo que somos, hemos tenido que luchar porque estábamos en familias humildes y hemos tenido que empezar a trabajar a partir de los catorce, quince años, y estudiar de noche. No somos lo que hubiéramos tenido que ser... nada más. Lo que nos tocado vivir nos ha dado una formación y una forma de vivir que no somos lo que hubiéramos tenido que ser, ni mejor ni peor, pero no hemos tenido la posibilidad de vivir nuestra niñez, ni la juventud tampoco porque nos pilló la segunda guerra mundial.

Tina Sangrones. Niña de la guerra. Bélgica.

Fui acogida en una familia obrera, como casi todos. Fui a la escuela, después vino la guerra y tuve que parar los estudios. Cuando se terminó la guerra tenía dieciséis años, empecé a tener novio y me casé a los veinte años. Aunque la gente era muy buena, yo esperaba hacer una familia, tener mi familia propia porque no se puede imaginar lo que es cómo te sientes en el extranjero, hace que sientas que te falta tu familia, que te falta tu país, te faltan tus raíces...

Argentina Álvarez. Niña de la guerra. Bélgica.

Enseguida llegó la guerra y mi padre adoptivo, como era anarquista, tuvo que marcharse, se escapó a Francia clandestinamente. Yo me puse a trabajar porque teníamos que comer y por eso no hice estudios, pero mi familia adoptiva era muy intelectual y en la casa había muchos libros, leíamos mucho... Intelectualmente no habría podido ser lo que soy si me hubiera quedado en Asturias.

De todas formas, no les faltó el cariño y la solidaridad belga y se puede dccir que, de entre todos los colectivos de los niños de la guerra, éste fue el más feliz y satisfactorio, dentro de las tremendas circunstancias que les tocó vivir.

Francisco Santín. Niño de la guerra. Bélgica.

Nos recibieron de una manera extraordinaria, no hay palabras para expresarlo; el sentido de la solidaridad, de la emotividad, del cariño de las familias obreras. Aquí estáis en una cuenca que antes de la guerra era minera y siderúrgica. Ese cariño de los que algunos llamaron «nuestros padrinos» o «nuestros padres adoptivos» fue algo extraordinario porque me parece que jamás, a parte de lo que podría ser el cariño de unos verdaderos padres, podríamos encontrar esa acogida, no sé si es explicable en el sentido profundo de la palabra, porque verdaderamente nos querían como a hijos... Aquí fuimos los niños mejor tratados, me parece, en toda la historia de Bélgica, que recibió tantos y tantos niños expatriados de todos los países de Europa. Hemos sido tratados no solamente en el período de nuestra guerra sino después de la guerra y, todavía ahora, recuerdan a los niños de la guerra de España como si hablásemos de ayer.

José María Astorga. Niño de la guerra. Bélgica.

Yo creo que, al fin y al cabo, tuvimos suerte de haber venido aquí porque no creo que hubiéramos podido conseguir lo que hemos logrado aquí si nos hubiéramos quedado en España. No lo creo. Cuando hay un *match* de fútbol España-Bélgica, yo no sé, me pongo nervioso y me subo por las paredes, ¿eh? Porque al fin y al cabo voy con el que pierde, sea España, o Bélgica, el que pierde es el mejor. Así veo las cosas.

Rusia

En el verano de 1941, al atacar Alemania la URSS, el destino de los «niños de Rusia» cambió trágicamente. Hubieron de abandonar sus confortables escuelas y soportar las mismas condiciones de muerte, miseria y destrucción que el sufrido pueblo ruso. El gobierno, en la medida de lo que pudo, trasladó a los niños a lugares más seguros en el interior de Rusia, sobre todo a la República Autónoma de los Alemanes del Volga, cuya población había sido trasladada en masa a Siberia por Stalin. Algunos, más adultos, se sumaron a la lucha, como María Pardina Ramos, conocida como *Maruxía*, que trabajó en la retaguardia como enfermera y murió en combate. Le fue concedida la Orden de Lenin. Otros quedaron atrapados en los cercos de Leningrado y Stalingrado.

En agosto de 1942, el VI Ejército alemán fue detenido a las puertas de Stalingrado, a la que puso cerco y castigó con bombardeos y ataques implacables. La heroica defensa rusa, soldados y civiles, luchando casa por casa, en los sótanos y en los tejados, en una guerra cruel, sin suministros y con un frío glacial, permitió que las tropas alemanas quedaran a su vez cercadas por el Ejército Rojo. Hitler, desoyendo todos los consejos, se empecinó en hacer de la toma de la ciudad el símbolo de la victoria alemana, pero Stalingrado marcó el camino hacia la derrota del Führer.

ANTONIO MARTÍNEZ. Niño de la guerra en Rusia. Reside en Cuba.

Cuando empezó la guerra mundial nos evacuaron a Moscú, provisionalmente, y ocupamos otra Casa de Niños muy famosa que se llamaba la Pirogoskaya, de la que ya habían sido evacuados los otros niños. En ese barrio estaba instalada la Escuela Superior del Ejército, que se llamaba la Academia Frunze, y los alemanes bombardeaban todas las noches ese distrito, sobre todo con bombas incendiarias chiquitas. Nosotros, los mayores, teníamos que hacer guardia en las buhardillas y en los tejados de nuestra casa, con guantes de saco y cuero para coger las bombas y tirarlas a un tonel con agua y, si eran químicas, a uno de arena o echarlas simplemente al patio. De ahí nos evacuaron a un lugar en el que, aparentemente, no había ningún peligro, a Stalingrado... A los mayores nos mandaron a estudiar. Yo caí en un instituto tecnológico para perito medio de mecánica, en una fábrica de tractores que en esos momentos fabricaba tanques... Nos enteramos por nosotros mismos de que los alemanes estaban atacando Stalingrado. Los albergues de nuestro instituto estaban en la zona norte, lo más alejados del centro de esa ciudad, que era como una salchicha de setenta kilómetros de longitud a lo largo del río y, aprovechando la cercanía a huertos y campos sembrados de hortalizas, montamos una guardia específica para ir a robar, hurtar, así sin más, complementos para nuestra comida; zanahorias, remolachas, patatas... que las traíamos en sacos y se las dábamos a cuatro muchachas para que las cocinaran. Lo hacíamos casi todos los días y nos íbamos turnando. Esos huertos estaban, a veces, vigilados por militares porque pertenecían a unidades militares, pero el hambre hace a uno ser muy temerario... Lo hacíamos de madrugada, cuando los soldados son más propensos a la somnolencia... Ya casi finalizado el verano, cuando íbamos a empezar las clases, volvieron corriendo a los que les tocaba con los sacos vacíos y nosotros molestos. Nos dijeron: «¡Están los alemanes!» «¡Chico, déjate de bromas, esto es Stalingrado!» «¡Están los alemanes, que los hemos visto nosotros, en moto con sidecar, con sus ametralladoras y sus fusiles automáticos!» Los soldados soviéticos que estaban reculando nos dijeron: «¡Váyanse de aquí porque esto está candela!» Inmediatamente nos movilizamos y buscamos a nuestro responsable, Allende, que estaba con otro grupo en el centro de la ciudad. No se lo podía creer y se fue al partido regional, al Soviet, para aclarar la cosa y allí le dijeron que era cierto y le mandaron a donde llegaban las barcazas que traían el aprovisionamiento para el Ejército y se llevaban a los heridos. Le dijeron que se pusiera a la cola porque le iban a dar una autorización para que, con los heridos, evacuarnos a todos nosotros. Allí se quedó el hombre con muchos de nuestros compañeros. La aviación alemana lo bombardeaba constantemente, sabiendo que por allí llegaba el abastecimiento. Allí, en uno de los refugios que habían cavado a las orillas del Volga, perecieron él y muchos de nuestros compañeros.

También en agosto de 1942, las divisiones alemanas del Frente Norte tenían como objetivo Leningrado, importante nudo de comunicaciones, gran centro de industria pesada y base de la flota soviética del Báltico. Atacaron la ciudad pero no lograron entrar. La sometieron a un implacable castigo de la aviación y bombardeos artilleros, e intentaron rendirla provocando el hambre y las enfermedades al cortar todas las vías de aprovisionamiento en el invierno más frío del siglo, con temperaturas de más de cuarenta grados bajo cero. Dos años duró el asedio y las muertes y penalidades que sufrieron los cinco millones de habitantes fueron terribles, pero Leningrado resistió y se convirtió en un símbolo. Se buscó el abastecimiento a través del lago Ladoga, la industria siguió fabricando armamento y los cañones de la flota soviética, aprisionada por los hielos, respondían a la artillería alemana.

En Leningrado había una Casa para Niños y otra para Jóvenes españoles que vivieron el durísimo asedio de novecientos días, donde perecieron de hambre más de seiscientos mil habitantes, entre ellos algunos de nuestros niños.

Isabel Argentina Álvarez. Niña de la guerra en Rusia. Reside en La Habana.

> Cuando más felices éramos y más contentos estábamos, un día empieza la guerra. El fascismo alemán atacó alevosamente las fronteras de la Unión Soviética y la patria se puso en pie de guerra. Muchos de nuestros compañeros fueron voluntarios al frente, nosotras hicimos un curso de primeros auxilios, pero no nos dejaron ir y nos quedamos en Leningrado para seguir estudiando. Ya en la ciudad se empezaba a sentir el bloqueo. El objetivo de los alemanes era tomar Leningrado como punto estratégico importantísimo, pero los leningradeses no se rindieron... Leningrado se convirtió en un cementerio. La gente caminaba por las calles y si se caía ya no se podía levantar. La gente arrastraba en trineo a sus familiares muertos y los enterraba debajo del montón de nieve más cercano. Se esperaba que cuando se derritiese empezaría una epidemia de cólera o de tifus porque

todo aquello empezaba a aflorar, manos, pies, era terrible... Allí murieron unos cuantos compañeros nuestros de hambre. Nosotros teníamos una mínima cuota de comida, si a eso se le podía llamar comida, pero seguíamos trabajando; limpiábamos calles, abríamos trincheras, íbamos a recoger leña. Los muchachos murieron de lo que se puede llamar «enfermedad del hambre». Nosotras les dábamos té, que es lo único que teníamos, y ninguna de nosotras murió. No sé qué tendrían los varones que a ellos les atacaba más esa situación y eso que apenas trabajaban, porque las que hacíamos todo allí éramos las muchachas. Los varones se hinchaban y empezaban a volverse como locos. Así murieron tres o cuatro de nuestros compañeros... Estuvimos desde el 22 de junio del 41 hasta marzo del 42, después de sufrir la parte del asedio más dura. Nos sacaron por el lago pero fue una experiencia muy dura porque el hielo ya se estaba derritiendo. Nos montaron en un tren y en él estuvimos como un mes porque a donde nos llevaban había sido tomado por los alemanes. Teníamos que cambiar continuamente de ruta porque todas las salidas se iban cerrando. Por el camino perdimos a varios compañeros... Llegamos a Krasnovac, a un koljós donde nos pusieron a trabajar en el cultivo del trigo. Allí estuvimos unos tres meses. Ya el trigo se estaba cortando, la cosecha era buenísima, los graneros estaban llenos y entonces nos dijeron: «¡Sálvese quien pueda porque los alemanes están a una estación de aquí!» Prendieron fuego al trigo y a los graneros. Nosotros preparamos lo que pudimos y nos llevamos dos carretas porque teníamos dos heridos, dos muchachitas que, cuando íbamos en el tren, se habían ocultado debajo para hacer sus necesidades y, cuando la máquina se puso en marcha, ellas se quisieron salir y el tren les cortó las piernas... Nos pasamos toda la noche caminando y llegamos al pie de la cordillera del Cáucaso. El director nos reunió y nos dijo: «Sólo queda un paso libre que está a 3 000 metros de altura, la otra solución es esconderse en los bosques.» Todos decidimos seguir porque quedarse en los bosques era muy peligroso. Nos encontramos con las tropas soviéticas que venían de retirada y, gracias a ellas, siguiéndolas pudimos atravesar ese paso de 3 000 metros de altura. Yo iba descalza y como yo otros más compañeros. Cuando habíamos subido poco más de la premontaña, un grupo se quedó atrás. Allí se quedó el director, la doctora, una enfermera y otros compañeros, entre todos eran veinte, que venían turnándose para llevar las camillas de las dos niñas y, claro, iban más lentos. Los alemanes se lanzaron en paracaídas y los hicieron presos. No sé qué fue de los mayores, que eran judíos, a nuestros compañeros, según me contaron más tarde, les llevaron a Alemania y allí les prepararon a su modo: les enseñaron a cantar el himno fascista, a saludar con el brazo en alto «Arriba España», y entonces los enviaron a España. La prensa fascista decía que los alemanes habían encontrado a un grupo de niños españoles abandonados en las estribaciones del Cáucaso.

Tras la derrota de Hitler, en el verano de 1944, los niños españoles empezaron a regresar a la región de Moscú, donde se crearon nuevas casas para acogerlos y para que continuaran sus estudios. Sin embargo, la mayoría de los niños querían abandonar la URSS para reunirse con sus familias, pero eso, en la Rusia de Stalin y, consecuentemente, en la dirección del PCE estaba considerado una traición y tuvieron que quedarse a la fuerza, además de tener que aceptar la nacionalidad soviética. La mayoría, sin embargo, tuvo acceso a estudios medios y superiores.

Manuel Tagüeña nos cuenta:

> A algún genio burocrático se le ocurrió la idea de dar la ciudadanía soviética a los mayores de dieciséis años con lo que, inmediatamente, quedaban sometidos a las leyes que prohibían la salida de los ciudadanos de la URSS de sus fronteras. Jurídicamente era una monstruosidad porque se trataba de menores, pero hubiera sido aceptable si los jóvenes hubiesen estado de acuerdo. Por el contrario mostraron franca resistencia y pidieron que se les explicara a qué obedecía la medida. Varios de los emigrados adultos fuimos comisionados para, junto a los maestros, tratar de convencerlos... Los jóvenes nos oían con manifiesta desconfianza, aunque la mayoría comprendía que estábamos tan atrapados como ellos.

Manuel Tagüeña también describe en sus *Memorias* la desastrosa situación social en que quedó Rusia tras la guerra y que afectó en especial a los más jóvenes y, entre ellos, a algunos de nuestros niños españoles.

> Los largos sufrimientos y penalidades de la población, que la guerra había agravado, provocaron una relajación de la conducta social. Debilitados y rotos los vínculos familiares, los jóvenes se descarriaban fácilmente y les resultaba más atractivo vivir al margen de la ley que disciplinados en las instituciones soviéticas. Ya se sabía entonces que también algunos muchachos españoles, escapados de sus colectivos, se dedicaban al pillaje.

SANTIAGO CARRILLO. **Ex secretario general del PCE.**

> Yo tenía un primo allí que terminó siendo un golfillo y que hacía lo que muchos chicos soviéticos, que era robar para poder comer. Cuando estuve allí, en el 47 y le vi, el hombre tenía entonces diecisiete años y me explicaba su vida en ese tiempo, me contaba cómo robaba, qué pasaba en el juicio. Robaban pequeñas cosas y allí el testimonio de la policía no tenía valor, valía lo mismo que el suyo, y nunca lo condenaban por esos pequeños robos. Sin embargo, ya de mayor, cuando regresó a España era un prosoviético feroz y a mí me criticaba por ser un revisionista porque criticaba a la Unión Soviética. Esos niños que las han pasado negras al final eran unos patriotas rusos porque en esas circunstancias sintieron la solidaridad de esas gentes sencillas y que la justicia rusa era mucho más liberal de lo que podía serlo en otros países... Todos han estudiado en una universidad, salvo rarísimas excepciones, y han vuelto con una formación técnica o científica importante.

Manuel Tagüeña aporta un dato estremecedor, de ser cierto, como él mismo dice:

> Beltrán hacía ahora pareja inseparable con Marín, en sustitución de la dualidad anterior Modesto-Líster. Parece que la tendencia

española a las parejas no se limita a la Guardia Civil o a los jesuitas. A Marín se le veía muy ocupado, pero no supe yo entonces qué es lo que realmente hacía. Mucho tiempo después, poco antes de morir en México, Beltrán me aseguró que Marín estaba encargado de perseguir a los jóvenes españoles convertidos en bandidos; juzgarlos e incluso ejecutarlos sumariamente en los casos considerados de imposible rehabilitación. El Partido Comunista de España se había encontrado con el problema de que los jueces soviéticos los ponían en libertad sistemáticamente al conocer su nacionalidad. Quisiera creer que Beltrán exageraba al acusar de esto al Partido Español y a Marín, ya que, aparte de que nadie tiene derecho a disponer de la vida de los hombres, aun siendo delincuentes peligrosos, en este caso se trataba de niños arrancados de España para salvarlos, víctimas luego de las circunstancias reinantes en la Unión Soviética.

La muerte de Stalin permitió a los niños la esperanza de volver a reunirse con sus familias. En febrero de 1956, el nuevo secretario general del Partido Comunista de la Unión Soviética, Jruchov, presentó en el XX Congreso del PCUS su «Informe secreto» contra el «culto a la personalidad», enterrando así la época staliniana. Tras diecinueve años de espera partió la primera expedición de españoles, la mayoría de ellos niños de Rusia, que desembarcó en el puerto de Valencia en septiembre del mismo año. Otras cinco expediciones se dieron entre 1956 y 1957, en total unas mil quinientas personas, de las que casi la mitad regresó a su patria de acogida debido a los interrogatorios policiales, el control de los delegados de Falange locales y, sobre todo, por no poderse adaptar a una España subdesarrollada, sometida a la mediocridad del franquismo. Entre éstos, uno de los niños, el futbolista Agustín Gómez, capitán del equipo Torpedo de Moscú.

ANTONIO MARTÍNEZ. Niño de la guerra en Rusia. Reside en Cuba.

Pude hablar con algunos que habían regresado de España. A algunos les habían puesto de patitas en la frontera con la sospecha de que estaban haciendo labor subversiva contra Franco. Entre ellos estaba un amigo mío, una persona en la que siempre confié, Agustín Gómez, que era un famoso futbolista que había jugado en los equipos de primera de la Unión Soviética; vasco, buena gente, noble, me dijo: «Mira, la situación es ésta: no me atrajo.»

Inglaterra

Antes de que estallara la segunda guerra mundial ya 2 822 niños de los 3 826 que fueron a Inglaterra habían regresado a España. En bastantes casos no habían sido reclamados por sus familias y se encontraron con una realidad muy dura.

CORA BLYTH. Viuda de Luis Portillo. Cuando estudiaba en la Universidad de Oxford lengua española entró en contacto con las colonias de los niños vascos para practicar el castellano, y se convirtió en una entusiasta voluntaria, lo que le unió de por vida al destino de esos niños. En una de estas colonias se encontró con Luis Portillo, joven catedrático de Derecho en la Universidad de Salamanca con el que se casó. El matrimonio tuvo tres hijos, uno de ellos es Michael Portillo, ex ministro de Margaret Thatcher y actual diputado conservador en el Parlamento de Inglaterra.

> En algunos que volvieron no se había investigado suficientemente la situación en la que se encontraba su familia. Dos hermanos, un chico y una chica, llegaron a su casa y su madre al abrir la puerta, en vez de abrazarlos, les dijo: «¡Pero qué hacéis aquí! Yo no puedo daros de comer, vuestro padre está en la cárcel, ¿qué hago?» Luego me contaron que iban por las casas de los vecinos, igualmente pobres, con un cubo pidiendo las peladuras de patata y que tenían marcados sus carnets de identidad como «evacuados» y les daban los peores trabajos. Lo pasaron muy mal a la vuelta.

LUIS SANTAMARÍA. Niño de la guerra. Inglaterra.

A todos los padres les forzaron para traer a los niños de vuelta. Mi padre estaba en un campo de concentración en Aranda del Ebro y mi madre estaba en la calle. Unos falangistas le habían tirado del piso y se habían quedado con todas sus cosas. Gracias a que una tía mía la recogió en su casa... Entonces le dijeron a mi madre que tenía que traer a sus hijos, y ella les dijo: «¡Mátenme aquí mismo, pero yo a mis hijos no los traigo! ¿Para qué? ¿Para que se mueran en la calle?» Y por eso no volvimos nosotros.

Durante esos dos años hasta que regresaron a España habían estado repartidos, gracias a los comités de voluntarios locales, en pequeñas colonias a lo largo y a lo ancho del país, y en los más diversos lugares: los católicos vascos en parroquias, conventos y orfelinatos. Los demás en mansiones, incluso en un castillo medieval, en hoteles vacíos, en viejas rectorías rurales y hasta en cabañas. La Salvation Army, que se había responsabilizado de 450 niños, más de lo que podía, reconoció:

Hemos asumido una gran tarea. Puede que estos niños jamás sean reclamados para volver a España. Cuánto van a permanecer indefinidamente en Londres, eso no lo podemos decir.

La gente de cada localidad donde había una colonia de niños respondió generosamente con lo que pudo: con dinero, en muchos casos anónimamente, con trabajo personal en la colonia, no cobrándoles el arreglo del calzado ni el corte de pelo, permitiéndoles entrar gratis en las sesiones de cine de los sábados por la mañana o llevándolos a pasar con ellos el fin de semana e, incluso, durante las vacaciones del verano. También los niños se movieron para sacar fondos dando «conciertos» por la zona, que consistían en canciones y danzas populares de su región.

Cora Blyth. Viuda de Portillo, Inglaterra.

Nuestra colonia era excepcional porque era pequeña y el comité era magnífico: había un matrimonio de cuáqueros, conocidos fabricantes de mantas, la mujer de un médico que era la que más se ocupaba, del dueño de un taller de bicicletas y cuidaban mucho de los niños. Los mayores estaban naturalmente preocupados por la situación, pero en general eran felices. Había mucha gente que los visitaba y nos hicimos amigos para toda la vida, por todo lo que hemos pasado juntos... Había un chico inglés que trabajaba en la biblioteca de Oxford y que iba todos los sábados a la colonia. La casa era muy vieja y había que sacar agua con una bomba que necesitaba la fuerza de un hombre y allí no había chicos mayores de catorce años. Se llamaba Edwin Edwards y los chicos le llamaban «Eduardísimo» porque era tan simpático, siempre sonriente, bombeando y bombeando horas y horas para los baños de los sábados...

Helvecia García Aldesoro. Niña de la guerra. Inglaterra.

Nos sostenían la colonia voluntariamente. Había un comité privado y sacaban fondos del partido laborista, de los católicos y de gente de por allí alrededor que nos daba dinero. Cuando empezaron a bajar los fondos nos sugirieron que diéramos conciertos como ya lo estaban haciendo otras colonias. Una de las señoritas cantaba *Granada*, entre las chicas y las señoritas hicimos trajes de hilandera vasca, las chicas lo ensayamos para bailar, los chicos ensayaron la espatadanza... Entonces invitamos a todos los que nos habían ayudado a un té y a presenciar lo que pensábamos que podía ser un concierto para después pedirles su opinión... Hicimos una gira por los alrededores y en el entreacto salía un inglés hablando de la guerra de España, de nosotros, y pasaban uno o dos baldes y recogían donaciones.

La guerra mundial lo trastocó todo para esos mil niños que no pudieron regresar. Las autoridades británicas requisaron para fines bélicos gran parte de los inmuebles donde estaban las colonias y las contribuciones de los voluntarios bajaron drásticamente. Los más pequeños fueron repartidos en sistema de acogida familiar, dándose varios casos de adopción, como sucedió con Helvecia García Aldesoro y sus dos hermanos por parte del cuáquero George Cadbury y su familia, los fabricantes del conocido chocolate, que además ayudaron a otro muchos niños españoles dándoles empleo en sus fábricas y negocios.

Helvecia García Aldesoro. Niña de la guerra. Inglaterra.

Después de que hiciéramos los conciertos pusieron en el periódico un anuncio diciendo que, por diez chelines, se podía adoptar a un niño, o sea, mantenerlo por una semana, y mucha gente empezó a mandar dinero... Un día adoptaron a mi hermana pequeña los Cadbury y, al poco tiempo, recibimos un paquete con un vestido de seda para ella. Yo les escribí una carta, con la ayuda de un diccionario, dándoles las gracias y diciéndoles que el vestido le estaba largo, pero que yo se lo había acortado... Mr. Cadbury tenía que estar fuera todo un mes y me invitaron a hacer compañía a Mrs. Cadbury y, de paso, practicar un poco de inglés. Tenían una cocinera austríaca que se había escapado de los nazis, y estaban las dos niñas y la niñera... Yo lloraba porque en ese momento la guerra de España estaba perdida para los republicanos. La señora Cadbury me consolaba: «No te preocupes, estoy segura de que el señor Cadbury os ayudará.» Nosotros les habíamos dicho, por muchas razones, que no teníamos a nadie en España porque cuando se terminó la guerra, los del Comité nos preguntaron si teníamos familia en España para mandarnos, porque decían que a muchos los habían reclamado. Nosotros no podíamos; nuestro hermano mayor, que era el que ganaba el pan, estaba prisionero en un campo de concentración, nuestra hermana mayor en Rusia y nuestra madre era viuda. Nos decía en las cartas que no quería que volviéramos: «Quedaos con los tíos», porque llamábamos tíos a los Cadbury... Pero la conciencia me remordía y les escribí una carta, con el diccionario, explicándoles que en realidad teníamos a nuestra madre, que nos escribía de vez en cuando, pero que no quería que volviéramos con ella porque no podía tenernos. Dejé la carta en la repisa de la chimenea del vestíbulo y me marché al cine con la cocinera. Cuando regresé, la señora Cadbury me dio unas palmaditas en el hombro y me dijo: «Ya hemos leído la carta, ya nos hemos enterado.» Decidieron adoptarnos a los tres, *properly*, como dicen, asegurándonos que volveríamos con nuestra madre cuando ella nos pudiera tener, siempre que nosotros quisiéramos... Nos enviaron internos a un colegio de cuáqueros para chicos y chicas.

Los que ya tenían entre dieciséis y dieciocho años se fueron integrando en granjas y fábricas. Con el tiempo, la mayoría se convirtieron en técnicos medios, cualificación que fueron ganando con su propio esfuerzo. Entre 1942 y 1947, 83 niños y 8 señoritas que los acompañaban obtuvieron becas de la Juan Luis Vives para realizar estudios de grado universitario a medio, muchas veces trabajando de día y asistiendo a las clases nocturnas.

Esperanza Ortiz de Zárate. Niña de la guerra. Inglaterra.

La educación que hemos recibido aquí, aparte de algunos mayores que ya venían bastante preparados, entre catorce y quince años y quizás un poco más porque decían que eran menores, esos sí han hecho una carrera, pero los demás no. Aunque teníamos maestras en las colonias, como íbamos a volver pronto, no había una educación organizada; un día íbamos a clase, al otro había que limpiar no sé qué. Ya en la última colonia en la que estuvimos mi hermana y yo, en Carshalton, empecé a ir a una escuela para estudiar mecanografía y taquigrafía y venía todos los días a Londres... A mi hermana y a mí nos concedieron una beca Juan Luis Vives y fuimos a la Politécnica de Londres, que ahora es la Universidad de Westminster, donde estuvimos dos años hasta que se acabaron los dineros de las becas... No fue una educación sólida y lo lamento mucho.

Luis Santamaría. Niño de la guerra. Inglaterra.

Gracias al interés de uno de nuestros maestros, Pepe Estruch, tuvimos la oportunidad de aprovecharnos de unas becas que daba el gobierno republicano en el exilio llamadas Juan Luis Vives. Pepe Estruch me preguntó qué quería estudiar y yo le dije que música. «¡Déjate de tonterías, Luisito, eso no lo puedes hacer!» Entonces yo le dije que mecánico, y Estruch me dijo: «Tú eres débil y cuando te metas debajo del auto cogerás una pulmonía»... Así que terminé de ebanista.

Cora Blyth. Viuda de Portillo. Inglaterra.

En general han salido muy bien. Uno se hizo matemático muy distinguido, otro fue músico, otro artista, otro llegó a bailar en el Ballet Nacional y luego fue director del Ballet de Lisboa en Portugal, se llamaba Palme Treco.

Cora Blyth fue protagonista de una de las historias de amor más hermosas que produjo el exilio, entre una voluntaria inglesa y un republicano español, Luis Portillo. Se conocieron gracias a su compromiso con las colonias de los niños vascos.

Cora Blyth. Viuda de Portillo. Inglaterra.

Yo estudiaba español y francés y, claro, como en Oxford no podías practicar, te enviaban al país de origen y en ese momento era imposible ir a España. Entonces yo frecuentaba a una anciana valenciana que mi tutor había encontrado. Un día allí estaba una joven española que se llamaba Pili y era de una colonia de niños vascos cerca de Oxford. Esta muchacha, que tenía veintitrés años, era la asistenta que decían, que era como una madre y me dijo: «¿Por qué no vas a visitar la colonia los sábados?» Y así empecé a visitar. Los niños nos recibían con un entusiasmo..., eran cariñosísimos, y así empecé a visitarlos todos los fines de semana... Cuando ya empezaba a vislumbrarse la guerra mundial se cerraron muchas colonias y a la nuestra vino con siete chicos este castellano...

Luis Santamaría. Niño de la guerra. Inglaterra.

Pues entre toda esta gente, estos intelectuales que vinieron a cuidar a los niños, estaba Luis Portillo, que era una bellísima persona. Él se diferenciaba de los demás porque los otros no tenían ninguna preocupación sobre su indumentaria, sin embargo, Luis Portillo, que venía de la clase alta, tenía una indumentaria impecable a pesar de que estaba toda mugrienta y toda roída, pero él iba siempre con su camisa bien planchada, con su corbata, con su chaqueta y con su pantalón con una raya y sus zapatos con mucho lustre.

Cora Blyth. Viuda de Portillo. Inglaterra.

Y un día estaba yo en Carshalton, que era como se llamaba nuestra colonia, y apareció este castellano y me dijo: «¡Ah! tú eres Cora, me han hablado mucho de ti.» Y yo dije: «También me han hablado mucho de ti.» Y yo sentí el flechazo en el acto. Él llevaba en el dedo un anillo como de matrimonio. Yo me quedaba a dormir en la colonia todos los sábados y me pasé la noche hablando con mi amiga Pili. «¿Tú crees que lleva un anillo de casado?» «No sé, tiene aire de casado.» A la mañana siguiente se lo pregunté y él me dijo: «No, no estoy casado, tengo una novia en Vitoria pero éste es el anillo de mi abuela.» Entonces había esperanza.

Michael Portillo. Hijo de Cora y Luis Portillo. Ex ministro de Margaret Thatcher y actual diputado conservador en el Parlamento de Inglaterra.

El recuerdo que guardo de mi padre cuando era yo era niño es el de su tristeza, de su desilusión; la conciencia que tenía de que España había caído bajo la dictadura, de que había fallado la República, de que su vida personal había sido quebrada por la guerra civil, de que había perdido su carrera, había dejado su país, había perdido a su familia y también su idioma, porque le gustaba mucho no sólo escribir sino conversar y, claro, era más difícil para él hablar en castellano en el exilio... Yo veía de niño que la vida de mi padre había sido quebrada por un acontecimiento político. Entonces me parecía que la política tenía que ser muy importante, aun de niño. Que mi padre había salido de su país, había dejado todo atrás, su familia, su país, su idioma y, ¿por qué? Por la política. Entonces la política tenía que ser muy importante y, además, la democracia también tenía que ser muy importante, porque él prefería vivir bajo una democracia que volver a España para vivir bajo la dictadura. Aun cuando podía volver no volvió del todo y hasta que no se muriera Franco no tenía interés de volver a su país. Entonces yo me quedé, aun de niño, con esta impresión muy fuerte, de que la política y la democracia tenían que ser sumamente importantes...

Dentro de lo que cabe, la experiencia de los «niños de Inglaterra» no resultó tan negativa gracias a la atención que les prestaron estos voluntarios ingleses y republicanos españoles, que fueron sus maestros e incluso suplieron el cariño de sus familias. Sin embargo, el sentimiento último que reflejan los niños es el de no haber tenido que ser separados de sus padres y hermanos.

HELVECIA GARCÍA ALDESORO. Niña de la guerra. Inglaterra.

Lo he pensado muchas veces, y lo he pensado en frío, y he llegado a la conclusión de que los niños debieron quedarse con los padres, pasara lo que pasara, porque luego ya no es lo mismo, el cariño a la madre, ya no puedes volver a lo de antes.

ESPERANZA ORTIZ DE ZÁRATE. Niña de la guerra. Inglaterra.

Pues no sé. Si tuviese que elegir, no hubiese elegido el exilio. Ahora, cuando les decía yo eso a mis padres, decían, pero es que vosotros hubieseis estado mucho peor. Físicamente seguramente mucho peor, pero mentalmente no.

México

No resultó positiva, en general, para los «niños de Morelia» su estancia en la Escuela España-México, a pesar de la buena voluntad del presidente Lázaro Cárdenas y de su mujer, Amelia Solórzano, que siempre consideraron a estos niños bajo su tutela y protección. La escuela tenía una generosa dotación económica y contaba con un nutrido profesorado, pero no hubo seguimiento ni control, quedando los niños en manos de unos profesores y administradores que no estuvieron a la altura de las circunstancias. Esto provocó indisciplina, fugas e incidentes muy dolorosos que terminaron, algunos, en muerte. En el cementerio de Morelia hay varias tumbas de los niños españoles que allí fallecieron y que, todavía, manos anónimas mantienen limpias y con flores.

José Rius. Niño de la guerra. México. Es enviado por sus padres a México con otros tres hermanos: Agustín el mayor y dos hermanos gemelos menores que acaban volviendo a reunirse con sus padres, exiliados en Francia. Vive actualmente en Morelia y es padre de diez hijos.

> Aquí en la escuela no me gustaba el trato, a las mujeres se las trataba mejor, pero a nosotros nos robaban los zapatos y, al menor descuido, te quedabas sin el overol, y el maestro te decía: «¿Por qué te quedaste sin el overol?» Y, en vez de ayudarte, te daba una guantada. Aquí, en la escuela ésta el pez más grande se comía al chico y por ser mayor te daba un coscorrón y así vivíamos. Me fugué una vez y me agarraron. Me volví a escapar, me volvieron a traer y a la tercera vez fue la vencida, ya no volví.

Emeterio Paya. Niño de la guerra. México.

> La muerte de nuestro primer compañero en el internado ocurrió así: habían salido al cine un niño y tres niñas, no sé si con o sin permiso, y cuando volvieron al internado era tarde, quizás las diez o las once de la noche. Empezaron a llamar a la puerta, que

era de hierro, y nadie les abría, el caso es que el chico subió por el muro y para descender se agarró a un cable de alta tensión y quedó instantáneamente fulminado. El director había dado órdenes de que no se abriera la puerta después de cierta hora, pero supongo que dejar a los niños de noche en la calle no lo haría un padre, si acaso se les castiga, ¿no? Cuando a la mañana siguiente se supo la noticia, recuerdo ver huir al director, cruzando el patio del internado hacia la puerta de la calle, perseguido por una lluvia de proyectiles; los chicos le tiraban cuchillos, cucharas, platos, todo. Nunca más volvimos a ver a este sujeto; tenía un nombre muy largo: José de Jesús Lamberto Moreno Jaso. Aquí en Morelia tiene una estatua como escritor... No estuvimos suficientemente bien atendidos. Teníamos el presupuesto más elevado que había para internados del sistema, sesenta centavos diarios para comer cada niño. En aquella época era una verdadera exageración, cuando una familia de cinco personas comía con un peso y nosotros nunca fuimos beneficiarios de tal exageración. Tengo que decirlo con pena, yo pasé más hambre en México que no pasé en la guerra de España. En el mercado de enfrente nosotros cenábamos satisfactoriamente con cinco centavos. Esto es lo negativo, que había dinero para que estuviéramos bien y no lo estuvimos... La sarna, los piojos y la tiña fueron epidemias permanentes.

AURORA CORREA. Niña de la guerra. México. Poetisa. Estudia la carrera de Comercio. Casada con un mexicano, vive en el D. F.

En Morelia me tocó formar una pandilla, había varias, que se llamó «las Guarras», porque llevábamos la cabeza rapada por los piojos y la teníamos que tapar con pañuelos. Golpeadas todo el tiempo, con hambre... Yo tuve el récord de la niña que más se escapó y no por correr aventuras sino porque tenía hambre.

MARTINA BENEDET. Niña de la guerra. México. De padre francés y madre valenciana, mandan a cuatro de sus seis hijos a México «mientras terminaba la guerra». Ella estudia con sus dos hermanas y su hermano en la Escuela España-México de Morelia, donde reside en la actualidad.

> Los peores recuerdos fueron al principio, porque extrañas a tu familia, extrañas a tus padres, todo era distinto... Luego te vas haciendo porque éramos muchos niños con mucho espacio para jugar y te vas acostumbrando a eso. Yo jugaba a todo lo que había, béisbol, básquetbol, a todo lo que fuera. Yo no guardo mal recuerdo de esa temporada, hay quienes tienen muy mal recuerdo, yo no. Sí teníamos privaciones, por ejemplo, no teníamos juguetes de niña, lo que teníamos era pelotas y balones para los deportes, entonces con eso jugábamos.

A finales de 1940, Lázaro Cárdenas dejó la presidencia y le sucedió el general Manuel Ávila Camacho. Los niños de Morelia quedaron más que nunca a su suerte.

EMETERIO PAYA. Niño de la guerra. México.

> Cuando se hablaba de que nos iban a devolver, que ya era un hecho que nos iban a mandar para España, con o sin consentimiento de nuestros padres, entonces los padres de familia, particularmente las madres de familia de los niños mexicanos que convivían con nosotros, organismos sindicales, campesinos, obreros, etc., vinieron al internado para impedir que fuéramos sacados. Las madres de familia en las azoteas con piedras, con ladrillos, con todo para evitar que entraran a sacarnos. ¡De aquí no sale un niño de Morelia! Y evitaron que nos sacaran, aparte de que había mucha presión de la izquierda mexicana para evitar que fuéramos enviados a España. Ya se había desatado la guerra europea, ¿qué íbamos a hacer en España que estaba pasando una posguerra de hambre y de represión espantosas? No había nada que hacer, muchos de nuestros padres estaban exiliados en Francia, otros habían muerto, otros no podían tenernos, no podían mantenernos. ¿Por qué se pretendía mandarnos? En cuanto que llegáramos allá nos iban a limpiar el tinte rojo.

No se podía mantener por más tiempo la Escuela España-México, no había presupuesto por parte del gobierno mexicano y muchos de los niños ya se habían hecho jóvenes. Algunos, muy pocos, o bien regresaron a España o se reunieron con sus familiares en México. Se habló de que los niños serían repartidos en casas particulares, había bastantes familias españolas de la emigración económica dispuestas a recibirlos, pero, finalmente, se desechó la idea por temor a que fueran forzados en sus convicciones de izquierda y de laicismo. Eso no evitó que un grupo significativo de niñas fuera enviadas a escuelas católicas y conventos religiosos

Aurora Correa. Niña de la guerra. México.

Se acabó el período de Cárdenas y ya no tenía sentido mantenernos en Morelia. Los niños se habían hecho adolescentes y provocaban incidentes, muchos de ellos de tipo sexual. Un grupo de chicas mayores, entre ellas mi hermana, fueron enviadas a un convento de monjas españolas, trinitarias, en Puebla. Nosotras éramos contrarias a los curas y las monjas, mi hermana y yo no estábamos bautizadas, y además las monjas españolas, extraordinarias, se dedicaban a rescatar a jóvenes mexicanas caídas en la prostitución, lo cual para mi hermana y sus compañeras era un castigo por todos los lados... Yo estuve cuatro años interna en Morelia y luego siete en colegios de monjas, en distintas ciudades, en distintos internados... Fue un choque muy violento porque ellas eran franquistas y nosotros en Morelia vivíamos cantando *La Internacional* puño en alto, imagínate el impacto, tenías que oír que tus padres eran los asesinos... fue muy duro en ese sentido.

En 1943, la JARE estableció en la ciudad de México una serie de casas hogar para los últimos niños de la escuela. Pronto se terminaron los fondos y estos jóvenes tuvieron que ponerse a trabajar en los más diversos oficios. Algunos, a fuerza de trabajo, llegaron a cualificarse, como el escultor Julio Martínez Soto, que realizó grandes esculturas por todo el país de los héroes de la República mexicana, Francisco Villa, Emiliano Zapata, Lázaro Cárdenas y también a León Felipe en el bosque de Chapultepec.

José Dobla. Niño de la guerra. México.

En el 43 quedábamos en la escuela sesenta y cuatro niños españoles, entonces los gobiernos republicano y mexicano hicieron unas casas hogar en el D. F., dos de niñas y cuatro de hombres. En las casas, los que querían estudiar podían hacerlo. Los demás se fueron a todas partes: hay dos o tres en Japón, otros tantos en EE. UU., pero la mayoría se quedó en México... Cuando se acabó el dinero del famoso tesoro del *Vita* se acabó la fábrica Vulcano, se acabó la de motores Hispano Suiza y se acabaron las casas hogar. A mí me dieron sesenta pesos y un catre. ¿Y qué hago? ¿Adónde voy? Me fui a Veracruz y me alisté a la Marina Nacional. Allí estuve tres meses, pero no me gustó el vicio que había y deserté y me regresé a México. Como en la escuela me enseñaron en el taller de zapatería, encontré trabajo en una fábrica de zapatos.

José Rius. Niño de la guerra. México.

En la escuela no cogí ningún oficio. Estuve en el taller de carpintería donde me corté la mano... Me fui a Veracruz y me contraté en la Armada Nacional, donde estuve dos años, desde noviembre de 1945. En 1947 deserté y me fui a Acapulco, donde estuve trabajando de cantinero con el hermano de uno de nuestros compañeros.

Martina Benedet. Niña de la guerra. México.

Al terminar la primaria nos llevaron a México D. F. a estudiar allí la secundaria, y luego estudiamos mis hermanas y yo comercio, porque no disponíamos de dinero y había que estudiar una carrera corta para empezar a trabajar.

La experiencia de Morelia la vivieron nuestros niños de la guerra negativamente en el aspecto material y, sin embargo, todos ellos destacan la parte positiva de haber establecido para siempre lazos de fraternidad entre quienes pasaron por allí Algunos, incluso, reconocen que en la Escuela España-México se forjó su carácter y su inspiración.

AURORA CORREA. Niña de la guerra. México.

En lo material, Morelia fue negativa, allí a mí me quemaron y no sé si aprendí a conocer el fuego, pero allí se me dio el genio, el ser. Yo soy poetisa y de ahí brota toda la poesía que he hecho a lo largo de mi vida.

Otra vez al Nuevo Mundo los españoles marchan
sin afán de conquistarlo sino de enterrar sus lágrimas
en la tierra que es raíz de la libertad humana.

Otra vez al Nuevo Mundo para empezar otra nueva hazaña
mayor y más duradera que las que gana una espada,
aquella con la que el hombre aprende a ganarse pan y patria
sin avasallar al hombre, humildemente y en calma,
la reciedumbre en la mano, la inteligencia en el alma.

Otra vez al Nuevo Mundo, República mexicana,
hambrientos de libertad los españoles marchan.
Histórica romería que la vieja deuda paga.
La deuda que la Conquista tenía a España emplazada.

Nosotros, los niños de Morelia, hicimos dos años antes el camino de lo que luego sería la realidad histórica del exilio. Más que el hambre, más que los malos tratos, más que las bofetadas que yo recibí, más que las peladas, más que los piojos, más que la sarna, es la fuerza del genio español, precedido por unos niños extraordinarios que lograron sobrevivir y anidar entre zarzas porque nos tocó una vida muy, muy dura.

*Dicen que España está españolizada,
mejor diría, si yo español no fuera,
que lo mismo por dentro que por fuera,
lo que está España es como amortajada.*

JOSÉ BERGAMÍN

EPÍLOGO
Final del exilio

Al morir Franco, el 20 de noviembre de 1975, nuestros exiliados pudieron regresar a España. Unos volvieron, pero muchos ya habían muerto soñando con el regreso, y otros habían echado raíces y se quedaron en sus países de acogida, formando familias, haciendo amigos, trabajando y dando ejemplo, sin olvidarse nunca de España.

Tras las primeras elecciones democráticas desaparecieron las instituciones republicanas.

DECLARACIÓN DE LA PRESIDENCIA DEL GOBIERNO DE LA REPÚBLICA ESPAÑOLA EN EL EXILIO:

Las Instituciones de la República en el exilio ponen así término a la misión histórica que se habían impuesto. Y quienes las han mantenido hasta hoy se sienten satisfechos porque tienen la convicción de haber cumplido con su deber.

Ahora parece claro que va a iniciarse una nueva etapa histórica. En ella no hemos de estar ausentes individualmente, dispuestos a seguir defendiendo nuestros ideales, persuadidos además de que el pleno desarrollo político y económico de nuestro país y con ellos la paz y la convivencia entre los españoles sólo serán realizables con la República.

París, 21 de junio de 1977
JOSÉ MALDONADO-FERNANDO VALERA

*Muerto en el destierro, muerto,
cuando soñaban sus ojos
con el azul de aquel puerto.*

JOSÉ MORENO VILLA

Agradecimientos

Gracias a Alfonso Guerra, animoso valedor del homenaje y recuerdo a nuestros exiliados, y a todos sus colaboradores en la Fundación Pablo Iglesias, en especial a Beatriz García Paz y Aurelio Martín Nájera.

Gracias a Larry Levene que como productor ha hecho posible la serie documental sobre la que se basa este libro.

Y muchísimas gracias a los supervivientes del exilio que nos han dado sus emocionantes testimonios.